JAY TUCK

EVOLUTION
OHNE UNS

Wird Künstliche Intelligenz uns töten?

PLASSEN
VERLAG

Copyright der deutschen Ausgabe 2016:
© Börsenmedien AG, Kulmbach

Covergestaltung: Johanna Wack
Gestaltung und Satz: Bernd Sabat, VBS-Verlagsservice
Herstellung: Daniela Freitag
Lektorat: Hildegard Brendel
Korrektorat: Egbert Neumüller
Druck: GGP Media GmbH, Pößneck

ISBN 978-3-86470-401-7

Bibliografische Information der Deutschen Nationalbibliothek:
Die Deutsche Nationalbibliothek verzeichnet diese Publikation in der
Deutschen Nationalbibliografie; detaillierte bibliografische Daten
sind im Internet über <http://dnb.d-nb.de> abrufbar.

Postfach 1449 ▪ 95305 Kulmbach
Tel: +49 9221 9051-0 ▪ Fax: +49 9221 9051-4444
E-Mail: buecher@boersenmedien.de
www.boersenbuchverlag.de
www.facebook.com/boersenbuchverlag

Ein solches Buch ist nie allein eine Eigenleistung. An dieser Stelle möchte ich mich bei meinem Mitautor, dem Berliner Journalisten Armin Fuhrer, herzlichst bedanken. Ohne seine hilfreichen Texte und Entwürfe, Anregungen und Korrekturen, vor allem ohne seine Motivation, wäre das Buch nie so gut geworden. Mein Dank gilt außerdem Hildegard Brendel mit ihrer unvernichtbaren Geduld und guten Laune sowie meiner geliebten Ehefrau Heidi, die mir mit unermüdlicher Kraft, geduldigem Durchhaltevermögen und professionellem Schreibgefühl von Anfang bis Ende beigestanden hat.

Jay Tuck

*„Künstliche Intelligenz kann die großartigste Errungenschaft
der Menschheit werden. Bedauerlicherweise
kann sie auch die letzte sein.“*
Stephen Hawking, Astrophysiker

*„Künstliche Intelligenz ist die größte existenzielle Bedrohung
für die Menschheit. Wir beschwören den Teufel.“*
Elon Musk, Tesla

*„Künstliche Intelligenz kann für die Menschheit gefährlicher werden als
Atomwaffen. Sie ist das größte Risiko dieses Jahrhunderts.“*
Shane Legg, DeepMind

*„In wenigen Jahrzehnten wird sie uns überholen.
Haben wir sie bis dahin nicht im Griff, wird unsere Zukunft
sehr aufregend. Und sehr kurz.“*
Eric Drexler, Pionier der Nanotechnologie

„Die Zukunft ist sehr beängstigend und für die Menschheit schlecht.“
Steve Wozniak, Apple-Gründer

*„Eine starke KI wäre wie eine Invasion Außerirdischer.
Wir würden sie nicht fragen, ob sie uns mit der Wirtschaft hilft.
Wir würden sie fragen, ob sie uns umbringt.“*[1]
Peter Thiel, Mitbegründer von Paypal

*„Am Ende wird sich die Robotik durchsetzen.
Es ist ganz klar, dass die Menschheit aussterben wird.“*
Hans Moravic, Carnegie Mellon University

„Ich verstehe nicht, warum nicht mehr Menschen beunruhigt sind.“
Bill Gates, Microsoft-Gründer

Inhalt

EINLEITUNG 9

GEDÄCHTNIS – Die Speicher-Explosion 15
Chelsea 16
Edward 23
Big Data, Big Danger 32
Schmelztiegel für Daten 44
Das Werkzeug der Wächter 52
Vorsicht, Kamera! 56
Mossad-Mord im Fernsehen 61

BEWAFFNUNG – Das Arsenal der Killermaschinen 65
Augen über Afghanistan 68
Playstation-Piloten 73
Die Geister von Groom Lake 77
Militärmücken und Mikrowaffen 85
Atombomben und Tennisbälle 91
Zeitalter des Cyberkriegs 96
KI, übernehmen Sie! 105

INVENTAR – Von der Wiege bis zum Grabe 107
Kinderkram 108
Das Sexleben von Minderjährigen 109
Kartentricks 119
Horchposten in der Hosentasche 124
Social-Spionage-Medien 128
Die Straßen-Spione 131
Kinder und Container 141
Augen im Aufzug 146

Versunken im Datenmeer 153
Schmelztiegel Speicherplatz 157
Obamas Machtmaschine 162
Die neue Klassengesellschaft 166

ABWEHR – David gegen Googliath 169
David gegen Googliath 171
Richtlinien von Richtern 173
Die Angst-Industrie 175
Der Gangster und die Menschenrechte 179

INTELLIGENZ – Wenn Maschinen uns überholen .. 181
Die letzte Errungenschaft 182
Die Geburt des Google-Gehirns 185
Der Guru von Google 209
Das ewige Leben 214
Die verlorene Generation 219
Außer Kontrolle 231
Der Untergang 253

SCHUTZ … bevor es zu spät ist 271
Die nationale Lösung 274
Auf Ebene der EU 277
Hoffnung am East River 279
Das Gleichgewicht des Schreckens 281
Gewissen in der Grundforschung 284
Freund und Helfer NSA? 288
Wir als Waffe 290

ANHANG 293
Fußnoten 311
Fotos 321

EINLEITUNG

‖‖‖

„Künstliche Intelligenz kann die großartigste Errungenschaft
der Menschheit werden. Bedauerlicherweise
kann sie auch die letzte sein.“
Stephen Hawking, Astrophysiker

Wir sind zu doof dafür.

Und deswegen werden wir die Bedrohung durch Künstliche Intelligenz wahrscheinlich erst erkennen, wenn es zu spät ist. Künstliche Intelligenz wächst nämlich mit exponentieller Geschwindigkeit. Ein menschliches Hirn kann exponentielles Wachstum nicht begreifen. Nicht wirklich. Lineares Wachstum, also x Prozent im Jahr, können wir nachvollziehen. Aber Größen, die sich ständig vervielfachen, sind schnell jenseits unserer Vorstellungskraft.

Exponentielles Wachstum kennt man in der Mathematik. So wollte Sissa ibn Dahir, Erfinder des Schachspiels, wissen, wie viel Reis auf ein Schachbrett passt, wenn man die Zahl der Körner mit jedem Feld verdoppelt. Auf das erste Feld sollte ein Korn gelegt werden, auf das zweite Feld zwei Körner, dann vier, dann acht, und bis zum 64. Feld immer wieder das Doppelte.

Auf dem letzten Feld – so sein Rechenexempel – würden $9{,}22 \times 10^{18}$ Körner liegen. Das sind mehr als 9 Trillionen Körner (9.220.000.000.000.000) mit einem Gesamtgewicht von 270 Millionen Tonnen. Diese Reismenge würde ganz Deutschland 2 cm dick abdecken. Auf dem 65. Feld würde sich der Reis nochmals verdoppeln, auf dem 66. Feld nochmals.

Exponentielles Wachstum erzeugt Größenordnungen, die für den Intellekt eines normalen Menschen kaum begreiflich sind. Deswegen verstanden wir es nicht, als sich die IT-Industrie mit exponentieller Geschwindigkeit entwickelte. Die Tragweite solchen Wachstums sprengt unsere Vorstellungskraft. Unbemerkt ist der verfügbare Speicherplatz der Menschheit faktisch ins Unermessliche gewachsen. Wir verstehen nur, dass die Entwicklung schnell geht. Wie schnell, haben wir nicht begriffen.

Mit jedem Schritt hat sich die Speicherkapazität von Heimcomputern vertausendfacht – von Kilobyte-Floppy auf Megabyte-Diskette, von Gigabyte-Speicherkarte auf Terabyte-Festplatte. Heute wird sie in den Serverparks von Nachrichtendiensten und Wirtschaftsunternehmen schon in Petabytes gemessen. Die mathematischen Fachbegriffe, die auf uns noch zukommen, stellen weitere Quantensprünge um das Tausendfache dar: Exobytes, Zettabytes, Yottabytes, Brontobytes und Geopbytes – Größenordnungen, die unser Gehirn nicht erfassen kann.

Kilobyte (KB) 10^3 Byte = 1.000 Bytes

Megabyte (MB) 10^6 Byte = 1.000.000 Bytes

Gigabyte (GB) 10^9 Byte = 1.000.000.000 Bytes

Terabyte (TB) 10^{12} Byte = 1.000.000.000.000 Bytes

Petabyte (PB) 10^{15} Byte = 1.000.000.000.000.000 Bytes

Exobyte (EB) 10^{18} Byte = 1.000.000.000.000.000.000 Bytes

Zettabyte (ZB) 10^{21} Byte = 1.000.000.000 .000.000.000.000 Bytes

Yottabyte (YB) 10^{24} Byte = 1.000.000.000.000.000. 000.000.000 Bytes

Das heißt nichts anderes als die Möglichkeit, unbegrenzt menschliche Informationen aller Art zu speichern – Big Data. Wir haben sie nicht kommen sehen und die Folgen für unsere Demokratie nicht verstanden. Erst Medienberichte über Julian Assange und Edward Snowden versetzten die Gesellschaft in Schock. Plötzlich wurde uns klar, dass staatliche Überwachung allgegenwärtig ist, dass unsere Telefonate, E-Mails und SMS-Texte flächendeckend mitgeschnitten und für ewige Zeiten festgehalten werden. Unser demokratischer Staat wurde von den Folgen von Big Data überrumpelt. Datenschutz wird ignoriert, Grundrechte außer Kraft gesetzt, Völkerrecht umgangen.

Überwachung ist aber keineswegs auf Geheimdienste beschränkt. Facebook sammelt unsere Gesichter, Apple unsere Fingerabdrücke, Amazon unsere Vorlieben. Und Google eigentlich alles. Überwachung ist Alltag. Und wächst exponentiell.

Von der Entstehung des Homo sapiens vor zwei Millionen Jahren bis zum Jahr 2003 hat die gesamte Menschheit geschätzte fünf Exobyte an Information produziert.

Heute wird diese Datenmenge alle zwei Tage erzeugt.

Solche Datenmassen sind nur durch Maschinen beherrschbar. Eine Erfassung, Verwaltung oder Auswertung durch Menschen ist undenkbar. Auch die Software, die Menschen schreiben, kann dies nicht bewältigen. Supercomputer mit Supersoftware sind die einzige Lösung. Sie müssen auch lernfähig sein, ihre Updates und Erweiterungen selber schreiben.

In ihrer Geschichte haben Menschen immer Maschinen erfunden, um schwere Aufgaben zu meistern, um die Reisekutsche zu ziehen oder den Dachbalken zu heben. Heute schauen wir mit unseren Erfindungen Milliarden von Lichtjahre ins Weltall auf ferne Galaxien oder tief in die Bruchteile einer atomaren Mikrowelt. Nur mithilfe unserer Maschinen wird es uns gelingen, die Dimensionen unserer Datenbanken zu begreifen und beherrschen. Es bedarf einer Künstlichen Intelligenz, die dem menschlichen Intellekt in vielfacher Hinsicht überlegen ist.

Nach Big Data rollt die Künstliche Intelligenz wie ein Tsunami auf uns zu. Sie wächst exponentiell. Täglich wird sie unabhängiger und unübersichtlicher. Und über die Folgen hat unsere Gesellschaft nicht einmal im Ansatz nachgedacht.

Stein um Stein kreieren wir die Bauteile eines neuen Wesens. Auf den Servern von Big Data ist ein Gedächtnis entstanden, so groß wie das menschliche Wissen. Mit der internationalen Vernetzung von Überwachungskameras haben wir Augen kreiert, die alles sehen. Armbanduhren und Automobile, Barbie-Puppen und Baumaschinen, Smartphones und Schlachtfelder lassen wir mit Künstlicher Intelligenz genauso ausstatten wie die intelligenten Waffen der Supermächte.

Die Künstliche Intelligenz, die diese Systeme steuert, ist autark – aber noch allein. Aus Effizienzgründen gibt es aber viele Gründe, die Information und Steuerung zu koordinieren, die Intelligenzen zu fusionieren. Sie wird sich verselbstständigen.

Heute sind die einzelnen Inseln der KI noch voneinander getrennt. Sie wachsen aber täglich näher aufeinander zu. Die Keime von Künstlicher Intelligenz werden wie Quecksilber-Tropfen zueinander finden. KI wird eine Intelligenz bilden, die unserer um ein Tausendfaches überlegen ist. Ihre Waffen zählen zu den gefährlichsten auf diesem Planeten. Es ist nur eine Frage der Zeit.

Wir haben wenig Spielraum, diese Entwicklung in den Griff zu bekommen. Die größten Denker des Silicon Valley sind überzeugt: Die Menschheit befindet sich in einem Endspiel.

„Der Fortschritt bei Künstlicher Intelligenz ist unglaublich schnell.
Es besteht das Risiko, dass binnen fünf Jahren etwas ernsthaft
Gefährliches passiert. Die Künstliche Intelligenz ist die
vermutlich größte Gefahr für unsere Existenz.“
Elon Musk, Gründer von Tesla und SpaceX, im November 2014

Heute erleichtert die Künstliche Intelligenz unser Leben. Lernfähige Software, die eigene Updates schreibt, existiert im Ansatz schon in Autos und Armbanduhren, in der Pharmaforschung und im Versicherungswesen, in Smart Homes und Smart Cities. Sie fliegt den Airbus und sortiert Amazon-Bestellungen, analysiert Vorlieben und Vorhaben bei Facebook und sortiert Menschen für Google und Geheimdienste. Auf den Finanzmärkten der Welt wickelt sie Milliardengeschäfte ab. In Operationssälen führt sie schon Skalpelle.

Künstliche Intelligenz ist heute in der Lage, viele hochkomplexe Aufgaben, die früher Spitzenpersonal anvertraut waren, zu übernehmen. Mit jedem Tag übernimmt sie immer mehr Verantwortung in unserer Gesellschaft.

„Sie wird anders als ein Mensch sein.
Sie wird sich mit einer Geschwindigkeit entwickeln,
die für einen Menschen nicht begreiflich ist.“
Robert Finkelstein, CEO von Robotic Technology

Wir kreieren etwas, das wir nicht verstehen, ein Wesen, das uns in vielfacher Hinsicht überlegen ist. Es kommt mit der Geschwindigkeit eines Tsunamis auf uns zu. Es vollzieht schon heute Dinge, die wir nicht nachvollziehen können.

Ist es ein Frankenstein-Monster, das hier entsteht – von der Wissenschaft ins Leben gerufen, aber demnächst jenseits unserer Kontrolle?

Wird Künstliche Intelligenz bald eigene unerklärliche Ziele verfolgen? Und könnte Künstliche Intelligenz – im Gegensatz zum Filmmonster – leicht die Oberhand gewinnen, wie der britische Astrophysiker Stephen Hawking warnt?

„Sobald es die Menschen schaffen, Künstliche Intelligenz zu entwickeln, wird diese von sich selbst aus starten. Sich neu erfinden, und dies mit einer immer schneller werdenden Geschwindigkeit. Menschen, die durch ihre langsame biologische Entwicklung begrenzt sind, könnten damit nicht mehr konkurrieren und würden abgelöst werden."
Stephen Hawking, Astrophysiker

Dabei sind die Programme, die von Künstlicher Intelligenz in Mikrosekunden hergestellt werden, häufig für die eigenen Erfinder nicht ganz nachvollziehbar, womöglich auch nicht ganz kontrollierbar. Eines nicht so fernen Tages werden wir es mit einem Wesen zu tun haben, das das Wissen der gesamten Menschheit speichern kann und über die Intelligenz verfügt, es blitzschnell auszuwerten.

Die klügsten Köpfe des Silicon Valley schlagen Alarm. Visionäre wie Elon Musk und Bill Gates, Steve Wozniak und Stephen Hawking sowie Tausende von anderen IT-Forschern weltweit sind überzeugt, Künstliche Intelligenz wird uns bald überholen und bald beherrschen.

Viele glauben, sie könnte uns töten.

Einige glauben, sie wird uns töten.

Jay Tuck
Armin Fuhrer

„Ich verstehe nicht, warum nicht mehr Menschen beunruhigt sind."
Bill Gates, Microsoft-Gründer

GEDÄCHTNIS

Die Speicher-Explosion

Chelsea

D ie weltweite Panik um Big Data haben zwei Amerikaner ausgelöst. Einer von ihnen war Chelsea.

Sie sieht nicht aus wie ein Weltverbesserer. Sie ist blass und blond, schüchtern und verstört. Sie spricht leise mit wenig Augenkontakt, achselzuckend und unsicher. Aber sie hat Geschichte gemacht, daran besteht kein Zweifel. Sie brachte die Spione einer Supermacht zum Zittern.

Chelsea bürstet das blonde Haar zurück. Ihre Akne-Narben hat sie ganz gut mit dem Abdeckstift kaschiert, der Lidstrich betont ihre Augen. Mit Lidschatten wäre das Ergebnis besser geworden. Das wurde ihr aber nicht gestattet.

Chelsea sitzt nämlich in einem Männergefängnis – im US-Militärgefängnis Fort Leavenworth, um genau zu sein. Der Knast ist für sie ein täglicher Spießrutenlauf zwischen Schwerstkriminellen, Männern ohne Manieren. Sie pfeifen und pöbeln, brüllen und beleidigen. Ihre Häme kann erbarmungslos sein. Aber Häme ist Chelsea immerhin lieber als Härte. Sie sehnt sich nach Weiblichkeit.

Held oder Hassfigur?

Verurteilt wurde Chelsea noch als Mann, Private First Class Bradley Manning, Geheimnisträger der US-Armee. Unter dem Namen war er noch bei der Einweisung registriert, als Gefangener Nr. 89289. Manning ist der prominenteste Gefangene in Leavenworth, ein Held für viele Kriegsgegner, ein Hassobjekt für viele Militärs. Nach dem Gesetz ist er ein verurteilter Straftäter, schuldig in zwanzig Anklagepunkten, inklusive Spionage gegen die USA. Voraussichtlich wird Leavenworth sein Aufenthaltsort für die kommenden 35 Jahren bleiben.

Seine Tat: der Diebstahl von Hunderttausenden von Geheimdokumenten der US-Army, die er in enger Zusammenarbeit mit Julian Assange in dem Untergrund-Enthüllungsblog *WikiLeaks* veröffentlichte.

Einige Dokumente waren hochbrisant, wie zum Bespiel das Bordvideo eines B-1-Bombers. Es zeigte einen US-Angriff auf das afghanische

Dorf Granai, bei dem über einhundert Zivilisten ums Leben kamen, darunter Frauen und Kinder.[2] Die Aufzeichnungen lösten große Diskussionen über mögliche amerikanische Kriegsverbrechen in Afghanistan aus.

Undiplomatische Depeschen

Andere Dokumente belegten geheime Vorgänge im Krieg, die offiziell abgestritten wurden. Noch andere zitierten aus vertraulichen Depeschen, wo Politiker und Diplomaten im vermeintlich vertraulichen Austausch ihre – oft wenig schmeichelhaften – Einschätzungen und Kommentare über die Führungsspitze anderer Länder austauschten. In vielen Fällen hatte die Veröffentlichung peinliche Folgen für die US-Außenpolitik.

Die Massendaten von Manning bildeten den Kern für die Enthüllungen von Julian Assange – und für das Renommee seiner Enthüllungsplattform *WikiLeaks*.

Dass ein einfacher Soldat unbemerkt an derartig viele Geheimdokumente herankommen konnte, lag nicht nur an der Arglosigkeit der Sicherheitsbehörden. Die Zeiten hatten sich geändert. Die Digitalisierung von diplomatischen Depeschen war in vollem Gang. Big Data hatte hohe Priorität. Für die Führung des Pentagons hatte sie viele Vorteile. Große Mengen an Informationen könnte man schnell speichern, sortieren und in kürzester Zeit auswerten. Katalogisierung war automatisch, Zugriff blitzschnell.

Aber Big Data war auch Neuland. Es änderte die Spielregeln der Spionage. In früheren Zeiten brauchte ein Spion für eine solche Aufgabe eine Sonderausrüstung – Minikamera, Fotolabor für die Filmentwicklung und ein gutes Versteck für die Mikrofiche-Aufnahmen, vielleicht unter einer Briefmarke. Längst vorbei waren die Zeiten, als man einzelne Dokumente ablichten musste. Mit einem kleinen USB-Stick konnte ein Spion jetzt im Handumdrehen Hunderttausende von Geheimdaten stehlen. Für Bradley Manning war das ein leichtes Spiel.

Er war Pionier. Und er führte den Mächtigen die neue Verwundbarkeit ihrer Geheimnisse vor. Sie würden lernen müssen, dass sich die Welt der Hochleistungscomputer verändert hatte.

Bradley Edward Manning hatte eine schwierige Kindheit. Er wurde am 17. Dezember 1987 in Crescent im US-Bundesstaat Oklahoma geboren. Sein Vater, damals Analytiker beim Militärischen Abschirmdienst, war ein sehr dominanter Mann, ein Trinker. Seine Mutter trank auch. In den Akten steht ein Selbstmordversuch. Für Freunde und Nachbarn war unübersehbar, dass die Familie gestört war.

Alkoholprobleme hatte Manning schon vor der Geburt. Wie spätere Untersuchungen zeigten, hat er bereits als Embryo Schäden aus der Sucht seiner Mutter mitbekommen.

In seiner frühen Kindheit ließen sich seine Eltern scheiden. Danach wurde er zwischen Elternteilen und Stiefeltern, Nachbarn und Verwandten hin und her geschoben. Als durch die Zweitheirat seines Vaters eine neue Halbschwester in sein Leben kam, klagte er: „Jetzt bin ich ein Niemand!"

Danach bedrohte er im Streit seine neue Stiefmutter mit einem Messer. Die Polizei kam.

Mit 13 Jahren erzählte er erstmals Freunden von seiner Homosexualität.

Nach einem kurzen Job als Software-Entwickler meldete sich Manning freiwillig zur Armee. Es war September 2007. Er hoffte, dort sein Studium zu finanzieren. Er hoffte auch, dass ein männliches Umfeld ihm womöglich mit seiner Geschlechtsidentität helfen könnte.

Doch es kam anders.

Er wurde Prügelknabe. „Er war kleinwüchsig. Er war schwul. Er hat's von allen Seiten bekommen", erinnert sich ein Kumpel aus seiner Armee-Zeit. „Nirgendwo hatte er Freunde."

Manning war ein schwieriger Kandidat. Wenn er – wie bei der Militärausbildung üblich – aus nächster Nähe von seinem Sergeant angeschrien wurde, brüllte er zurück. Er wurde mehrfach dafür diszipliniert. Vorgesetzte nannten ihn spöttisch „General Manning".

Nach sechs Wochen war bereits absehbar, dass er sich schlecht an die Militärdisziplin gewöhnen konnte. Es kam die Empfehlung, ihn aus der Armee zu entlassen. Es war aber die Zeit der Digitalisierung. Seine Einheit war überlastet. Manning war Software-Fachmann und

Geheimnisträger (Top Secret/Sensitive Compartmented Information). Der Militärische Abschirmdienst brauchte ihn.

Manning durfte bleiben.

Er war aber immer noch ein schwieriger Soldat.

Bei einem Beratungsgespräch im Dezember 2009 flippte er aus. Er schrie seine Vorgesetzten an und schmiss ihre Schreibtische samt Computer auf den Boden. Ein Militärpolizist musste eingreifen. Manning wurde entwaffnet und im Würgegriff aus dem Raum geschleppt.

Wenige Monate später wurde er von einem Offizier auf dem Fußboden einer Vorratskammer entdeckt, gekrümmt in Embryoposition liegend. Neben ihm lag ein Messer. In einen Stuhl hatte er die Worte „Ich will" (*I want*) eingeritzt. Einige Stunden danach schlug er grundlos auf eine Soldatin ein. Der diensthabende Psychiater empfahl die Entlassung aus der Armee. Manning wurde degradiert.

Aber nicht entlassen.

Drei Tage später wurde er von der Military Police verhaftet.

Wegen Spionage.

Die Spur zurück

Die Dokumente, die er zu Hunderttausenden kopiert und an Julian Assange weitergeleitet hatte, enthielten Hinweise, die bis an die Quelle zurückverfolgt werden konnten. Die Spur führte zu Manning. Er wurde identifiziert, verhaftet und verurteilt.

Seitdem sitzt er in Haft.

Begonnen hat Manning mit dem Diebstahl im Januar 2010, zunächst mit 400.000 Geheimdokumenten. Die wurden später als die „Iraq War Logs" weltweit in der Presse bekannt.

Es war der erste große Datenklau im Zeitalter von Big Data – erleichtert durch schnelle, kleine und leicht zu bedienende Speichertechnik. Der Datenklau wurde auch durch den sorglosen Umgang mit elektronischen Geheimdaten begünstigt.

Im Jahr 2010 befand sich das US-Militär in der Anfangszeit von Big Data. Es besaß große Mengen von diplomatischen Depeschen und Geheimdienstberichten, die noch nicht in digitaler Form waren.

Die Digitalisierung war Eilsache, denn erst elektronische Files können schnell gespeichert, detailliert analysiert und über große Netzwerke verschickt werden. Verschlüsselte Dateien seien auch sicherer.

Dachte die Army.

Tatsächlich eröffnete die magische Welt der Massendaten Hackern und Dieben Tür und Tor. Mit einem kleinen Speicherstift konnte ein einfacher Soldat seine umfangreiche Beute unauffällig, schnell und vollständig sichern.

Manning hatte die neue Technologie auf seiner Seite. Nur drei Tage nach seinem Irak-Download machte er sich wieder an die Arbeit. Diesmal schnappte er sich 91.000 vertrauliche Depeschen aus Afghanistan. Technisch – berichtete er später – war es ein Kinderspiel. An seinem Arbeitsplatz gab es so gut wie keine Aufsicht.

Manning kam mit einem USB-Stick aus. Mit einem paar Mausklicks konnte er ganze Archive kopieren. In der Hosentasche konnte er sie unbemerkt von seinem Arbeitsplatz beim Geheimdienst herausschmuggeln. Zurück in der Kaserne brannte er seine Beute auf CD und beschriftete sie als „Lady Gaga Songs". Niemand wurde misstrauisch. Als er später die Heimreise nach Amerika antreten sollte, übertrug er die hochbrisanten Daten auf einen winzigen SD-Chip und steckte ihn in seinen Fotoapparat.

Es war so einfach.

Niemandem fiel das auf.

Bis die ersten Dokumente in *WikiLeaks* erschienen.

Die Veröffentlichungen – Tausende von internen Militärberichten und vertraulichen Depeschen von Diplomaten – lösten eine weltweite Welle von Presseberichten aus. Die Schockwellen reichten bis tief ins US-Außenministerium und in die obersten Ebenen der Nachrichtendienste. Hektisch begann die Spionageabwehr mit Nachforschungen. Mithilfe der vielzähligen Details in den Depeschen konnte die Quelle schnell ausgemacht werden.

Prozess

Der Prozess fand am 3. Juni 2013 vor einem Militärgericht in Quantico statt.

Seine Verteidiger wollten Manning als „Gewissenstäter" darstellen. Doch sein Status als Soldat, dazu als vereidigter Geheimnisträger der US-Streitkräfte, erschwerte diese Strategie. Anzuwenden waren Militärgesetze. Er stand vor einem Militärgericht und die Richter zeigten wenig Neigung, mildernde Umstände anzuerkennen oder Nachahmer durch eine leichte Strafe zu ermutigen.

Von dem schwersten Vorwurf wurde der junge Soldat freigesprochen. Landesverrat habe er nicht begangen, denn die Geheimunterlagen wurden nicht an Feinde verraten. Empfänger war die Weltöffentlichkeit.

Doch seine Handlung galt durchaus als Verrat von Militärgeheimnissen, keine Kleinigkeit für einen Mann in Uniform. Manning erfüllte damit den Tatbestand der Spionage.

Am 21. August 2013 wurde Bradley Edward Manning zu 35 Jahren Gefängnis verurteilt, schuldig in insgesamt 20 Anklagepunkten. Am Tag nach der Urteilsverkündung trat sein Verteidiger in der beliebten US-Talkshow mit David Letterman auf. Sein Mandant, erklärte er dem TV-Publikum, möchte nun als Frau gesehen werden. Ein halbes Jahr später wurde die Namensänderung anerkannt.

Aber im Knast wird Chelsea nach wie vor als Mann behandelt. Ein Antrag auf Verlegung in ein Frauengefängnis wurde ebenso abgelehnt wie der Wunsch auf eine Hormonbehandlung und eine Geschlechtsoperation. Er darf lediglich Frauenunterwäsche tragen.

Auf der Flucht

Am Ende konnte Julian Assange seinen Informanten nicht schützen. Er hatte keine Erfahrung mit dem Schutz von Quellen. Er selbst war kein Journalist. Außerdem hatte er eigene Probleme.

Er verfolgte das Verfahren und die Verurteilung seines Informanten aus der Botschaft Ecuadors in London. Dort hält er sich seit dem 20. Juni 2012 als Flüchtling auf.

Schweden sucht den *WikiLeaks*-Gründer mit Haftbefehl wegen sexueller Nötigung. Nur auf dem exterritorialen Boden der Botschaft kann er unbehelligt bleiben. Vor der Tür warten ein britischer Bobby, seine sichere Verhaftung und die Auslieferung nach Schweden. Von dort – so fürchtet Assange – könnte er womöglich in die USA ausgeliefert werden.

Ursprünglich wollte Julian Assange sechs bis zwölf Monate unter dem diplomatischen Schutz Ecuadors ausharren. Daraus sind mehrere Jahre geworden. „Ich sehe weniger Sonnenlicht als Gefängnisinsassen", klagt er.

Hin und wieder empfängt er Journalisten und spricht Kommentare in die Kameras. Häufig lässt er durchblicken, dass er – nach nunmehr fast drei Jahren auf der Flucht – gern nach Hause reisen würde.

Julian Assange weiß jedoch: So schnell wird das nicht passieren.

Star oder Staatsfeind

Ob als Star gefeiert oder als Staatsfeind verflucht, Bradley Manning ist sein Platz in der Geschichte der Informationsgesellschaft sicher. Durch seine Enthüllungen wurde deutlich, dass im Zeitalter von Big Data auch die Spionagedienste der Supermächte verwundbar sind. Mit relativ schlichten technischen Mitteln können sich Einzelpersonen wie Manning oder Assange Hunderttausende von geheimen Dokumenten unter den Nagel reißen und in die Weltöffentlichkeit zerren.

Sie brauchen dazu nicht – wie früher – die Mitwirkung einer großen Zeitung.

Das geht auch so.

Über das Internet.

Manning hat der Weltöffentlichkeit gezeigt, wie das geht.

Er war aber nicht der Einzige.

Edward

E s geht um die NATIONALE SICHERHEIT!", empört sich der junge Blogger und hämmert seinen Text mit Versalien und Ausrufungszeichen in die Tastatur.

„So einen Mist schreibt man nicht in der Zeitung!!"

Gemeint waren Enthüllungen der *New York Times*, dass US-Geheimdienste das Atomprogramm Irans heimlich sabotieren wollten. Die Veröffentlichung war – aus der Sicht des Bloggers – ein Riesenskandal.

„Oder soll die *New York Times* in Zukunft unsere Außenpolitik bestimmen", resümierte der Blogger, der im Chat unter dem Namen *TheTrueHoohah* auftrat.

„Ich hoffe, sie gehen bald pleite."[3]

Das war im Januar 2009.

Wenige Jahre später würde der junge Mann, der sich so empörte, selber US-Geheimdokumente an die *New York Times* leiten – und zwar tausendfach. Ein Regierungssprecher würde seine Person später als „Desaster für die nationale Sicherheit" beschimpfen, die National Security Agency NSA seine Taten als „zweites Pearl Harbor" werten.

Genauso wie bei Bradley „Chelsea" Manning würde er mit den Mitteln von Big Data gegen die Mächtigen im Staat vorgehen. Und die Weltöffentlichkeit erschrecken. Bei ihm war der Schock erheblich größer. Seine Taten machten klar, dass Big Data zu einer Bedrohung für die freie Gesellschaft geworden war.

Sein Name war Edward Snowden.

Kind der Küstenwache

Geboren wurde Snowden am 21. Juni 1983 in einer Kleinstadt an der Küste von North Carolina. Sein Vater war Marineoffizier bei der Küstenwache, seine Mutter Gerichtsdienerin. Seine Eltern ließen sich scheiden, als Edward noch ein Kind war. In der Schule hatte er Probleme. Unter anderem fehlte er häufig wegen Krankheit. Den regulären High-School-Abschluss schaffte er nicht.

Mit achtzehn verließ er die Schule – ohne Abitur, ohne Studienplatz, ohne Job. Der schlaksige Teenager mit dem aschblonden Haar hatte aber ehrgeizige Pläne. Er wollte etwas Besonderes werden. In Fernkursen schaffte er einen Ersatzabschluss, der ihn für Seminare an der Universität von Liverpool qualifizierte. Die Kurse, die er belegte, beendete er jedoch nicht.

Genauso verlief sein Militärdienst.

Der Schulabbrecher träumte von einer Karriere bei der US-Elitetruppe *Special Forces*. Er lernte Kung-Fu, meldete sich 2004 bei der Army und hoffte, bald das prestigeträchtige Green Beret zu tragen.

Doch kaum hatte er die Grundausbildung angefangen, musste er sie abbrechen. Er selbst erklärt seinen frühzeitigen Ausstieg mit einem „Trainingsunfall", bei dem er sich beide Beine brach. Journalistische Recherchen konnten den Vorfall nie bestätigen. Die Pressestelle des Pentagon beschränkt sich auf die Aussage, dass Snowden beim Militär keine Ausbildung abgeschlossen und keine Auszeichnungen erhalten habe.

Auch wenn aus seinen Plänen, als Elitekämpfer für die Streitkräfte zu wirken, nichts wurde, bewahrte sich Snowden seinen Sinn für Dramatik. Gern ließ er sich von seiner damaligen Freundin, einer Erotik-Tänzerin namens Lindsay Mills, als „Man of Mystery" betiteln. Er hegte immer noch den Wunsch, eines Tages zur Elite zu gehören.

Nach einer Zwischenstation als Wachmann an der University of Maryland begann Edward Snowden im Jahr 2009 eine Ausbildung bei der CIA. Er wurde als IT-Techniker der US-Mission in Genf zugeteilt. Er hatte einen Job mit verschiedenen Aufgaben: Einerseits war er für die Computersicherheit zuständig, andererseits aber auch für die Wartung der Klimaanlage.

Frust in Fernost

In dieser Zeit war er fleißig.

Er war verlässlich.

Er war ein Patriot.

Er war allerdings nicht beliebt. Edward Snowden hatte häufiger mit Vorgesetzten Ärger. Er entdeckte vermeintliche Sicherheitslücken im

IT-System, niemand teilte jedoch seine Bedenken. Er beantragte eine Gehaltserhöhung, die aber abgelehnt wurde. Er beschwerte sich über Arbeitskollegen, was zur Folge hatte, dass ein unvorteilhafter Vermerk in seiner eigenen Personalakte notiert wurde.

Snowden ärgerte sich. Er sah sich in einem Umfeld wachsender Ablehnung. In Genf blieb er weniger als ein Jahr. Schon im Februar schied er aus der CIA aus.

Er bewarb sich bei Dell Inc. Das US-Computerunternehmen war seinerzeit Auftragsfirma für ein geheimes NSA-Outpost in der Nähe von Tokio. Snowden wollte nach Japan. Er wollte nun Cyberkrieg-Spezialist werden.

In späteren Presseberichten über den Whistleblower wurden die IT-Qualifikationen von Edward Snowden hochstilisiert. Vor allem Glen Greenwald, der seine journalistische Karriere an das Schicksal von Snowden band, beschrieb ihn als „Top-Experte für Cybersicherheit."

Das war sicherlich übertrieben.

Sein Gehalt war für Geheimdienstverhältnisse eher bescheiden. Mit einem Jahresgehalt von 55.000 Euro (bei der CIA) und 95.000 Euro (bei Booz Allen Hamilton)[4] zählte er kaum zu den Spitzenverdienern. Als Geheimnisträger befand er sich auch nicht auf Eliteebene. Etwa 400.000 andere US-Staatsbedienstete besaßen eine gleichrangige Freigabe für Top-Secret-Regierungsdokumente.[5]

Er war aber mitten im Geschehen. Als Geheimnisträger von NSA und CIA gehörte er zum inneren Kreis der Sicherheitswächter. Als Systemadministrator erhielt er Zugang bis hinein in alle Ecken der Systeme, über die er wachte. Zusätzlich verfügte er über eine Genehmigung als sogenannter „Ghost-User". Das heißt, er konnte die Geheimdienst-Netzwerke kreuz und quer durchforschen – ohne Spuren zu hinterlassen.

Weniger bekannt ist der Schwerpunkt von Snowdens NSA-Arbeit, der Schutz strategischer Rechensysteme vor chinesischen Hackerangriffen. Wie kaum ein anderer war Snowden mit der geheimdienstlichen Struktur der Chinesen vertraut. Er kannte die Methodik und die Häufigkeit, die Verbreitung und vor allem die Gefahr, die von solchen Attacken ausgeht.

Chinesische Cyber-Krieger

Snowden war außerdem Spezialist für die Cyberkrieg-Strategien des chinesischen Militärs, mit denen unsere Stromnetze, Flugverkehr, Wasserversorgung und Mobiltelefone lahmgelegt werden können. Auf dem US-Luftwaffenstützpunkt Yokota nahe Tokio instruierte er japanische Sicherheitsstellen und Militär in Cyber-Abwehr gegen China.

Die Bedeutung von Edward Snowdens Spezialgebiet muss man im Zusammenhang sehen. Im Juni 2014 warnte James Clapper, Nationaler Geheimdienstdirektor der USA und Snowdens Boss*, dass Terrorismus nicht mehr die größte Gefahr für den Westen darstelle. In allen seinen Facetten sei der Cyberkrieg erheblich bedrohlicher.

An oberster Stelle nannte Clapper die Chinesen.

Flucht

Snowden war auf Hawaii, als er den Entschluss fasste, die Geheimoperationen seines Arbeitgebers dutzendfach zu enttarnen und US-Geheimdokumente millionenfach zu entwenden. Seinen Coup hatte er monatelang im Verborgenen vorbereitet. Das Werkzeug seiner Wahl waren – wie bei Bradley Manning – externe Datenspeicher.

Doch Snowdens Daten passten keineswegs auf einen gewöhnlichen USB-Stick, auch nicht auf Dutzende von Sticks. Sie füllten Terabyte-Platten.

Als Edward Snowden seine voll beladenen Harddisks in den Koffer packte, wollte er für eine bessere Welt kämpfen, sagt er. Er wollte geheimdienstliche Aktivitäten aufdecken, mit denen er nicht einverstanden war. Edward Snowden wollte eine moralische Instanz werden.

Seltsam, dass er dabei ausgerechnet China als Reiseziel wählte.

Am 20. Mai 2013 war Abreise.

---

* Als Director of National Intelligence beaufsichtigt James Clapper u. a. Central Intelligence Agency (CIA), Defense Intelligence Agency (DIA), Federal Bureau of Investigation (FBI), National Geospacial-Intelligence Agency (NGA), National Reconnaissance Office (NRO), National Security Agency (NSA), Drug Enforcement Agency (DEA), Department of Energy (DOE) und das Department of Homeland Security (DHS).

Hinter chinesischen Mauern

Snowden hätte Holland, Skandinavien oder ein liberales Land anderswo wählen können, wo er Verständnis für seine Protestaktion erwarten konnte. Er hätte ein Land wählen können, dessen Politik für ein freies Internet steht. Er hätte jedes freies Land der Welt anfliegen können.

Er wählte China.

Seine erste Station war Hongkong, eine Stadt, die bekannt ist für die Verfolgung der freien Presse und die brutale Unterdrückung von Demonstranten. Für die Überwachung des Internets hat China eines der aufwendigsten technischen Systeme der Welt. Seine Zensur ist weltbekannt. Blogger mit unliebsamen politischen Texten werden verhaftet, vorgeführt und im Schnellverfahren verurteilt.

SMS-Texte, Chats, auch Fotos werden von einem staatlichen „Büro für Internetinformationen" in Peking genau überwacht. Strafbar sind politische Texte und Meinungen, die ohne Genehmigung verbreitet werden. Bei Verstoß ist in China mit drakonischen Strafen zu rechnen – von Geldstrafen und Gefängnis bis hin zur Internierung in einem sogenannten „Reha-Camp für Internet-Süchtige". So heißen die Zwangslager für unliebsame Anwender in China, die in Chatrooms und Foren über demokratischen Protest diskutieren.

Die feindselige Haltung der chinesischen Regierung gegenüber dem Internet dürfte Edward Snowden nicht verborgen geblieben sein. Chinesische Geheimdienste standen im Mittelpunkt seiner beruflichen Arbeit bei der NSA. Sein Job war es, westliche Banken, das Militär und japanische Regierungsstellen vor deren Hacker-Attacken zu schützen.

Das Pekinger Ministerium für Staatssicherheit *GUOJIA ANQUAN BU* (中華人民共和國國家安全部) und der militärische Nachrichtendienst *ZHONG CHAN ER BU* (中华人民共和国国家安全部) standen jahrelang im Brennpunkt der nachrichtendienstlichen Arbeit der NSA.

Snowden kannte sie gut. Es ist zudem auch davon auszugehen, dass sie ihn ebenfalls gut kannten.

Und dass sie sehr neugierig waren auf die geheimen NSA-Daten, die auf den Terabyte-Disks in seinem Reisekoffer gespeichert waren.[6] Vier Stück trug er bei sich. Zum Vergleich: alle bislang veröffentlichen Daten von Edward Snowden entsprechen nur wenigen Gigabyte.

Welche sensiblen Daten der Amerikaner tatsächlich an den chinesischen Geheimdienst verraten hat, ist nicht bekannt. Wir wissen, dass Edward Snowden über chinesische Cyber-Aktivitäten so viel wusste wie kaum ein anderer. Seltsamerweise hat er darüber nie berichtet. Es hätte seine Pekinger Gastgeber womöglich verärgert.

Flüchtling in Transit

Sein Aufenthalt in China dauerte knapp einen Monat. Peking genehmigte keinen längeren Aufenthalt. Snowden musste weiter. In Hongkong traf er mit russischen Regierungsvertretern zusammen, die ihm halfen, seine Weiterreise zu organisieren.[7]

Als zweites Fluchtziel wählte Snowden Putins Russland – ein Land, das ebenso wenig wie China für seine freiheitliche Informationspolitik bekannt ist. Er landete am 23. Juni 2013 in Moskau. Danach wollte er offenbar weiterfliegen.

Es gab dabei aber ein Problem.

Das US-Außenministerium hatte dem flüchtigen Spion den Reisepass entzogen. Ohne Papiere war seine einzige Reiseoption die Heimreise nach Amerika, wo eine sichere Festnahme und langjährige Haftstrafe auf ihn warteten – bei einer Verurteilung wegen Landesverrat womöglich sogar die Todesstrafe.

Ohne Papiere war ein Weiterflug in ein Drittland auch nicht möglich. Von den Russen hatte er weder Einreiseerlaubnis noch Aufenthaltsgenehmigung. So saß Snowden im Transitbereich des Moskauer Flughafens Scheremetjewo fest – faktisch staatenlos, gejagt von einer Meute von Pressevertretern.

Er war in einem diplomatischen Schwebezustand. Die Putin-Regierung ließ ihn über einen Monat lang schmoren. Bis heute ist nicht genau bekannt, wo oder wie er diese Wochen verbracht hat. Man kann nur annehmen, dass er heilfroh war, als die Russen ihn endlich ins Land ließen.

Sicherlich wusste Edward Snowden, dass jede Bewegung von den unermüdlichen Augen des russischen Nachrichtendienstes FSB verfolgt wird. Der flüchtige Amerikaner war auf den guten Willen des Kremls angewiesen.

Den hatte er.

Spione unter sich

Für Wladimir Wladimirowitsch Putin war Edward Snowden ganz großes Kino. Das hat der Präsident der Russischen Föderation sofort erkannt. Snowden war amerikanischer Spion mit Unmengen an hochrangigen Cyberkrieg-Geheimnissen im Gepäck – eine wahre Fundgrube für die russischen Dienste. Snowden war außerdem ein wertvolles PR-Instrument. Mit ihm konnte Putin weltweites Misstrauen gegen die US-Supermacht säen.

Und seinen Erzfeind Barack Obama maßlos ärgern.

Eine solche Trophäe wollte Putin nicht unbeachtet in eine Vitrine schließen. Die Welt sollte ihn sehen. Journalisten, Fotografen und Kamerateams aus aller Welt durften ihn in Moskau aufsuchen. Ebenso hatte der deutsche Grünen-Abgeordnete Christian Ströbele dort seinen fernsehträchtigen Auftritt. Die konspirativen Umstände machten die Berichterstattung nur noch spannender. Damit es sich für sie lohnt, versuchte Snowden seine Enthüllungen zu portionieren. Jeder Reporter sollte seine eigene Exklusivgeschichte mit nach Hause nehmen.

Putin wollte auch persönlich von Snowdens Scheinwerferglanz profitieren. So kam es zu einem seltsamen Auftritt des Amerikaners bei der jährlichen Pressekonferenz des russischen Staatschefs. Snowden, der von einem geheimen Ort zugeschaltet war, war als „Special Guest" eingeladen. Es störte Putin wohl wenig, dass er kein Journalist war.[8]

Die beiden Männer hatten eine andere Ebene.

Von Geheimdienstler zu Geheimdienstler.

SNOWDEN: Glauben Sie, dass es angemessen ist, statt nur Einzelpersonen eine ganze Gesellschaft unter Beobachtung zu stellen?

PUTIN: Mr. Snowden, Sie sind ehemaliger Agent und Spion. Ich habe früher auch für einen Geheimdienst gearbeitet. Wir sprechen dieselbe Sprache. Zunächst unterliegen nachrichtendienstliche Methoden in Russland einer strengen gesetzlichen Regelung. Unsere Dienste dürfen Überwachungstechniken für Telefon oder Online-Aktivitäten nur anwenden, wenn eine richterliche Anordnung vorliegt. Ein Programm zur Massenüberwachung haben wir nicht.[9]

Unter wachsamen Augen

Die Enthüllungen, die die Welt schockierten, wurden alle aus seinem Moskauer Versteck gesteuert, einem konspirativem Safe House, das von Geheimdienst-Gorillas des FSB überwacht wird. Auswärtige Besuche fanden immer unter ihren wachsamen Augen statt. Koordiniert wurden sie von einem Mann, den Snowden „mein Anwalt" nennt.

Die Rede ist von Anatoli Kutscherena, profilierter Putin-Freund und Mitglied im Aufsichtsorgan des russischen Geheimdienstes FSB. Ohne seinen Segen, so berichten Besucher, läuft mit Snowden nichts.

In seiner Flüchtlingszeit bewies Snowden immer wieder einen ausgeprägten Sinn für Dramatik. Wenn er am Laptop tippte, zog er eine rote Kapuze über den Kopf, damit Überwachungskameras seine Passwörter nicht erfassten, wie er erklärte. Unter die Tür schob er ein Kissen, um Abhörmaßnahmen zu blockieren. Die Mobiltelefone von Besuchern packte er in den Kühlschrank, damit sie keine Signale abstrahlten.

Sicherheitsmaßnahmen waren auf jeden Fall erforderlich.

Der flüchtige amerikanische Spion war in akuter Gefahr.

Die Jagd nach Edward

Die US-Regierung wollte ihn haben.

Daran besteht kein Zweifel.

„Snowden hat mehr Schaden angerichtet als jeder andere Spion in der Geschichte unseres Landes", so die Einschätzung des damaligen NSA-Chefs Keith Alexander. „Das wird unsere Arbeit die nächsten zwanzig bis dreißig Jahre beeinträchtigen."[10/11]

Ein solcher Täter darf nicht unbehelligt davonkommen. Nicht aus Sicht der US-Dienste, die ihn im Verborgenen verfolgen. Und bereit sind, erhebliche Risiken einzugehen. Deutlich wurde das am 2. Juli 2013, als eine gewagte CIA-Operation fehlschlug.

An diesem Tag war Boliviens Präsident Evo Morales zu einem Staatsbesuch in Moskau. Es gab einen Geheimtipp: Snowden sollte an Bord des Präsidialjets heimlich aus dem Land geschmuggelt werden. So die Informationen. Daraufhin verweigerten mehrere EU-Länder den Überflug. Das Flugzeug des Präsidenten wurde zur unplanmäßigen Landung in Wien gezwungen.

Der Tipp entpuppte sich als Ente, die Aktion als Flop. Snowden war nicht an Bord. Diplomatisch war es ein Desaster. Aus ganz Europa folgte Kritik. Der österreichische Außenminister sah sich gezwungen, sich öffentlich zu entschuldigen.[12]

Für die ganze Welt wurde sichtbar, wie weit die Amerikaner gehen würden, um den abtrünnigen NSA-Spion zu schnappen.

Snowdens Schockwellen

Die Enthüllungen von Edward Snowden machten Schlagzeilen.

Rund um die Welt.

Monatelang.

Mit dramatischen Folgen.

Bürger waren schockiert, Politiker empört, Nachrichtendienste verunsichert. Die Washingtoner Regierung wollte Snowden schnellstmöglich ins Gefängnis befördern. Deutsche Datenschützer feierten ihn als Helden. Einige wollten ihm Asyl gewähren, andere sogar für den Friedensnobelpreis nominieren.

Wie auch immer man die Taten von Edward Snowden wertet, eines steht fest: Seine Veröffentlichungen haben für große Verunsicherung in der Bevölkerung gesorgt. Der Umfang der gespeicherten Informationen, das merkten alle, hat unsere Gesellschaft unwiderruflich verändert.

Die Debatte um Big Data hat begonnen.

Und da Big Data nur von Künstlicher Intelligenz gesteuert werden kann, wird die Debatte um Künstliche Intelligenz sehr bald folgen.

Big Data, Big Danger

B ig Data haben wir nicht kommen sehen. Mit einem Schlag war sie da, eine fast grenzenlose Speicherkapazität, fast grenzenlose Datenbestände, fast grenzenloses Überwachungspotenzial. Big Data ist das Ergebnis eines exponentiellen Wachstums in der Hardware-Industrie. Wir sind heute erst dabei, die Konsequenzen zu verstehen.

Und das Wachstum setzt sich unaufhörlich fort.

Exponentiell.

Nach den Veröffentlichungen von Bradley „Chelsea" Manning bei *WikiLeaks* und Edward Snowden in der Weltpresse wurde klar, dass die Menschheit am Ufer eines gigantischen Datenmeers steht. Wir schauen in die Ferne, können aber weder Weite noch Tiefe begreifen. Wir haben keine Übersicht, geschweige denn Kontrolle.

Der Speicherplatz, der hier entsteht, ist das Gedächtnis eines neuen Wesens, das der Menschheit bei Weitem überlegen sein wird. Das Gehirn kommt noch.

Solche Datenmassen sind nur durch Maschinen beherrschbar. Eine Erfassung, Verwaltung oder Auswertung durch Menschen ist undenkbar. Auch die Software, die Menschen schreiben, kann es nicht schaffen. Supercomputer mit Supersoftware sind die einzige Lösung. Big Data wird eines Tages das Gedächtnis einer neuen weltumspannenden Künstlichen Intelligenz (KI) werden.

Big Data hat das Potenzial, das Wissen der gesamten Menschheit zu erfassen, Informationsmassen, die unsere Vorstellungskraft sprengen. Es könnte Bücher, Brockhaus-Enzyklopädien und sogar sämtliche Bibliotheken der Welt zur Makulatur machen.

In den ersten vierzehn Jahren seiner Existenz ist der Datenumfang von Wikipedia allein in englischer Sprache auf über fünf Millionen Beiträge gewachsen. Weltweit enthält das Werk heute 19 Milliarden Wörter in 287 Sprachen. Zwischen dem Schreiben dieses Manuskripts und der Veröffentlichung als Buch ist davon auszugehen, dass Wikipedia sich schon wieder verdoppeln wird.

Manning und Snowden haben geholfen, die Folgen von Big Data für die Weltöffentlichkeit anschaulich zu machen. Schockierende Schlagzeilen, düstere Leitartikel und polemisierende Politiker taten den Rest.

Die öffentliche Beunruhigung richtet sich fast ausschließlich auf staatliche Daten, insbesondere auf die US-Abhörbehörde National Security Agency, NSA. Sie ist keineswegs der einzige Datensammler, der unsere Intimsphäre verletzt, vielleicht auch nicht der gefährlichste.

Interessanterweise waren einige der sogenannten Enthüllungen von Edward Snowden inhaltlich nicht neu. Einige Presseberichte wurden aufgebauscht, einiges an Empörung geheuchelt.

Aber die Bevölkerung hat eines verstanden:

Big Data bedeutet Big Danger.

Mutti abgehört

Es war vor allem das Abhören des Handys von Bundeskanzlerin Angela Merkel, das Deutschland wachgerüttelt hat. Es war eine persönliche Attacke gegen seine Bundeskanzlerin. Wenn die Privatsphäre von „Mutti" Merkel für die alliierten Freunde in Amerika nicht heilig ist, wie steht es mit dir und mir? Bundesbürger begannen zu begreifen, was Big Data in der Spionagewelt von heute bedeutet: Die Öffentlichkeit wird komplett beobachtet.

Die Öffentlichkeit war erschüttert.

Das Vertrauen in den transatlantischen Bündnispartner ebenso.

„Einen Angriff auf die Souveränität eines demokratischen Staates" nannte das Thomas Oppermann (SPD), Vorsitzender der Parlamentarischen Kontrollkommission im deutschen Bundestag. „Wer so dreist ist, der hat auch keine Hemmung, die Mobiltelefone der Bürger abzuhören und ihre E-Mails zu lesen."

Über „einen schweren Vertrauensbruch" beschwerte sich der damalige Bundesinnenminister Hans-Peter Friedrich (CSU). „Nicht hinnehmbar", schimpfte Belgiens Regierungschef Elio Di Rupo. Der damalige EU-Kommissionschef José Manuel Barroso warnte gar vor „Totalitarismus". In der Presse gab es zahlreiche Vergleiche mit den Abhörpraktiken der DDR-Staatssicherheit.

Das persönliche Mobiltelefon der Bundeskanzlerin anzapfen, fragten viele, wie geht das technisch?

In der Presse kursierten die schrillsten Erklärungen. *Stern-TV* machte „den Abhörtest"[13]. In einer Sendung vom 30. Oktober 2013 stellten sich Redakteure auf dem Rasen vor dem Reichstag auf die Lauer. Aus einem geparkten Minibus demonstrierten sie, wie man mithilfe eines sogenannten IMSI-Catchers in der Nähe befindliche Mobiltelefone orten und identifizieren, abhören und die Daten abspeichern kann.

Witzbuch-Autor und „IT-Sicherheitsexperte" Tobias Schrödel ergänzte: „Eine räumliche Nähe zu dem Abhörobjekt macht deswegen Sinn, weil ich mit entsprechenden Richtfunk-Antennen Daten abfangen und dann mit einem Rechner entschlüsseln könnte."

Das Publikum war beeindruckt.

Beifall.

Absurdistan.

Tatsächlich ist ein IMSI-Catcher ein recht simples Gerät, das Amateur-Hacker für rund 150 Euro im Versandhandel erwerben können. Die Abhörmethodik, die *Stern-TV* als NSA-Enthüllung präsentierte, ist in Wirklichkeit nicht viel mehr als ein Wald-und-Wiesen-Trick für eine Dorf-Detektei. Die Vorstellung, dass amerikanische Hightech-Spezialisten in einem Kastenwagen vor dem Kanzleramt parken und Frau Merkel belauschen, ist abstrus. Westliche Geheimdienste – und zwar nicht nur die NSA – greifen ihre Daten von Unterwasserkabeln, Satellitenstationen, Mobilfunkmasten und zentralen Knotenpunkten ab. Lauernde Lauscher mit Kopfhörer im Kastenwagen oder Trenchcoat-Täter in dunklen Gassen gehören in die Geschichtsbücher des Kalten Krieges oder in Kinofilme über die DDR („Das Leben der Anderen").

Der moderne Spion arbeitet mit Großrechnern.

Andere Redaktionen schickten Reporter zur US-Botschaft am Brandenburger Tor. Der Standort liegt knapp 800 Meter vom Bundeskanzleramt entfernt. Fotografen knipsten Infrarot-Bilder von dem Gebäude. Heiße Stellen unter dem Dach des Diplomaten-Hauses sollten als Beweis für die Abstrahlung von Abhöranlagen herhalten.

Tatsächlich verfügt jede größere Botschaft in Berlin über Sendemasten und Satellitenschüsseln für diplomatische Depeschen. Bei der US-Botschaft stehen diese unter dem Dach. Sie strahlen Wärme ab.

Viele Enthüllungen von Edward Snowden, die in der deutschen Presse ein großes Echo auslösten, werden niemanden in deutschen Sicherheitskreisen wirklich schockiert haben. Unter informierten Politikern und sachkundigen Journalisten waren sie längst bekannt. Der Datenaustausch zwischen NSA und BND ist alltäglich. Und eng, sehr eng. Gemeinsam mit anderen befreundeten Diensten werten BND und NSA Lauschangriffe zusammen aus – Namen und Nummern, Staatsangehörigkeit und SMS-Texte, Mails und Mitschnitte.

Sie werden durchsucht und gefiltert, identifiziert und ausgewertet. Technisch geht das mit der Stimmerkennung. Die Stimmbänder eines jeden Menschen besitzen Merkmale, die genauso einmalig sind wie ein Fingerabdruck. Hinzu kommen Aussprache und Dialekt, Redewendungen und Rhythmus. Abhörspezialisten können daraus das Sprachprofil einer verdächtigen Person erstellen und es wieder in die Datenbestände einfüttern.

Diese riesigen Datenmassen bilden den Heuhaufen.

Sicherheitsbehörden suchen die Nadel.

Und manchmal finden sie die.

NSA auf dem Kanzlerschreibtisch

Das Ergebnis dieser Lauschangriffe wird an höchste Regierungsstellen weitergeleitet. Auf den Schreibtisch der Kanzlerin zum Beispiel werden jeden Morgen Geheimberichte gelegt, die Infos aus den weltweiten Abhöranlagen der NSA enthalten. Die Kooperation zwischen CIA und BND, FBI und Verfassungsschutz, NSA und dem Militärischen Abschirmdienst der Bundeswehr (MAD) ist selbstverständlich und – wie BND-Mitarbeiter unter der Hand berichten – unverzichtbar.

Dass ein Mobiltelefon der Kanzlerin darunterfällt, durfte niemanden sonderlich überraschen. Handy-Gespräche in der Bundesrepublik – wie anderswo in Europa auch – werden flächendeckend und lückenlos angezapft. Faktisch muss man davon ausgehen, dass alles, was dort gesprochen, getextet oder gesurft wird, von NSA-Lauschern in Fort Meade verfolgt werden kann.

Nach der großen Empörungswelle in der deutschen Öffentlichkeit sah sich US-Präsident Barack Obama genötigt, öffentlich zu versprechen, dass Angela Merkels Handy nicht mehr belauscht wird. Dies signalisierte allerdings keine grundlegende Veränderung der Abhörtaktik der USA. Das wissen Eingeweihte, auch im Kanzleramt. Die US-Lauschbehörde verfügt nach wie vor über die nötige Technologie. Sie kann jederzeit per Knopfdruck aktiviert werden. Es ist nur eine Frage von Zeit und Zweckmäßigkeit.

Obamas Versprechen, das Gerät der Kanzlerin nicht mehr anzuzapfen, war eine diplomatische Geste. Wogen sollten geglättet, lädierte Beziehungen gekittet werden.

Die öffentlichen Wogen wurden aber nicht gleich geglättet, die lädierten Beziehungen nicht gekittet.

Kurz darauf platzte die nächste Bombe.

Diesmal kam die Enthüllung nicht von Edward Snowden. Sie wurde von der deutschen Spionageabwehr aufgedeckt. Am 2. Juli 2014 marschierten Beamte des Bundeskriminalamts in die neue Nachrichtendienstzentrale des BND in Berlin und verhafteten einen Mitarbeiter. Der 31-jährige Markus R. war Analytiker aus dem Stab EA („Einsatzgebiete/Auslandsbeziehungen"), zuständig für technische Unterstützung. Er war auch – wie er kurz nach der Verhaftung gestand – Spion für die CIA. Der nächste Skandal um amerikanische Geheimdienste in Deutschland war perfekt.

Der BND-Techniker hatte seine Dienste der US-Botschaft in Berlin per E-Mail angeboten und über einen Zeitraum von zwei Jahren Geheimpapiere an die Amerikaner geliefert. Für seine Dienste zahlten sie ihm rund 25.000 Euro.

Die Vorwürfe waren brisant.

Das Timing hätte nicht schlechter sein können.

Empörung kam aus ganz Europa.

Alliierte abhören

„Befreundete Länder kann man nicht einfach abhören, Daten absaugen, verarbeiten," ärgerte sich Österreichs Vizekanzler Michael Spindelegger. Er war eine von vielen Stimmen im In- und Ausland.

Dabei ist es die Aufgabe von Nachrichtendiensten, Politiker in befreundeten Ländern auszukundschaften. Das gilt für Skeptiker der US-Allianz wie auch für begeisterte US-Freunde wie Angela Merkel.

Für die USA ist die Bundesrepublik ein Partnerland, das Wirtschaftsbeziehungen zur aufstrebenden Atommacht Iran pflegt, enge Kontakte zu Russland unterhält und einen Ex-Kanzler hat, der auf der Gehaltsliste von Wladimir Putins *Gazprom* steht.

„Es gibt zwischen Staaten keine Freundschaften", erklärte mir ein ehemaliger Präsident des Bundesnachrichtendienstes am Rande einer Sicherheitskonferenz. „Es gibt nur Interessen."[14]

Da kann es niemanden ernsthaft überraschen, dass NSA und CIA ihre langen Ohren in Richtung Berlin ausstrecken. Spioniert wird überall und immer, auch unter Freunden. Das ist bekannt. Und wird abgestritten. Es ist der Beruf des Geheimdienstlers – lauschen, leugnen und – wenn es sein muss – lügen.

Die Empörung war scheinheilig.

Deutsche Dienste spionieren fleißig mit – auch gegen Freunde, auch gegen Amerika. Knapp einen Monat nach der Verhaftung des US-Spions flatterten Belege in die Redaktionen deutscher Zeitungen. Aufgetaucht – wahrscheinlich nicht zufällig – war das BND-Protokoll eines abgehörten Telefonats mit US-Außenministerin Hillary Clinton. Im Oktober 2011 hatte sie mit ihrem Handy aus einer amerikanischen Militärmaschine telefoniert. Dem BND liegt ein vollständiges Protokoll im Wortlaut vor.

Die Pressestellen der Regierung hatten gerade angefangen, die Dementi-Maschinen anzuwerfen, als kurz darauf ein weiteres Abhörprotokoll auftauchte. Clintons Nachfolger im Amt, John Kerry, wurde bei einem vertraulichen Nahost-Gespräch mit dem ehemaligen UN-Generalsekretär Kofi Annan belauscht.

Wie die Mitschnitte auf Festplatten des BND landeten, wurde nie geklärt. Der Regierungssprecher erklärte kleinlaut, es habe keine gezielten

Abhörmaßnahmen gegen die amerikanischen Amtsträger gegeben. Die vertraulichen Mitschnitte waren im Rahmen anderer Operationen entstanden. „Beifang" nannte man das beim BND.

„Idiotisch" nannte es ein Regierungsbeamter. Eigentlich hätten alle Aufnahmen mit US-Politikern sofort gelöscht werden müssen. Sagte er. Dabei ist eines klar:

BND und CIA hatten beide die goldene Regel der Spionage gebrochen:

„Lass dich niemals erwischen."[15]

Kurz nachdem die BND-Abhörprotokolle von Clinton und Kerry an die Öffentlichkeit gelangt waren, folgten Belege, dass die Bundesrepublik Deutschland auch andere NATO-Freunde belauscht. Ganz offiziell gehörte der NATO-Partner Türkei zu den erklärten Zielen der BND-Spionage. Seit vielen Jahren.

In einem geheimdienstlichen Grundsatzpapier aus dem Jahr 2009 wurde der Türkei eine hohe Priorität für den BND eingeräumt. Einige Tage später folgte die Enthüllung, dass der NATO-Partner Albanien ebenfalls langjähriges Spionageziel des BND war. Auch Maßnahmen gegen befreundete Länder wie Frankreich und Italien wurden ausdrücklich erwähnt.

Ja, Freunde spioniert man aus.

Das ist einfach so.

Enthüllungen, die keine waren

Edward Snowden hat seine Dokumente nicht gleichzeitig veröffentlicht. Wie ein guter PR-Manager wusste er, dass die Wirkung damit verpufft wäre. Er hat seine Pressemitteilungen in Paketen portioniert. Jeder Journalist sollte eine eigene Enthüllungsgeschichte bekommen – exklusiv für sein Heimatland, maßgeschneidert für seine Leserschaft. Die Veröffentlichungen erfolgten nach strengem strategischen Zeitplan, den Snowden mit seinem vertrauten Journalistenkumpel Glen Greenwald ausgearbeitet hat – mit Unterstützung der WikiLeaks-Anwältin Jesselyn Radack. Ungeklärt ist die Mitwirkung von russischen Ratgebern.

Auf jeden Fall hat Radack gern NSA-kritische Kommentare der russischen Presse angeboten. In einem Interview für *Voice of Russia* kritisierte sie massiv die Arbeit der US-Dienste. Russische Spionage erwähnte sie nicht.

Viele Dokumente, die Snowden groß ankündigte, waren kaum Enthüllungen. Aber Dokumente mit der Aufschrift „Top Secret" kommen bei Journalisten immer gut an. Ihnen wird ein prominenter Platz und eine fette Schlagzeile eingeräumt. Dazu zählten PowerPoint-Präsentationen zur Orientierung von neuen Mitarbeitern. Sie trugen zwar die Überschrift *Top Secret/NoForn* (Geheim/für Ausländer gesperrt), beschrieben aber NSA-Programme nur in groben Zügen – ohne vertrauliche Namen, Gesprächsinhalte oder sensible Quellen.

Sie hatten die Brisanz eines Organogramms.

Mehrere Programme waren längst eingestellt.

Mauscheleien am Meeresboden

Für viele Bundesbürger waren die groß angelegten Lauschangriffe der NSA auf Unterseekabel schockierend. Für Eingeweihte nicht. Seit Jahrzehnten stehen sie in der Presse. Im Parlament und in der Politik hat man ausgiebig, langjährig und in aller Öffentlichkeit über die enge Zusammenarbeit zwischen NSA und der britischen Lauschbehörde *Government Communications Headquarters (GCHQ)* debattiert.

Bereits 1992 wurden Details der gemeinsamen Lauschangriffe in Anhörungen des US-Senats öffentlich. Seitdem ist bekannt, dass die gesamte Telekommunikation zwischen Nordamerika und Europa auf dem riesigen NSA-Stützpunkt Manwith Hill in North Yorkshire routinemäßig mitgeschnitten wird. Die Ergebnisse werten London und Washington gemeinsam aus. Supercomputer der NSA durchsuchen alle Gespräche nach Anschlüssen und Identitäten, Schlüsselwörtern und Stimmabdrücken, die aus Sicht der Spionagebehörde interessant sind.

Inzwischen sollen NSA und GCHQ über uneingeschränkten Zugang zu über 200 Unterseekabeln weltweit verfügen. Allein das NSA-Teilprogramm Tempora verdaut rund 21 Millionen Gigabyte am Tag. Rund 550 Analytiker von NSA und GCHQ sind mit der Auswertung beschäftigt.

Die größte Leistung bringt dabei Kollege Computer, der mit Künstlicher Intelligenz ihre Such- und Sortiersysteme immer weiter verfeinert.

Auch in deutschen Medien sind die groß angelegten Lauschprogramme der NSA seit Langem Thema. Im Jahr 2000 veröffentlichte zum Beispiel *Der Spiegel* geheime Details über das NSA-Programm *Echelon*:

„Dass die Vereinigten Staaten und Großbritannien mit ihrem Abhörsystem Echelon die eigenen Verbündeten ausschnüffeln, war ein offenes Geheimnis. Jetzt ist es keines mehr."[16]

Lauschen in der UNO

Für große Empörung sorgte auch die Snowden-Enthüllung, dass die NSA geheime Beratungen der UNO in New York belauscht. Dabei gehören Abhöraktionen in den Vereinten Nationen seit eh und je zum Alltag. Mit dem Bau des Gebäudes begannen Spione aller Couleur, mit Schleifgerät und Bohrmaschine die Wände zu durchsieben. Im Jahr 1960 präsentierte der US-Botschafter Henry Cabet Lodge einen Holzschnitt des US-Staatswappens, das ihm von einer russischen Schulklasse geschenkt wurde. Versteckt im hübschen Wandschmuck war eine Wanze des russischen Geheimdienstes KGB.

Manche Diplomaten witzeln darüber, dass es an ein Wunder grenzt, dass das UN-Hochhaus an der New Yorker First Avenue noch steht. Eigentlich müsste die Statik durch Wanzenlöcher längst zusammengebrochen sein.

Diplomaten-Treffs bieten eine einmalige Gelegenheit, an die Verhandlungstaktik fremder Staaten heranzukommen. So überrascht es nicht, dass Snowdens Dokumente Abhöraktivitäten von NSA und GCHQ beim G20-Treffen 2009 in London belegten. Angezapft wurden – so Snowden – Mobiltelefone, E-Mails und Laptops. Mit Keyloggern wurden alle Tastatureingaben festgehalten.[17]

Die Beobachtung solcher Gipfel ist keine Einbahnstraße. Auch für den ehemaligen Geheimdienstler Wladimir Putin sind sie interessant. Als sich die Staatschefs am 5. September 2013 in St. Petersburg versammelten, war das für seine Dienste ein Heimspiel. Unter den Giveaway-Geschenken, die Besucher vom Gastgeber erhielten, war ein hübscher USB-Stick mit buntem G20-Logo. Darauf – wie der BND später in Brüssel entdeckte – war ein Trojaner, der Laptops und heimische PCs für die Russen ausspionieren sollte.

Es ist eigentlich selbstverständlich für Spione.

Ausspähen ist ihr Beruf.

Der bessere BND

Im August 2014 wurde ein hochgeheimes Strategiepapier des Bundesinnenministeriums im Bundeskanzleramt vorgelegt. Spezialisten sollten die elektronischen Fähigkeiten der deutschen Dienste kritisch unter die Lupe nehmen und Schwachstellen ausloten. Trauriges Resümee: Elektronisch sind die deutschen Dienste so gut wie blind und taub.

Lange war der BND für seine exzellenten Agenten-Quellen im Bereich HUMINT („Human Intelligence") bekannt. Traditionsgemäß verfügte er über verlässliche Informanten-Netzwerke im ehemaligen Ostblock, im Iran und in der arabischen Welt. Technisch waren seine Horchposten in Pakistan und – versteckt auf Containerschiffen – im arabischen Raum sehr ergiebig.

Aber die Zeiten haben sich geändert. Im elektronischen Bereich (SIGINT) hatte der BND – so die Studie – den Anschluss ans Zeitalter von Big Data verschlafen. Ursache war vor allem, dass viele deutsche Technologiefirmen ihre globale Spitzenposition verloren hatten. Ohne Unterstützung der US-Partnerdienste sei der BND – nach eigener Einschätzung – nicht voll handlungsfähig. Kurz- und mittelfristig seien deutschen Spione auf das Wohlwollen der Amerikaner angewiesen.

Der Bundesnachrichtendienst – so das Strategiepaper weiter – besitzt weder die Technik noch das Personal, um globale Datennetze umfassend anzuzapfen oder sinnvoll auszuwerten. Hacker-Angriffe ausländischer Mächte könne er orten, aber nicht verhindern.

Ein BND-Insider zog den Vergleich: „Wir sitzen auf dem Berg und zählen die Blitze".[18]

„Ohne US-Hilfe", lamentiert ein anderer, „würden wir von hundert Dschihadisten in Deutschland maximal fünf selber finden."

Ähnlich sieht es bei der Verschlüsselung von Daten und deren sicherer Aufbewahrung aus. Die stärksten Unternehmen befinden sich im Silicon Valley*. Dort ist seit Langem bekannt, dass internationale Verschlüsselungsfirmen vertragliche Beziehungen zur NSA unterhalten. Sie sollen dafür sorgen, dass die Exportversionen ihrer Produkte leichter zu knacken sind.

Die NSA ist auch durch Strohmänner an den entscheidenden Gremien beteiligt, die technische Standards für die internationale Übertragung von Daten festlegen. Zusammen mit ihrem britischen Partner GCHQ hat sie Vereinbarungen mit den Betreibern von Unterseekabeln, die Abhörpraktiken ausdrücklich erleichtern.

Geheimnisse im Kabinett

Trotz enger Zusammenarbeit zwischen den Nachrichtendiensten hat jede Regierung Geheimnisse, die geheim bleiben sollen. Aus Sicherheitsgründen lagert der BND einige empfindliche Daten auf israelischen Servern in der Negev-Wüste. Von der Parlamentarischen Kontrollkommission des Bundestags wurde ein Panzerschrank für die Mobiltelefone der Parlamentarier angeschafft.

Besonders sensibel sind die Tagungen des Bundeskabinetts. Wenn die Kanzlerin im abhörsicheren Kabinettsaal mit gusseiserner Glocke die Sitzung einläutet, sollen sich die Teilnehmer sicher fühlen. Minister wollen ungestört Meinungen und Maßnahmen austauschen. Geheimhaltung ist zwingend.

Deswegen wird hier das Protokoll in Steno angefertigt.

Mit Bleistift.

Auf Papier.

Ganz ohne Elektronik.

Zur Sicherung des Protokolls wird auf eine Technologie aus dem 19. Jahrhundert zurückgegriffen, die gute alte Rohrpost. Die sensiblen

---

* Eine Ausnahme ist Kaspersky, ein Moskauer Unternehmen mit engen Verbindungen in den Kreml.

Papierprotokolle werden in kleinen, zylindrischen Behältern in den Keller des Kanzleramts befördert und dort in einem Panzerraum gelagert. Das System ist nicht gerade Hightech.

Es ist aber abhörsicher.[19]

Nach dem Snowden-Sturm

Auch wenn einige Enthüllungen von Edward Snowden im Einzelfall nicht wirklich neu sind, in der Wirkung lösten sie einen großen Schock aus. Menschen in der ganzen Welt wurde bewusst, wie viel Informationen Geheimdienste sammeln. Sie überlegten, was sie dagegen machen könnten. Gegenmaßnahmen werden in einem späteren Kapitel abgehandelt.

Viele bedrohliche Aspekte von Big Data wurden von Manning und Snowden nicht thematisiert.

Schmelztiegel für Daten

Kurz nach der Jahrtausendwende hat der Hardware-Hersteller Seagate die erste Terabyte-Harddrive auf den Markt gebracht – eine Entwicklung mit weitreichenden Folgen. Speicherkapazität hatte damit Preise und Größen erreicht, die kaum einen Kostenfaktor darstellten. Die alte Prognose, „niemand braucht mehr als 640 kB RAM"[20], wurde zu Makulatur. Explodierende Speicherkapazität hat die Welt endgültig verändert. Wenn es früher sinnvoll war, Informationen erst zu filtern, dann zu speichern, war es nunmehr sinnvoll, alles erst einmal zu speichern. Filtern kann man später, wenn die Technologie dazu erfunden wird.

2001 war auch das Jahr der Geheimdienste. Am 11. September wurden die US-Städte New York und Washington von einem kriegerischen Überraschungsangriff heimgesucht. Einer kleinen Gruppe fanatischer Islamisten war es gelungen, knapp 3.000 Amerikaner in ihrem eigenen Land zu ermorden.

Ohne Sprengstoff.

Ohne Schusswaffen.

Und ohne Vorwarnung.

Die Spionagedienste der Supermacht waren ahnungslos. Die Tätergruppe Al Kaida war ihnen bekannt, auch Anführer Osama Bin Laden. Aber niemand hatte ihnen eine derartige Aktion zugetraut. Die Attentäter waren unerkannt ins Land gereist und mit Teppichmessern und Tränengas an Bord gestiegen.

Das Frühwarnsystem hatte versagt, für die Spionagedienste Totalschaden. Man stellte fest, dass menschliche Quellen (*HUMINT*, „human intelligence") unzureichend waren. Künftig wollte man mehr Gewicht auf elektronische Ausspähung (*SIGINT*, „signal intelligence") legen. Rückblickend hätte man dort verdächtige Personen aufspüren können. Nötig waren eine vollkommene Renovierung und ein Relaunch. Man brauchte Systeme, die Flugbewegungen, Grenzübertritte, Ferngespräche und Internetkommunikation wirksam überwachen.

Man wollte wissen, wer ins Land reist. Und weshalb. Jedes Detail.

Gefragt war Big Data.

Die National Security Agency NSA sollte ihre Datenmassen und die Erkenntnisse daraus in einem lückenlosen Informationsaustausch mit anderen Nachrichtendiensten teilen. Und auch mit der Polizei.

Eine weitere Priorität war die Grenzüberwachung, in den USA eine ziemlich lange Strecke. Die Landgrenzen zu Kanada und Mexiko, kombiniert mit Küstenstreifen entlang zweier Ozeane, addieren sich zu einem knapp 32.000 Kilometer langen Kontrollbereich. Mit Grenzbeamten und Küstenwache ist das kaum zu bewältigen. Menschliche Kontrollen sollten durch vollautomatische maschinelle Überwachung ergänzt beziehungsweise gänzlich ersetzt werden.

Die heutige Grenzsicherung beginnt mit der Reisebuchung. Wer ins Land will, wird schon lange vor dem Abflug erfasst. Über Personenmerkmale, die in umfangreichen Fragebögen abgefragt werden: Ehestatus und Einreisetermin, Bankauskunft und Berufsausbildung, Krankengeschichte und Kreditkarten, Finanzverhältnisse und Führungszeugnis gehören alle dazu. Alle Angaben werden mit Vergleichsinformationen aus einer Vielzahl anderer Quellen abgeglichen. Auf Amerikas Gäste, die es ins Land schaffen, wartet ein biometrisches Vollprogramm.

„Smile!" Das Gesicht wird fotografiert, Fingerabdrücke eingelesen, Augen gescannt. Womöglich wird auch der Unterleib mit den Röntgenaugen eines Ganzkörper-Scanners kurz unter die Lupe genommen.

Bei Letzterem gab es Ärger. Passagiere empörten sich über die Verletzung ihrer Intimsphäre. Aktivisten schrieben Proteste in Metallic-Farbe auf Intimstellen, damit sie bei der Durchleuchtung deutlich zu lesen waren. Außerdem stellten diverse Studien die Leistungsfähigkeit der Ganzkörper-Scanner infrage. Auf vielen Flughäfen wurden sie wieder abgebaut.

Die Daten von Anreisenden haben natürlich nur einen Sinn, wenn sie mit den Speichern der Spionagedienste verglichen werden. Das werden sie. Jede Antwort auf jedem Fragebogen von jedem Besucher, jedes freundlich lächelnde Touristengesicht, kommt hinzu.

Big Data wächst täglich weiter.

Grenzfälle

Bei der bisherigen Debatte in Deutschland konzentrierte sich die Kritik auf mitgeschnittene Telefongespräche und E-Mail-Texte. Faktisch ist dies nur ein kleiner Ausschnitt aus dem Repertoire der Geheimdienste. Personenmerkmale sind vielfältig. Erkennungswissenschaftliche Technologien zu deren Erfassung auch.

Jeder Mensch wurde von der Natur anders erschaffen. Er besitzt Eigenschaften, die genauso einmalig für seine Person sind wie der Fingerabdruck. Einige liegen auf der Hand.

Nicht nur Fingerkuppen haben Papillarleisten und Minutien, die ringförmige Abdrücke hinterlassen können. Auch die Fläche der Hand, der Hacken am Fuß oder sogar das Ohr kann von Kriminalisten zur Personenidentifizierung herangezogen werden. Nachrichtendienste entwerfen sogar Profile für die Geometrie von Fingern oder die Venen am Handrücken.

Die Firma Palm Secure zum Beispiel vermarktet einen Sensor, der eine Handfläche mittels Nah-Infrarot-Kamera abtastet. Weil das sauerstoffreduzierte Blut in Venen die Infrarotstrahlung absorbiert, wird ein detailliertes Muster der Venenstruktur mit fünf Millionen Punkten sichtbar. Nach Herstellerangaben kann das System einen Menschen mit einer Fehlerquote von eins zu zehn Millionen identifizieren.[21]

In der Akustik ist der Stimmabdruck einer Person ein wichtiges Merkmal. Es besteht zum einen aus den biometrischen Schwankungen der Stimmbänder, zum anderen aus dem unverwechselbaren Rhythmus der gesprochenen Wörter. Wenn nötig, können Sprachwissenschaftler mit weitergehenden Untersuchungen Dialekt, Betonung und Wortwahl identifizieren. Früher war diese Technologie ein Monopol des Staates, ein Werkzeug von Polizei und Nachrichtendiensten. Heute kann das jedes Smartphone.

Das Gesicht ist ein vertrautes Merkmal von Menschen. Jedes ist anders. Wir erkennen das meistens. Maschinen erkennen das immer. Die Entfernungen zwischen Nase und Oberlippe, Augenbraue und Haaransatz, Ohrläppchen und Kragenweite sind zu einer fein getunten Wissenschaft verfeinert worden. Die Software dazu heißt Gesichtserkennung.

Für sie wird das biometrische Passbild angefertigt – Mund zu, Augen auf, Kopf gerade. Besonders wichtig dabei: der blöde Gesichtsausdruck.

Einheitsnormen erleichtern maschinelle Erkennung.

Heute ist Biometrik überall. Wir gewöhnen uns an die kleinen Webcams, die bei Passkontrolle, Hotelempfang oder Autovermietung auf uns warten.

Mund zu, Augen auf, Kopf gerade.

Weltweit füllen wir die Datenbanken mit unserer Abbildung.

Mit Fingerabdrücken von uns.

Mit Iris-Scans von uns.

Die Überwachung ist allgegenwärtig. Und ziemlich unheimlich.

Wer in die Vereinigten Arabischen Emirate einreist, wird gleich am Flughafen mit der Technik konfrontiert. Bei der Passkontrolle warten die üblichen Webcams und Lesegeräte für Fingerabdrücke. Wer aber denkt, dass die Personenidentifizierung hier beginnt, täuscht sich.

Auf dem Weg vom Flugzeug zur Passkontrolle laufen Fluggäste an acht bis zehn weiteren Kameras vorbei. Durch die Gesichtserkennung werden Identität und Klassifizierung automatisch ermittelt und an die Passkontrolle weitergeleitet. Foto und Fingerabdruck an der Theke sind Formalitäten. Die Einreisebehörden wissen längst, wen sie vor sich haben.

Je wichtiger eine Zielperson ist, umso aufwendiger die Verfahren, die angewandt werden, um sie zu finden. Je größer die Datenbanken mit Personenmerkmalen, umso besser die Chancen.

Die Technologie der Gesichtserkennung ist nur ein Teil einer globalen Vernetzung, die uns mit Webcams, CCTV-Video und versteckten Kameras ständig observiert. Nationale Nachrichtendienste, Polizei und Privatfirmen arbeiten dabei oft Hand in Hand.

Mit der Hochleistungs-Gesichtserkennung kann man sogar Einzelpersonen auf einer Großdemonstration identifizieren, oder den Verdächtigen in der Menschenmenge einer Bahnhofshalle. Man kann sogar die Personen auf ihrem Weg durch das Gedränge weiterverfolgen. Einzelne Kameras können miteinander synchronisiert werden und eine Zielperson von Kamera zu Kamera über mehrere CCTV-Systeme hinweg verfolgen. Mit sogenannter *Fusion-Software* kann eine Video-Überwachung sogar medienübergreifend mit anderen Systemen wie Auto-GPS oder Smartphone-Ortung synchronisiert werden.

Es wäre ein verhängnisvoller Fehler, wenn unsere Gesellschaft nur die Folgen einzelner Überwachungsprogramme betrachten würde. In der Vernetzung liegt die Gefahr.

Wenn wir die gesellschaftlichen Folgen einer bevorstehenden Überwachungsgesellschaft betrachten, wäre es ein grober Fehler, jede Maßnahme einzeln zu betrachten. Es ist nicht die einzelne Kamera am Straßenrand, der Sensor in einem RFID-Chip oder die Abhöranlagen in einer Barbie-Puppe, die eine Bedrohung darstellen. Es ist die geballte Kraft eines neuen Wesens, das alles überwachen – und kontrollieren – kann. Solange die Systeme getrennt bleiben, sind sie halb so gefährlich.

Die Entstehung gigantischer Datenmassen, die Geburt von Big Data, war eine gewaltige Entwicklung. Bis heute haben wir sie nicht verdaut. Und dennoch ist sie nur ein erster Schritt in der Entstehung eines gefährlichen neues Wesens, das uns vollkommen überlegen sein wird.

Sensorik und Software

Mit dem rasanten technologischen Ausbau der Grenzüberwachung sind ganze Wissenschaftszweige neu entstanden. Die Biometrik, die mit Stimmabdruck und Gesichtserkennung begann, ist heute ein vielseitiges Forschungsfeld.

Und ein lukratives.

Der Staat, so scheint es, kann nicht genug speichern. Täglich werden neue Eigenschaften des menschlichen Körpers entdeckt und katalogisiert – Körperbau und Kopfhaltung, Muttermal und Muskelbau, hübsche Tattoos und hässliche Narben. Alles wird protokolliert und in Big Data eingefüttert. Es gibt sogar orthopädische Fachleute, die die Gangart studieren und Personen an einem hinkenden Bein oder einer hängenden Schulter erkennen können. Es ist ein neues Fach in der Verhaltensforschung („gait recognition") und gilt als ziemlich sichere Methode, um Personen zu identifizieren. Andere Forschungsbereiche vergleichen Proben von Körpergeruch, Mundgeruch und Fußschweiß.

Psychologen suchen Hinweise im Verhalten, bei Hobbys etwa, oder im Lebensstil. Ist man Schlipsträger oder Sportfan, Fernfahrer oder Frauenheld, Linkshänder oder Langstreckenläufer?

Es geht aber auch genauer.

Menschen haben ziemlich eindeutige Merkmale, von denen sie meist überhaupt nichts wissen. Ob man mit Zehn-Finger-System in eine Tastatur tippt oder mit Zwei-Daumen-Methodik in ein Smartphone, jeder hat seinen eigenen Stil. Und seinen eigenen Rhythmus. Experten können das heraushören. Und zuordnen. Die US-Firma Apple hat entdeckt, dass sie ihre User am Tipp-Rhythmus und an der Handhabung ihres iPhones erkennen kann.

Verhaltensbedingte Identifizierung ist ein weiteres Neugebiet in der Wissenschaft. Forscher nennen es „Behaviometrics".

Profile, die früher mit dem Eintrag in das Notizbuch eines Kripo-beamten begannen – und meistens auch endeten –, werden heute in den endlosen Annalen von Big Data verewigt.

Augen und Ohren der Künstlichen Intelligenz

Automatische Sensoren sind heute die Augen und Ohren der modernen Überwachung. Sie sind erheblich leistungsfähiger als ihr menschlicher Gegenpart. Sensoren können weiter und besser sehen als Augen, auch bei Nacht. Sie können Infrarot und Radioaktivität erkennen, leiseste Geräusche hören und chemische Substanzen riechen.

Biometrik zieht Großunternehmen an. Damit ist viel Geld zu verdienen. Der Staat ist bereit, große Teile davon gern outzusourcen, zum Beispiel bei der Überwachung von Staatsgrenzen.

Heute ist sie hauptsächlich eine Sache der modernen Sensorik. Zunehmend wird sie vom Staat in die Hände von Privatunternehmen gegeben. IBM, spezialisiert auf Biometrik, Personenerkennung und Datenverwaltung, ist enger Partner des Department of Homeland Security, DHS. Die Firma Accenture leitet die *Smart Border Alliance* in den USA, einen Zusammenschluss diverser Spezialfirmen.

Fachgebiet: die Sammlung und Auswertung von Daten.

Gesamtetat: knapp 10 Milliarden Dollar.

In solchen Kreisen sind Daten nicht nur ein Thema für Fachsimpelei. Sie sind Ware. Es wird damit gehandelt, fleißig gehandelt – mal im Tausch, mal gegen Bares. Besonders wertvoll sind sie, wenn sie miteinander verschmelzen.

Eine der Lehren aus dem Attentat vom 11. September war die mangelnde Kooperation zwischen den US-Nachrichtendiensten. Viele Informationen, die zu einer Früherkennung der Attentäter und ihrer Absichten hätten führen können, lagerten in den Karteien einzelner Behörden – abgeschirmt, abgelegt, unzugänglich. Nicht mal der Auslandsdienst CIA war mit dem Inlandsdienst FBI datentechnisch vernetzt. Niemand hatte Zugang zu allen nötigen Informationen. Niemand war in der Lage, „The Big Picture" zu sehen, den wachsenden Zusammenhang, das bedrohliche Gesamtbild.

Datenbestände aus den diversen Bundesbehörden sollten schleunigst zusammengelegt werden, und – soweit es die Geheimhaltung zulässt – gemeinsam genutzt werden. Der Inlandsdienst FBI, der Auslandsdienst CIA, der militärische Nachrichtendienst DIA und andere relevante Bundesbehörden sollten teilen lernen.

Schmelztiegel für Spione

Fusion Centers wurden eingerichtet, wo vertrauliche Daten zusammenliefen. Unter dem umstrittenen „Freedom of Information Act" wurde ein undurchsichtiges Gebilde von Vollmachten und Sondergenehmigungen errichtet. Dazu zählen die berüchtigten „National Security Letters", die dem FBI Festnahmen und Durchsuchungen erlauben – ohne Haftbefehl, ohne Durchsuchungsbefehl, ohne Richter.

Bürgerrechtsorganisationen waren über die neuen Vollmachten für Strafverfolgungsbehörden entsetzt. Sie warnten vor der Vielzahl von neuen Behörden, die sich mit dem Kampf gegen Terror befassten. Allein im Bundesstaat Illinois waren es 91. Und sie warnten vor dem, was sie „Kriegsrecht in einem nicht erklärten Krieg" nannten.

Noch wichtiger – und bedenklicher – war das Verschmelzen staatlicher Datenbanken. Ein Informations-Smörgåsbord wurde aufgetischt. Alle Dienste wurden zum Festessen eingeladen.

Es waren aber keineswegs nur die großen Spionagebehörden, die von den neuen Anti-Terror-Gesetzen profitierten. Auch viele Dienststellen in der Provinz genossen neue Privilegien.

Im Bundesstaat Illinois erreichte die Zahl der Landesdienststellen, die sich mit Anti-Terror-Aufgaben befassten, eine Rekordhöhe. Und manch ein US-Dorfpolizist freute sich plötzlich über Hightech-Wunderwaffen, die sonst ausschließlich in den Arsenalen von CIA und NSA zu finden waren.

NSA-Technologie für die Dorfpolizei

Kleinstadt-Cops wurden plötzlich in der Lage versetzt, mit raffinierten Infrarotkameras die Marihuana-Farmen in Großstadtsiedlungen aufzuspüren, mit leistungsstarken Lauschgeräten die Handy-Gespräche von Kleinkriminellen mitzuschneiden und die Strafregister von Millionen von Menschen mühelos zu durchforsten.

Das bietet viele Vorteile in der Kriminalitätsbekämpfung.

Und verbirgt viele Gefahren für Bürgerrechte.

Es folgen ein paar Beispiele aus der Praxis.

Das Werkzeug der Wächter

WatchHound

Zu den neuen polizeilichen Wunderwaffen von heute zählt der kleine *WatchHound* („Wachhund") von Berkeley Veritronics in New Jersey. Als Funkempfänger im Taschenformat, der als Buch oder Wasserflasche getarnt werden kann, entdeckt das Gerät verbotene Funksignale jeder Art. Ob bei einer Klausurarbeit an der Uni oder dem Konzert eines Rockstars, im Gefängnis oder im Gerichtssaal, der kleine Hund spürt jede drahtlose Aktivität in Echtzeit auf. Er ortet Stimme, SMS-Text, sogar Handys im Standby-Modus. Er erfasst eingehende sowie ausgehende Kommunikation und protokolliert alles samt Mobil-Nummer und Uhrzeit.

Während der WatchHound für legitime Überwachungsaufgaben entwickelt wurde, könnte er auch für die Verfolgung von demokratischen Demonstranten und Dissidenten eingesetzt werden.

Stingray

Etwas ominöser ist der IMSI-Catcher *Stingray* der Harris Corporation. Seine Aufgabe ist es, einen Sendemast zu simulieren. Damit kann er alle Handys in der Umgebung zum Andocken locken, ihre Gespräche mitschneiden, ihre SMS-Texte speichern und womöglich den gesamten Speicherinhalt eines Smartphones ohne Wissen des Inhabers downloaden. Das Gerät kann Tausende von Mobilphones gleichzeitig anzapfen.

„Mit dem Gerät kann der Staat", so die Bürgerrechtsorganisation ACLU, „Signale durch Wände und Kleidungsstücke empfangen, um vielfältige Informationen über unbescholtene Menschen zu sammeln."

■ In Florida hat eine Polizeidienststelle den *Stingray* über zweihundert Mal innerhalb eines Jahres eingesetzt – ohne einen einzigen Gerichtsbeschluss.

- Bei der Suche nach einem entführten Mädchen hat die Polizei in Colorado die Daten von mehreren Tausend Männern angezapft. Fünfhundert von ihnen wurden zu DNA-Proben aufgefordert.[22]
- Mit einem *Stingray* sammelte ein Sheriff in South Carolina sämtliche Daten aus vier mobilen Sendemasten. Es ging um die Aufklärung einer Serie von Autodiebstählen. „Wir brauchten so viele Informationen wie möglich", erklärte der Sheriff.
- In Miami begründete die Polizei den Kauf eines *Stingrays* damit, dass sie Demonstranten beim Welthandelstag überwachen wollte.[23]

Cellebrite

Cellebrite ist ein Gerät zur Sicherstellung von forensischen Beweismitteln. Der gesamte Inhalt eines Smartphones kann damit innerhalb von zwei Minuten kopiert werden. Die Profi-Version kann auch gelöschte, verschlüsselte und versteckte Daten lesen. Sie wird von Militär, Strafverfolgung und Nachrichtendiensten in über sechzig Ländern verwendet.

Cellebrite funktioniert so:

Gerät infiltrieren,

Sperre umgehen,

Code starten, um Flash zu lesen,

Datentransfer zu USB aktivieren,

Keine Spuren hinterlassen.

FinFischer/FinSpy

Überwachungssoftware der Trojaner-Produktfamilie *FinFischer/FinSpy* aus dem Hause Gamma wird häufig von staatlichen Institutionen verwendet. Sie ist ein offensives Spionage-System, vom Bundeskriminalamt getestet, und wird unter anderem gegen „Schurkenstaaten" wie Iran und Nordkorea eingesetzt. Billig ist es nicht. Allein die *Remote-Monitoring-Lösung* von FinSpy kostet um die 1,5 Millionen Euro. Dafür kann sie Gespräche abhören, Kontakte kopieren, Mikrofone aktivieren, Standorte verfolgen und sicherlich vieles mehr, was die Hersteller nicht öffentlich erzählen.

Natürlich werden solche Geräte in der Privatwirtschaft eingesetzt, sogar bei der katholischen Kirche. In Neapel war Priester Don Michele Madonna vom Texten und Telefonieren während des Gottesdienstes mächtig genervt. Mehrfach hatte er die Gemeinde aufgefordert, den Gebrauch von Handys in der Kirche zu unterlassen. Auf der Suche nach himmlischer Ruhe hat der genervte Geistliche in der Kirche einen Störsender installiert. Es funktionierte. Allerdings beschwerten sich Ladenbesitzer aus der Nachbarschaft, dass auch bei ihnen Laptops, Smartphones und Tablets gestört wurden.[24][25]

Google für Geheimdienstler

Das US-Unternehmen Raytheon ist für exotische Rüstungsgüter bekannt. Neben Sensorpaketen für Killerdrohnen, Exoskeletten für US-Infanteristen und Überwachungszeppelinen für die US-Marine hat Raytheon für die NSA eine besondere Software im Angebot – eine Suchmaschine für Spione. Das Programm heißt *RIOT* („Rapid Information Overlay Technology") und wird ausschließlich an Militärs, Nachrichtendienste und andere Sicherheitsbehörden verkauft. Die Leistung stellt Google in den Schatten.

Die Algorithmen sind für ihre enormen Informationsmassen ausgelegt – in der Fachsprache „Extreme-Scale Analytics". Die Geschwindigkeit ist atemberaubend.[26]

Tippt man den Namen einer Zielperson ein, spuckt die Software sofort eine vollständige Liste aller Telefonate – komplett mit gelben Landkarten-Pins – aus. In Sekundenschnelle werden alle Orte mit Datum und Uhrzeit angezeigt, an denen die Zielperson telefonisch eingeloggt war – komplett. Jedes Mal, wenn dieser Teilnehmer sein Telefon aktiviert, legt er eine Spur auf der Landkarte. Wie Brotkrümel im Märchenwald kann ein Nachrichtendienstler den Weg einer Zielperson nachverfolgen – nicht nur aktuell, sondern auch für Jahre, oder Jahrzehnte, rekonstruieren.

Die RIOT-Software kann mehr, viel mehr, wie zum Beispiel komplexe Eventketten. Geht Person A in das Café mit Person B, die sich mit Person C im Chat austauscht, die Bargeld an Person D übergibt, können die Menschen und ihre Verbindungen zueinander schnell erkannt werden. Alle Standorte werden mit Gesichtserkennung verknüpft.

Besucht eine dieser Personen ein Sportstudio, werden alle Besucher erfasst, die zeitgleich da waren – mit Tag und Uhrzeit in Kuchengrafiken.[27]

Alle obigen Beispiele hat Brian Urch, investigativer Reporter bei *The Guardian*, in einer konspirativen Demonstration der *RIOT*-Software persönlich erlebt und in einem YouTube-Video dokumentiert.[28]

Es sind also keineswegs nur mitgeschnittene Telefonate und SMS-Texte, die in den ewigen Archiven von Nachrichtendiensten landen.

Es ist viel mehr.

Und überall wacht eine Künstliche Intelligenz.

Vorsicht, Kamera!

Überwachung ist überall.

Es wird immer schwieriger, sich unbeobachtet in der Öffentlichkeit zu bewegen. Private Kameras sind überall installiert und erfassen jeden, der vorbeiläuft. Bis heute haben die Briten um die 6 Millionen sogenannte *Closed-Circuit-Television*-Kameras (CCTV) eingeschaltet. An einem durchschnittlichen Tag muss ein durchschnittlicher Bürger damit rechnen, dass er von über 300 Kameras aufgenommen wird.

Nach dem 11. September 2001 hat die Stadt New York viel von ihrer historischen Liberalität verloren. Die Sehnsucht nach Sicherheit war so groß, dass viele Vorbehalte gegen Überwachung verschwanden. Die Bürger vertrauten ihrem republikanischen Bürgermeister Rudolph Giuliani, der sie durch die schwere Krise begleitet hatte, und akzeptierten neue Maßnahmen, die er unterstützte.

Inzwischen hat die Stadt über 3.000 CCTV-Kameras in einem gigantischen Überwachungs- und Identifizierungssystem installiert. Alle sind miteinander vernetzt. So kann das System einen einzelnen Fußgänger auf seinem Weg durch die Stadt von Standort zu Standort nahtlos verfolgen. Über Gesichtserkennung wird seine Identität festgestellt und aus dem Archiv wird – soweit vorhanden – sein Strafregister abgerufen.

Neueste Überwachungskameras können Größe und Form eines verdächtigen Pakets identifizieren oder sekundenschnell Menschen in der Menge orten, die „ein rotes Hemd tragen."

Man darf nie vergessen: Objekt der Beobachtung ist der Mensch. Nicht das Telefonat. Nicht die E-Mail. Nicht das Auto. Nicht der Flug. Oder das Bankkonto.

Sondern die Person.

Du bist einmalig

Deine biometrischen Daten auch.

Deswegen möchten die Geheimdienste – und auch die privaten Datensammler – alle Informationen über eine Person mit ihren physischen Charakteristika verlinken.

Wenn der Link zur Identität einige einmalige Eigenschaften des Individuums hat, z. B. digitaler Fingerabdruck, Iris-Scan, Handscan, Gesichtstopografie, Gangart oder Stimmabdruck, dann sind das nur ein paar von den Merkmalen, die leicht biometrisch messbar sind. Hinzu kommen soziale Gewohnheiten wie Rauchen, Trinken, Zocken, Drogen.

Wissenschaftliche Merkmale des Individuums gehen viel weiter. Sie schließen Gangart („gait recognition") und Mimik, Emotionserkennung und Handvenenstruktur ein, um nur ein paar zu nennen. Biometrische Daten haben den Vorteil, dass sie einen Schlüssel zu einer Identität bilden – Verbindungsglied zwischen Datenbank-Infos und körperlicher Identität.

PINs und Passwörter können geändert werden.

Physikalische Merkmale bleiben.

Die Persönlichkeit des Passbilds

Die Erkennungstechnik der Privatwirtschaft ist manchmal mangelhaft. Die Wissenschaft ist erst im Entstehen. So will das US-Start-up CreepShield unliebsame Menschen mittels Bilderkennung aussortieren. Ihre App, zunächst nur in Amerika verfügbar, gleicht Fotos von Internet-Bekanntschaften mit öffentlich zugänglichen Datenbanken von Sexualstraftätern ab, die von den US-Behörden auf Bundes- und Staatenebene vorgehalten werden.

Die Bedienung ist einfach: Ein Nutzer muss nur den Link eines Bilds in ein Suchfeld bei Dating-Portalen wie Match.com, eHarmony, PlentyOfFish oder OkCupid einfügen. Dann wird es mit den Fotos von rund 475.000 aktenkundigen Sex-Tätern verglichen. Alternativ kann man sich außerdem eine Browser-Erweiterung installieren, die es unter anderem für den Google-Browser Chrome zum Download gibt – dafür will das Plug-in vollen Zugriff auf besuchte Websites haben und die geöffneten Browser-Tabs einsehen.

Allerdings funktioniert der Dienst sowieso bislang mehr schlecht als recht. So ergab ein Kurztest der US-Tageszeitung *New York Times*, dass die Software oft reichliche Fehltritte liefert. Die Wahrscheinlichkeit, dass eine Wahl zutrifft, bezifferte die Software dabei auf 49 Prozent.

Foto-Fundus für die Fahndung

Staatliche Systeme funktionieren besser. Sie greifen dabei auf fast grenzenlose Bestände an Videos und Fotomaterial zurück. Neben den Aufnahmen des Staates werden oft die unzähligen Daten von Privathandys mit ausgewertet. Jeder Hollywood-Star weiß, wie schwer es ist, ihnen zu entkommen.

Das gilt auch für Attentäter.

15. April 2013. Zwei Bomben explodierten an der Ziellinie des Boston Marathons. Es war eine chaotische Szene. Rettungskräfte und TV-Journalisten, Polizisten und panische Zuschauer liefen kreuz und quer durcheinander. In dem Getümmel sammelte die Polizei private Smartphones ein. Innerhalb von Stunden verfügte sie über große Mengen an Bildmaterial vom Tatort. Hunderte von FBI-Forensikern und Kripo-Spezialisten durchforsteten die Aufnahmen auf der Suche nach Personen, „die etwas anders tun als andere Menschen", wie der Bostoner Polizeichef Edward Davis es formulierte.

Die Arbeit war mühsam. Ein Agent hatte eine einzige Bildsequenz über 400-mal anschauen müssen. Aber alles war da. Es war nur eine Frage der Zeit, bis die Täter über Gesichtserkennung identifiziert und ihre Fahndungsbilder auf Fernsehschirmen rund um die Welt geblitzt werden konnten.

Bei dem Terrorangriff wurde Datenschutz hintangestellt. Und eine bedenkliche Präzedenz geschaffen. In den Hunderten von eingesammelten Smartphones wurden Speicherkarten mit vielen Tausenden von Privatbildern beschlagnahmt – ohne Gerichtsbeschluss, ohne richterliche Anordnung, ohne gesetzliche Grundlage. Jedes Privatfoto wurde Teil der Ermittlungsakte.

Es war natürlich nicht nur Technologie, die der Fahndung zum Erfolg verhalf. Es waren auch engagierte Augenzeugen mit hilfreichen Hinweisen. Aber der Boston Marathon ist definitiv ein gutes Beispiel dafür, dass nicht nur die Überwachungskameras leistungsfähiger werden, sondern auch die forensische Auswertung. Mithilfe hochwertiger Software für Gesichtserkennung, zum Teil vollautomatisch, war sie in der Lage, relevante Bilder schnell und zielsicher zu ordnen. Innerhalb weniger Stunden wurde nach den Tätern mit Bild und Profil öffentlich gefahndet.

Big Brother is watching you.

Nicht nur zu Hause.

Und nicht nur mit Kameras.

Urlaub unter Überwachung

Wenn Sie verreisen, wissen Sie sicherlich, dass die Urlaubsrecherchen auf Ihrem privaten PC von dem Hersteller Ihres Suchsystems gespeichert werden, wie auch Ihre endgültigen Flug- und Hotel-Buchungen. Die wenigsten Menschen ahnen jedoch, welch breite Spur an Folgedaten sie im Netz hinterlassen.

Beim Einchecken in einem ausländischen Hotel wird meist der Reisepass gespeichert, auch wenn die örtlichen Behörden dies nicht verlangen. Die Rezeption im Hotel hält fest, ob Sie Raucher oder Nichtraucher sind. Sie werden ermutigt, dem Bonusplan der Hotelkette beizutreten, wo weitere persönlichen Daten abgefragt werden. Diese Daten, womöglich mit Kreditkarten-Infos gekoppelt, werden auf dem Magnetstreifen des Zimmerschlüssels gespeichert. Ihr Gang durch Fahrstuhl und Flur wird von Überwachungskameras festgehalten. Während des Aufenthalts wird jede Türöffnung mit Datum und Uhrzeit im zentralen Schlüsselsystem gespeichert. So kann ihr vollständiger Aufenthalt im Ausland Schritt für Schritt nachvollzogen werden.

Der Prozess ist aufwendig.

Aber er ist machbar.

Für Geheimdienste ein Kinderspiel.

Für eine Künstliche Intelligenz ist er eine Frage von Mikrosekunden.

CSI Dubai

Ein ganz besonderes Beispiel für die forensische Auswertung solcher Daten lieferte der Wüstenstaat Dubai. Wer denkt, dass die Technik in einem solchen Land unbeholfen und veraltet sei, macht einen schweren Fehler …

… einen schweren Fehler, den auch der israelische Geheimdienst Mossad gemacht hat.

Mit einem 27-köpfigen Killerteam waren die Israelis ausgerückt, um einen Top-Terroristen der Hamas zu töten. Der Anschlag sollte in einem Hotel in Dubai stattfinden. Der Plan war komplex, die Aufgaben verteilt, die Beteiligten allesamt geschulte Profikiller.

Aber auf verhängnisvolle Weise unterschätzten die Profi-Attentäter das Ermittlungstalent der Einheimischen.

Mossad-Mord im Fernsehen

Die Geschichte beginnt mit einem Zimmermädchen im zweiten Stock des Hotels Al Bustan Rotana in Dubai. Sie ist etwas ungeduldig. Der Gast in Zimmer 230 antwortet nicht auf ihre Klopfzeichen. Check-out war schon um zwölf. Es ist schon 13 Uhr. Sie will sauber machen.

Der Tag ist der 19. Januar 2010, der Gast ein gewisser Mahmoud Abdul Raouf Mohammed Hassan. Er antwortet auch nicht, als der Duty-Manager im Zimmer anruft.

Um 13:30 Uhr lässt das Management die Tür aufmachen.

Auf dem Bett liegt ein Toter.

Äußere Anzeichen von Gewalt sind nicht erkennbar. Die Tür ist mit Kette und Riegel von innen verschlossen. Wertsachen fehlen nicht. Alles spricht für einen natürlichen Tod. So steht es auch im vorläufigen Bericht des Krankenhauses Dubai, Tod durch übermäßigen Blutdruck im Gehirn, ein Routinefall.

Bis die Polizei die Identität des Toten überprüft. Sein wirklicher Name lässt Alarmglocken läuten. Mahmoud Abdul Raouf Mohammed Hassan, alias Mahmoud Al-Mabhouh, ein hochrangiger Palästinenser, Gründer der Izz ad-Din Qassam Brigaden. Er ist auch verantwortlich für die Entführung und Ermordung von zwei israelischen Soldaten, wie er selbst in einem Bekenner-Video erklärte. Seit Jahren steht er auf der Todesliste des Mossad ganz oben. Mehrmals hat man versucht, ihn umzulegen.

Jetzt ist es offenbar gelungen.

Ein israelischer Mord auf dem Boden der Vereinigten Arabischen Emirate? Die Staatssicherheitspolizei von Dubai setzt gleich mehrere Ermittlungsteams auf den Fall an.

Sie kommen schnell zu dem Schluss: Das Attentat war langfristig geplant, großflächig angelegt und professionell ausgeführt. Mabhouh war, wie die Polizei nach ersten Ermittlungen schnell mitteilte, „in seinem Hotelzimmer mit einem Elektroschocker betäubt und danach wohl mit einem Kissen erstickt" worden. Offenbar sollte es wie ein natürlicher Tod aussehen.

Bemerkenswert an dem Vorfall – vor allem für die Attentäter aus Israel – war die schnelle Aufklärung. Innerhalb kürzester Zeit hatten die Ermittler umfangreiches Videomaterial aus den unzähligen Überwachungskameras der Stadt gesichert, gesichtet und ausgewertet. In mühsamer Kleinarbeit hatten sie die Puzzlestücke aneinandergereiht: Einreise-Stempel, Hotelanmeldungen, Passkopien, Mietwagen-Verträge und Kreditkarten.

Leicht zu verfolgen waren die Profikiller nicht. Das israelische Elite-Team hatte im Stillen gearbeitet und war spurlos abgereist. Fingerabdrücke oder DNA hatten sie nicht hinterlassen. In einer undurchsichtigen Choreografie standen sie in Foyer und Fluren, tauschten Zimmerschlüssel und schwere Taschen. Sie wechselten Tarnnamen und Taxifahrten, gefälschte Pässe und gefärbte Perücken. Sie wechselten Anzüge und Aufgaben, Koffer und Kostüme sowie ihre Rollen untereinander. Die Täter erschienen mal als coole Geschäftsfrau, mal als übergewichtiger Tennisspieler.

Niemand in Dubai hatte gewusst, dass sie kommen, niemand ihr Kommen und Gehen beobachtet. Ihre Autos wurden nicht verfolgt, ihre Gespräche nicht abgehört. Erst durch den Toten in Zimmer 230 hatten die Behörden die Brisanz des Falles realisiert. Erst dann begannen die Ermittlungen. Als die Täter längst über alle Berge waren. Die Operation musste nachträglich zusammengepuzzelt werden – Mosaiksteinchen für Mosaiksteinchen. Es war die kriminalistische Rekonstruktion eines Tathergangs von unvorstellbarer Dimension.

Die Fahnder ermittelten im Stillen. Sie verfolgten die Machenschaften des Mossad-Teams auf Dutzenden von Bildschirmen. In minutiöser Kleinarbeit mussten sie die Szenen Standort für Standort aneinanderreihen – Täter in Großaufnahme und Totale, im Fahrstuhl und im Flur, beim Einchecken im Hotel, beim Einkauf in der Shopping-Mall. Sie überprüften Hüte und Umhängetaschen, Sportgerät und Spezial-Telefone für die Kommunikation mit Vorgesetzten in einer konspirativen Wiener Einsatzzentrale.

Am Ende stand eine eindrucksvolle Fernseh-Dokumentation, produziert ausschließlich aus authentischen Überwachungsbildern. Der Film ist ein öffentliches Dokument über die Arbeit von professionellen Killern im geheimdienstlichen Milieu. Stolz stellten die Emirati-Ermittler ihr Werk in YouTube.[29]

Eine unglaubliche Leistung, was die arabischen Kriminalisten in diesem Mordfall vollbracht haben. Damit haben sie auf exemplarische Weise demonstriert, wozu Big Data – in Kombination mit flächendeckenden CCTV-Aufnahmen – fähig ist.

Der forensische Erfolg war nur möglich, weil die Überwachungstechnik im Lande fehlerfrei und flächendeckend funktioniert. Die Überwachung war automatisch. Die Arbeit von Maschinen. Ohne Menschenhand.

Noch haben Menschen die Forensik vollbracht, nämlich die Kriminalisten von Dubai. In Zukunft werden solche Analysen mithilfe von Hochleistungssoftware immer mehr von Maschinen erledigt.

Von lernfähigen Maschinen.

Mit Künstlicher Intelligenz.

Das ist eine Zukunft, die bei westlichen Geheimdiensten mit Nachdruck gefördert wird.

Beim Militär sowieso.

BEWAFFNUNG

Das Arsenal der Killermaschinen

Der moderne Spion ist ein Großrechner. Sein Auftrag ist, Feinde in einem Meer von Millionen von Menschen ausfindig zu machen. Er sucht die bedrohliche Nadel in einem Heuhaufen der Harmlosen. Geholfen wird ihm von lernfähigen Programmen mit Künstlicher Intelligenz. Die Spionage sucht die Ziele.

Das Militär jagt sie.

Die ersten intelligenten Waffensysteme hatten mit Künstlicher Intelligenz nichts zu tun. Es waren computergesteuerte Lenkwaffen und Cruise Missiles. Sie wurden Anfang der Neunzigerjahre im ersten Golfkrieg eingesetzt. Von U-Booten abgeschossen konnten sie die Küste orten und die Konturen der Landschaft erkennen. Mit Infrarot-Navigation (*look-down/shoot-down*) konnten sie Ziele in großer Entfernung finden und vernichten. Sie waren aber sehr teuer.

Als ich 2003 im zweiten Golfkrieg auf der USS Truman als „embedded Journalist" unterwegs war, priesen die Piloten die neuen *Joint Direct Attack Munition* oder JDAMs. Im Grunde handelte es sich dabei um einen Nachrüstsatz für ungelenkte Fallbomben. Mit JDAMs konnten sie mit Radar- beziehungsweise Lasersteuerung präzise in Einzelziele gelenkt werden – für einen Bruchteil der Kosten. Wie die Cruise Missiles gehörten sie damit zur Kategorie der sogenannten „chirurgischen Waffen." Im Gegensatz zu den mörderischen Bombenteppichen im Zweiten Weltkrieg oder in Vietnam, die ganze Landstriche auslöschten, konnten diese Waffen gezielt an Wohngegenden vorbei in militärische Ziele gelenkt werden.

Die Waffen waren in der Tat intelligent. Aber sie waren nicht lernfähig. Sie spulten ihre Programme ab und trafen keine Entscheidungen. Sie werden niemals zum Arsenal einer Künstlichen Intelligenz gehören.

Mit Drohnen ist es anders. Sie haben die Strategie der modernen Kriegsführung auf den Kopf gestellt. Genauso wie Big Data in der Spionage den Feind als Einzelperson definieren kann, können Kampfdrohnen den Feind als Einzelperson ausschalten.

Sie sind Teil der neuen, lernfähigen Waffengeneration. Sie können im Schwarm töten und gehören zu einem weithin unbekannten Arsenal an Computerwaffen, die unbemerkt und überall zuschlagen können.

Drohnen älterer Bauart wie die MQ-1 Predator oder die MQ-9 Reaper werden noch von Menschen gesteuert, jedenfalls größtenteils. Ich recherchierte auf Stützpunkten der Drohnen in Deutschland und in den USA und sprach dabei mit den Piloten über Arbeit und Einsatz, unter anderem über den Luftwaffen-Einsatz in Afghanistan.

Augen über Afghanistan

Oberleutnant Fabrice Bachmann* streckt die Beine in die kühle Abenddämmerung. Es ist Winter im Norden Afghanistans, die ruhige Jahreszeit, und seine Schicht wird in Kürze beginnen. Der junge Luftwaffen-Pilot kennt die Routine hier. Er erwartet nichts Besonderes von dem Briefing, das gleich beginnen wird.

Doch es kommt anders.

Die Spannung merkt er gleich, als er den Einsatzraum der deutschen Luftwaffe auf dem Stützpunkt Mazar-e Sharif betritt. „Die Box" nennen ihn die Piloten, ein fensterloser Raum voller Technik. Von Arbeitsplätzen hier werden die deutschen Drohnen gesteuert, die über Bodentruppen, Bundeswehr-Konvois und die alliierten Stützpunkte der ISAF wachen. Sie schauen hinter den Horizont, entdecken Heckenschützen, warnen vor Sprengfallen. Deutsche Drohnen verfolgen auch Einzelpersonen.

Moderne Militäraktionen richten sich immer weniger gegen fremde Länder, ihre Armeen oder ganze Völker. Immer häufiger werden sie gegen Einzelpersonen gerichtet – identifiziert mit Big Data, geortet mit lernfähigen Sensoren und am Himmel verfolgt von Drohnen.

Aufklärung aus der Vogelperspektive, das ist der Bundeswehr-Auftrag. Im Gegensatz zu den Kampfdrohnen der US-Streitkräfte tragen deutsche Drohnen keine scharfen Waffen.

Noch nicht.**

Seine Maschine – so erfährt Bachmann im Briefing – ist bereits seit acht Stunden unterwegs. Er übernimmt die Kontrollen von seinem Vorgänger. Seine Drohne nähert sich ihrem Zielgebiet im Norden von Afghanistan. In den nächsten Stunden soll es losgehen. Während Bachmanns Schicht. Ein Zugriff, der erste in seiner Militärkarriere.

Als Drohnenpilot ist Bachmann Teil der riesigen Überwachungsmaschinerie der Alliierten. Horchposten und Abhörknoten sind die Ohren, Satellitensensoren und ferngesteuerte Drohnen die Augen. Aus

---

* Name geändert. Siehe Foto.
** Zum Zeitpunkt der Veröffentlichung waren deutsche Drohnen unbewaffnet.

der Höhe schauen sie hinab, beobachten Bewegungen, kategorisieren Menschen und Maschinen, identifizieren Ziele und verfolgen sie. Bis die bewaffneten *Predators* und *Reapers* der Amerikaner kommen. Mit ihren Hellfire-Raketen.

Dann wird geschossen.

Auf dem Bildschirm verfolgt Bachmann die Landschaft mit dem Weitwinkel-Blick der Leitwerkkamera – keine HD-Qualität, aber eine brauchbare Perspektive fürs Fliegen.

„Ziel-Identifizierung ist die härteste Aufgabe für uns", sagt der deutsche Pilot. „Sie bedeutet schließlich die Unterscheidung zwischen Freund und Feind, und damit zwischen Leben und Tod."

Der 25-jährige Oberleutnant ist relativ frisch in diesem Beruf. Wie die meisten Drohnenpiloten hat er früher den Kampfjet Tornado gesteuert. „Sesselpupser", haben die Kameraden gehänselt, als er zu den pilotlosen Kleinflugzeugen wechselte.

Die Umstellung war nicht leicht, gibt Bachmann zu. Er ist jung, durchtrainiert, und gibt die Optik eines gut aussehenden Bilderbuch-Piloten ab. Früher flog er einen schnittigen Tieflieger, den Tornado. „Unten im Unkraut", wie er es nannte, wenn sein Kampfjet in die Täler abtauchte. Adrenalin pur, wenn die Bergspitzen über seinem Kopf vorbeirauschten.

„Es war schon cool", sagt er, „mit einer Rakete unterm Hintern durch die Gegend zu huschen."

Jetzt sitzt er im Lehnstuhl und hantiert mit Tastatur und Maus. Es ist ein neuer Beruf in einer veränderten Luftwaffe. Obwohl sein Sitz nicht mehr vibriert und keine G-Kräfte mehr an seinem Gesicht zerren, versteht er sich immer noch als Pilot.

In Fliegerkombi am Schreibtisch

Bei der Arbeit trägt er Fliegerkombi.

Wie früher im Cockpit.

Für Bachmann ein Statement.

„Wir lassen nur voll ausgebildete Piloten ans Steuer", erklärt sein damaliger Vorgesetzter, Oberst Hans-Jürgen Knittlmeier, Kommodore des Aufklärungsgeschwaders 51 Immelmann, Heimat der deutschen

Drohnen. „Nur Piloten haben das richtige Gefühl für das dreidimensionale Geschehen in der Luft." Das ist Vorschrift des Verteidigungsministeriums. Bei der deutschen Luftwaffe muss jeder Drohnenpilot eine gültige Pilotenlizenz haben.

Bachmann blickt auf seine Instrumente. Es ist Quasi-Fliegen, was er hier tut. Vor ihm auf dem Schirm ist die Abbildung eines Cockpits: Flugbenzin und GPS-Koordinaten, Öldruck und Temperaturanzeige. Er geht die Checkliste durch. Variometer und Wendezeiger. Check. Höhenmesser und Horizont. Check. Über Headset nimmt er Kontakt mit der Flugkontrolle auf. Sein Flugplan muss mit anderen Maschinen abgestimmt werden – zivil wie militärisch.

Wer bei Drohnen an Modellflugzeuge denkt, liegt daneben. Die Heron der Luftwaffe hat eine Spannweite von 16 Metern, der Eurohawk RQ-4E der Amerikaner sogar von 40 Metern. Das ist breiter als ein Airbus 320.

Der Heimatflughafen von Oberleutnant Fabrice Bachmann liegt in den Weiten der norddeutschen Tiefebene, der unscheinbare Fliegerhorst Jagel. Ein paar Tornados brettern noch im Tiefflug über die Schafherden der Nachbarschaft, Relikte aus vergangenen Zeiten.

Jagel wird umgerüstet. In den ehemaligen Hangars der Tornados wird Platz für die kommende Generation von Drohnen gemacht – Kampfdrohnen, die das deutsche Verteidigungsministerium in Amerika kaufen will. Die Landebahn wurde bereits verlängert, Fernsteuerungsanlagen installiert. Ein Antennenpark für Satelliten kommt bald hinzu. Die deutschen Drohnen in fernen Ländern sollen direkt aus Schleswig-Holstein per Satellit gelenkt werden.

Die unbewaffnete Kriegsbeteiligung

Noch sind sie unbewaffnet. Darauf legen die Politiker in Berlin großen Wert. Es wird penibel zwischen Aufklärungsdrohnen und Killerdrohnen unterschieden. Aber die Differenzierung ist dünn. Bachmanns Einsatz heute ist ein „Zugriff", Militärjargon für einen bewaffneten Angriff. Auch wenn keine Raketen unter den Flügeln seiner Drohne hängen, ist er Teil davon.

Die Kameras und Sensoren im Bauch des Fliegers sind militärisches Hightech-Gut vom Feinsten. Gebaut werden sie von der EADS-Tochter Cassidian in Unterschleißheim. Aus zehn Kilometern Höhe sind sie in der Lage, einen einzelnen Kämpfer zu orten, seine Spuren im Sand zu verfolgen oder mit Radar sogar durch die Dächer von Häusern zu schauen. Auf Straßen ist die Software in der Lage, Fahrzeuge nach Typ und Baujahr zu identifizieren oder Unebenheiten zu erkennen, die auf Sprengfallen deuten könnten. Die Kameras funktionieren bei Tag und bei Nacht. In Echtzeit werden ihre Bilder mit GPS-Koordinaten und Satellitenkarten automatisch abgeglichen. Bei Bedarf werden Bilder in Echtzeit an die ISAF-Truppen am Boden durchgeschaltet.

Heute ist Bedarf.

Bachmann verfolgt heute eine „Person von Interesse" aus zehn Kilometern Höhe. Es ist ein Katz-und-Maus-Spiel, ein stilles, ein tödliches. Ferngesteuerte Kriegswaffen sind nichts Neues. Aber das ferngesteuerte Töten in einem fernen Land hat eine ethische Dimension, die neu ist. „Es ist abstrakt, wie ein Videospiel", schimpfen Kritiker, „und fördert eine Playstation-Mentalität des Tötens."[30]

Oberst Hans-Jürgen Knittlmeier sieht das anders. Der Drohnenpilot erlebt die Folgen seines Handelns viel intensiver als etwa der Jetpilot, der mit Überschallgeschwindigkeit seine Bomben abwirft und abdreht. Der Drohnenpilot ist hautnah dabei, über Tage, manchmal über Wochen. Er verfolgt die tägliche Routine eines Menschen, wie er Freunde begrüßt, den Hund streichelt und sich von seiner Familie verabschiedet.

„Es sind sehr menschennahe Situationen", berichtet ein Pilot. „Manchmal werden wir sogar zur Beerdigung des Opfers hingeschickt. Abstrakt ist das nicht."

Noch eine Stunde, schätzt Bachmann. Auf dem Boden sind die Bewegungen der alliierten ISAF-Truppen erkennbar, ein bunter Mix verschiedener Nationalitäten. Bachmann lässt die Heron am Himmel Kreise ziehen.

Hinterher möchte ich wissen, wie der Zugriff gelaufen ist. Bachmann blickt verunsichert zu seinem Presseoffizier. Das darf er nicht kommentieren.

Aber er war erfolgreich.

So viel kann er sagen.

Ich frage ihn, warum er den Schreibtisch dem Cockpit vorzieht, den Sessel dem Schleudersitz?

Er antwortet mit einem Wort:

„Zukunft."

Und meint die Zukunft des Pilotenberufs schlechthin.

Playstation-Piloten

Der deutsche Oberleutnant hat recht.

Drohnen sind die Zukunft.

Aber womöglich ohne Fernbedienung.

Womöglich gänzlich ohne Menschen.

Größtenteils können sie das jetzt schon – Anflug und Angriff, Rückkehr und Landung. Für viele in der Rüstungsindustrie ist heute schon klar, dass die Drohnen der Zukunft völlig autark fliegen werden. Aber daran müssen sich die Militärs erst gewöhnen.

Schon der Wechsel von herkömmlichen Kampfjets zu ferngesteuerten Flugrobotern ging bei der US-Luftwaffe nicht konfliktfrei ab. Altgediente Generäle meinten, man brauche noch die Reichweite, Schnelligkeit und Tragkraft konventioneller Kampfjets und Fernbomber.

Widerstand gab es auch bei den Kampfjet-Jocks. Piloten aus der „Kick-the-Tire/Light-the-Fire"-Generation sahen ihren Status als Top-Gun-Stars gefährdet. Und waren sauer, dass Computer-Kids in den Containern die begehrten *Wings* auf ihre Luftwaffen-Uniform pinnen durften. *Wings* waren früher die Auszeichnung für Piloten, die ihr Leben im tiefen Blau des hohen Himmels riskierten.

Aber der Einsatz von Kampfdrohnen hat sich als mehr als sinnvoll erwiesen. In der asymmetrischen Kriegsführung, wo Supermacht-Soldat gegen Wüstenkämpfer antritt, kann die Kampfdrohne gezielt und ohne Lebengefahr für Piloten eingesetzt werden.

Eine Zeit lang hofften altgediente Militärplaner, dass der Drohnenkrieg eine Trenderscheinung sei. „Die Drohnen-Flotte, die ich aufgebaut habe und weiterhin aufbauen soll", meinte vor einigen Jahren General Mike Hostage vom Global Strike Command, „ist nicht relevant in der heutigen Zeit. Das menschliche Gehirn ist noch der beste Computer, den ich kenne, die menschlichen Augen die besten Sensoren."[31]

Veraltetes Denken.

Computer und Sensorik haben sich in rasendem Tempo entwickelt. Mit exponentieller Geschwindigkeit. Den Glauben an die Überlegenheit menschlicher Piloten hat die Technik längst hinter sich gelassem. Moderne Krieger müssen nicht in den Krieg ziehen. Die Männer, die Killerdrohnen steuern, sind unweit von Las Vegas in den Sandwüsten des US-Westens stationiert. Ihr Arbeitsplatz ist ein unscheinbarer Container mit Wüstentarnung und Spaghetti-Antennen. Standort ist der US-Stützpunkt Creech, gut 12.000 Kilometer von den Schlachtfeldern entfernt, wo die Bomben fallen. Die Drohnen werden gewartet und gestartet von Lokalmannschaften am Einsatzort. Geflogen werden sie von den Männern und Frauen im US-Westen.

An einem typischen Arbeitstag frühstücken die Piloten im Pancake House am Highway 95, töten tagsüber Taliban vom Container aus und helfen ihren Kindern abends bei den Schularbeiten.

Die Piloten, mit denen ich auf dem US-Stützpunkt gesprochen habe, sind stolz auf ihre Tätigkeit. Die Drohnenangriffe in fernen Ländern sehen sie als wichtigen Beitrag zur Sicherheit der USA. Bei Abschüssen bitten sie die Lokalmannschaften, kleine Bomben auf die Tragflächen zu pinseln. Kriegsbemalung.

Wie Kerben an einem Colt.

Von einem PR-Offizier werde ich belehrt, dass der Begriff „Killer-Drohnen" nicht sachgemäß sei. Dabei ist das erste Wort weniger problematisch. Sie sollen ja killen. Eine „Drohne", so sagt man mir, ist ein *Terminus technicus* für ein selbstständig fliegendes Flugzeug. *Predator* und *Reaper* der US-Luftwaffe werden aber von einem Piloten gelenkt. Deswegen müssten sie eigentlich *Remotely-Piloted-Vehicles* oder *RPVs* („ferngesteuerte Flugzeuge") genannt werden.

Dabei ist „Drohne" in vielen Sprachen der Welt ein fester Begriff, auch im deutschen Duden. Er steht sogar auf T-Shirts in den Air-Force-Souvenir-Shops. Die Piloten sind stolz darauf.

Das langweilige Leben der Drohnenpiloten

Mary „Missy" Cummings ist Professorin am Massachusetts Institute of Technology (MIT) und ehemalige Kampfjetpilotin. Sie wurde vom

Pentagon beauftragt, die Arbeitsabläufe von Drohnenpiloten zu untersuchen. Sie sollte die Software vereinfachen und den Stress der jungen Männer und Frauen reduzieren.

Als Cummings die Container der Drohnenpiloten auf dem Stützpunkt Creech betrat, war sie innerlich angespannt. Sie wusste von den langen Arbeitszeiten, von der komplizierten Technik, von der bedrückenden Verantwortung der Piloten.

Sie erwartete Stress.

Und fand Langeweile.

Die Abläufe in den acht- bis zehnstündigen Schichten sind weitgehend automatisiert. Die ferngesteuerten Flugzeuge finden ihren Weg ins Zielgebiet selbstständig, verfolgen automatisch Mensch oder Fahrzeug und können über einem Zielgebiet stundenlang und ohne menschliche Beteiligung kreisen. Adrenalin-Momente sind selten und kurzlebig, dafür intensiv. Wenn eine Zielperson aus dem Schatten tritt, oder ein Geländewagen sich einem alliierten Stützpunkt nähert, müssen in Windeseile Entscheidungen gefällt werden. Unter Hochspannung. Es sind Entscheidungen über Leben und Tod.

„Missy" Cummings protokollierte den typischen Arbeitstag: in Sesseln lümmeln, an Erdnüssen knabbern, in Comics blättern. Cummings kennt Stressberufe mit Leerlauf, zum Beispiel bei der Feuerwehr. Auch die Piloten von Liniengesellschaften starren nicht ununterbrochen auf Himmel und Horizont. Sie entspannen sich, lassen den Autopiloten arbeiten, verlassen sich auf die Intelligenz ihrer Bordelektronik.

„Solche Situationen erleben wir häufig, wenn Menschen als Babysitter für voll automatisierte Systeme eingesetzt werden", sagt sie.[32]

Die lernfähige Software wird immer schlauer, die Arbeitsbelastung von Menschen immer geringer, ihre Verantwortung auch. Künstliche Intelligenz fliegt die Drohne, beobachtet die Landschaft, hält Ausschau nach verdächtigen Bewegungen. Bei Bedarf lässt sie ein Warnsignal ertönen und Menschen einschalten.

Immer mehr Aufgaben werden von der Automatik übernommen. Die Piloten werden mit immer mehr Leerlauf klarkommen müssen.

Nach Berechnungen der US-Luftwaffe ist der typische Drohnenpilot heute schon in 95 Prozent seiner Arbeitszeit untätig. In dieser Zeit ist Künstliche Intelligenz am Steuer. Die Schere wird sich weiter öffnen.

Und die nächste Generation von Drohnen ist bereits in der Luft. Bei ihnen wird kein PR-Offizier auf dem Begriff RPV bestehen. Sie werden nicht ferngesteuert. Sie fliegen allein, ohne menschliche Piloten. Künstliche Intelligenz trifft die Flugentscheidungen.

Ungesehen, unbemerkt, unbeachtet

Eine solche Drohne ist die geheimnisumwitterte X-47b *Pegasus*. Der Deltaflügler hat das Aussehen eines UFOs, die Geschwindigkeit eines Passagierjets und die Reichweite eines Fernbombers. Im Gegensatz zu bisherigen Drohnen kann die X-47b schwere Waffen tragen. Ihre Waffenlast wird auf über 2.000 Kilo beziffert.

Die US-Navy hat sie entwickelt. Sie soll ein Hauptproblem ferngesteuerter Drohnen umschiffen: die mühsame Suche nach einem Landeplatz in fremden Ländern. Man braucht eine freundliche Regierung, einen geheimen Standort und die Nähe zum Kampfgeschehen – keine leichten Kriterien. Darum muss sich *Pegasus* nicht kümmern. Sie hat ihren eigenen Landeplatz immer dabei.

Sie startet vom Flugzeugträger.

Die neue Killerdrohne operiert praktisch ohne Menschen. Gesteuert von Künstlicher Intelligenz fliegt *Pegasus* ganze Operationen völlig frei von menschlicher Intervention. Bei jedem Flug lernt sie dazu. Sogar die trickreiche Landung auf einem fahrenden Flugzeugträger meistert sie fehlerfrei.

Außerdem ist sie unsichtbar.

Unsichtbar?

Die Geister von Groom Lake

Es gab nur Dunst, wo das Flugzeug hätte sein müssen. Es war unglaublich. Als würde man den Himmel durch das Flugzeug sehen.

UFO-Beobachter „Dee" in einem Blog-Posting

W as „Dee" in Südkalifornien im Jahr 1998 beobachtet hat, war keine Fata Morgana – auch wenn die Erscheinung zunächst nur in UFO-Kreisen vermerkt wurde. Hinter der Dunstwolke am Himmel flog eines der bestgehüteten Militärgeheimnisse der 90er-Jahre, ein experimentelles Flugzeug mit der modernsten Tarn-Technologie der Welt.

Zu sehen war deshalb nur die Dunstwolke.

Das Flugzeug war unsichtbar.

Der Traum von der Tarnkappe

Der Traum von unsichtbaren Kriegern ist so alt wie der Krieg. Schon in der griechischen Mythologie besaß der Gott der Unterwelt *Hades* einen Tarnhelm, die sogenannte *Hadeskappe*. Der Soldat, der sie aufsetzte, wurde unsichtbar. Diese Tarnkappe trug Athene im Trojanischen Krieg – so die Sage –, um ihre Teilnahme für die Griechen zu verbergen.

Eine wirkungsvolle Waffe, zweifelsohne.

Über die Jahrhunderte aber nur der Stoff von Mythen und Mären.

Erste Ansätze zu ihrer Realisierung entstanden im Zweiten Weltkrieg. Anfang der 40er-Jahre bekämpfte die US-Marine deutsche U-Boote mit Bombern des Typs TBM-3D Avenger. Sie hatten aber Schwächen. Schon im Anflug konnten die Deutschen die langsamen Propellermaschinen an ihren dunklen Flügel- und Motorenprofilen erkennen.

Marine-Forscher der US-Navy entwickelten ein Tarnprogramm namens *Yehudi*. Um das Motorengehäuse und entlang den Flügeln ihrer U-Boot-Jäger wurden Lichterketten gelegt. Über einen Regler konnte der Pilot ihre Helligkeit an das natürliche Hintergrundlicht anpassen.

Vor dem Himmel waren die Flugzeug-Silhouetten kaum erkennbar. Das Prinzip nennt man *Isoluminosität*, die Wahrnehmung, dass unterschiedliche Objekte mit gleicher Helligkeit mit dem menschlichen Auge kaum voneinander zu unterscheiden sind.

Das Programm funktionierte gut.[33]

Bis Ende 1942.

Dann wurde Radar eingeführt. Und die Marine konnte feindliche U-Boote weit hinter dem Horizont erkennen und angreifen.

Eine optische Tarnung war nicht mehr hilfreich.

Yehudi wurde eingestellt.

Die Geister von Groom Lake

Aber die Forschung ging weiter, vor allem im Südwesten der USA. Seitdem sind dort seltsame Sichtungen keine Seltenheit. In den Weiten des Wilden Westens liegt der sagenumwobene Groom-Lake-Komplex, Testgelände für supergeheime Rüstungsprojekte und Epizentrum unzähliger Gerüchte und Legenden.

Entstanden ist der Militärkomplex zum Höhepunkt des Kalten Krieges. Im Jahr 1955 entwickelte die CIA das Spähflugzeug U-2 *Dragon Lady*, das die Sowjetunion aus großer Höhe auskundschaften sollte. Benötigt wurde ein abgelegenes Testgelände. Anthony „Tony" LeVier wurde mit der Suche beauftragt. Getarnt als Freizeitjäger durchkreuzte er in einer kleinen Beechcraft-Sportmaschine entlegene Landstriche.

Einhundertfünfundvierzig Kilometer nördlich von Las Vegas wurde er fündig. Dort entdeckte LeVier einen ausgetrockneten Salzsee. Er war abgelegen, sichtgeschützt und umgeben von hohen Bergen. Mit einem Durchmesser von sechs Kilometern war ausreichend Platz für eine lange Landebahn. Das Flugwetter in der Wüste war geeignet. Der Platz war perfekt.

Benannt im 18. Jahrhundert nach einem alten Goldgräber namens Groom, ist der Salzsee heute legendärer Standort für die geheimsten Testflüge. Die US-Luftwaffe nennt ihn Groom Lake.

Ufologen kennen ihn als „Area 51".

Area 51

Es ist eine Region mit reichhaltigen Legenden.

Und Quelle unzähliger Verschwörungstheorien.

Erste Ansiedler waren die *Skunk Works* („Stinktier-Werke") des Rüstungsunternehmens Lockheed. Vorher war die hochgeheime Forschungsstätte nahe der kalifornischen Stadt Burbank provisorisch in einem Zirkuszelt untergebracht. In der Nähe lag eine stinkende Chemiefabrik (daher der Name).

In den *Skunk Works* entwickelte Lockheed den P-80 *Shooting Star*, den ersten Kampfjet der US-Luftwaffe.[*] Später kamen die U-2 *Dragon Lady*, die SR-71 *Blackbird*, F-117 *Stealth Nighthawk* und viele weitere Neuheiten der Aeronautik, die nie in der Öffentlichkeit bekannt wurden. Sie besaßen fremdartige Formen, flogen unberechenbare Bahnen und versteckten sich hinter rätselhafter Tarnung.

Die Anwohner staunten nicht schlecht.

Es entstanden viele Gerüchte. Wenn ein Augenzeuge eine seltsame Erscheinung bei der Behörde meldete oder sogar fotografierte, erschien eiligst ein Offizier der Luftwaffe. Mit aller Geduld machte er Notizen, beschlagnahmte die Fotos und erklärte, er würde alles „an die UFO-Abteilung der Luftwaffe weiterleiten". In Wahrheit sollte nur verhindert werden, dass Berichte und Bilder von Geheimprojekten in die falschen Hände fielen.

In den 80er-Jahren ist auf diesem Gelände eines der bestgehüteten Geheimnisse der US-Luftwaffe zum ersten Mal geflogen, die F-117 *Nighthawk* von Lockheed. Unter höchster Geheimhaltung wurde die Stealth-Tarntechnologie auf dem Groom-Lake-Gelände erfunden, entwickelt und ausprobiert. In der deutschen Presse wurde die F-117 oft irrtümlich als „Tarnkappen-Bomber" gekennzeichnet. Zum einen ist die *Nighthawk* aber kein Bomber, sondern ein Kampfjet (Das „F" steht für „*fighter*")[**], zum anderen macht die Stealth-Technologie ein Flugzeug nicht unsichtbar. Sie macht es nur für Radar unsichtbar.

---

[*] Nach Beendigung des Kalten Krieges wurden die Skunk Works 1989 nach Palmdale in Kalifornien umgesiedelt.

[**] In der Terminologie der US-Luftwaffe sind Flugzeuge mit der Bezeichnung „F" (Fighter) Kampfjets, mit der Bezeichnung „B" (Bomber) Bomber, wie etwa der Stealth-Bomber B-2.

Eine bahnbrechende Entwicklung war Stealth dennoch. In der modernen Kriegsführung werden Flugzeuge in erster Linie mithilfe von Radar abgeschossen – meist bevor sie für das menschliche Auge am Horizont sichtbar werden. Ohne Radarwarnung kann ein Kampfjet, der nicht erfasst wird, unerkannt hinter feindliche Linien fliegen und unbeschadet wiederkehren.

Stealth funktioniert durch eine spezielle Flugsilhouette. Einzigartige Ecken und Kanten streuen die Radarstrahlen, eine radarabsorbierende Außenhaut nimmt die Strahlen auf.

Die Stealth-Schwester

Wie die Stealth-Schwestern F-22 Kampfjet *Raptor* und die B-2 Bomber *Spirit* wurde die F-117 in den 70er-Jahren entwickelt. Sie unterlag bis Ende der 80er-Jahre strenger Geheimhaltung. Erste Kampferfahrung wurde mit den Bombenangriffen gegen Muammar al-Gaddafi in Libyen gesammelt, wie auch in beiden Golfkriegen. Der gegnerische Radar konnte sie nicht erfassen.

Auch nicht abschießen.

Aber Stealth hatte Schwächen. Ihre Aerodynamik litt unter der klobigen Außenform. Fliegerisch gilt die F-117 als äußerst schwerfällig, eigentlich vollkommen instabil. Nur mithilfe computergesteuerter *Fly-By-Wire*-Technik ist der Hightech-Jet überhaupt beherrschbar. Das größte Problem war die Optik. Ausgerechnet die Technologie, die den Kampfjet für Radar unsichtbar macht, macht ihn für das menschliche Auge extrem auffällig. Ihre dunkle Farbe, ihre kantige Form und ihre langsame Geschwindigkeit (nur 0,7 Mach*) machte die F-117 zu einer fliegenden Zielscheibe. Mit bloßen Augen und primitiven Abwehrraketen konnte man sie – auch ohne Radar oder andere Hightech-Schikanen – abschießen. Das bewiesen serbische Soldaten im Bosnienkrieg am 27. März 1999.

Ein Hauptmann namens Dragan Matić beobachtete eine F-117 im Anflug und feuerte eine S-75-Flakrakete ab. Siebzehn Sekunden später schlug sie gegen die linke Tragfläche der F-117 und riss sie ab. Danach traf eine zweite Rakete den Rumpf. Der US-Pilot konnte sich im letzten

---

* Mach ist Schallgeschwindigkeit. 0,7 Mach = 858 Kilometer/Stunde

Moment mit Schleudersitz retten. Sein Hightech-Superjet (Wert 500 Millionen Dollar) krachte in den Wald.[34]

Die Elitewaffe einer Supermacht wurde von einer Wald-und-Wiesen-Armee wie eine Tontaube vom Himmel geholt, für das US-Militär war es eine kolossale Niederlage.

Auch für Hersteller Lockheed.

Radar-Stealth war kaum das i-Tüpfelchen der Tarnung.

Die tatsächliche Tarnkappe

Der Forschungsarm des Pentagon, die *Defense Advanced Research Projects Agency* (DARPA), vergab zahlreiche Aufträge in *Optical Stealth*, einer Technologie im Sinne der *Hades*-Kappe. Die Flugzeuge der Luftwaffe sollten unsichtbar gemacht werden. Für das Auge.

Während Heeresforscher mit Strom und exotischen Stoffen experimentierten, baute die Luftwaffe ihrerseits auf die Marine-Erfahrung mit *Yehudi*. Sie wollte eine neuartige Tarnung, die sich nicht auf Lichterketten beschränkte. Sie wollte eine Außenhaut, die sich dem Himmel anpasst.

Unter die Flügel von experimentellen Flugzeugen klebten sie LED-Schichten, die TV-Bilder in hoher Lichtintensität wiedergeben konnten (*SmartSkin*). Damit wurde nicht nur die Helligkeit der Umgebung gemimt, wie bei *Yehudi*. Auf der oberen Seite der Tragflächen tasteten Sensoren ständig den Himmel ab, auf die untere Seite wurde eine Live-Übertragung des Himmels projiziert. Zu sehen blieb ein leerer Himmel, als wäre das Flugzeug nicht da.

Ein Kampfjet wurde zum Chamäleon.

Für das ungeschulte Auge unsichtbar.

Für den UFO-Blogger „Dee" äußerst mysteriös.

Mehrere experimentelle Flugzeuge mit *Optical Stealth* fliegen heute im Auftrag des Pentagon. Gelegentlich sickern Einzelheiten von Testflügen in Fachblättern wie *Aviation Week* durch. Gelegentlich melden Anwohner seltsame Beobachtungen in der Nähe von Area 51. Doch die Flugzeuge selbst unterliegen strengster Geheimhaltung. Offiziell gibt es sie nicht.

Ausnahme ist eine Drohne.

Das fliegende Pferd

Die X-47b *Pegasus* von Northrop Grumman ist heute schon offiziell im Dienst. Mitteilungen, sogar Pressefotos von Flügen an der syrischen Küste, werden von der Pentagon-Pressestelle veröffentlicht.

Die X-47b unterscheidet sich von heutigen Killer-Drohnen auf dramatische Weise. Sie ist leise, schwer bewaffnet, autark. Zum einen hat sie einen Jetantrieb, der hohe Geschwindigkeiten erreicht, zum anderen große Spritreserven, die eine große Reichweite ermöglichen. Die Drohne kann Ziele in über 4.000 Kilometer Entfernung anfliegen, angreifen und wieder zum eigenen Flugzeugträger zurückkehren – ohne menschliche Hilfe. Sie wird über den ganzen Flug ausschließlich von Künstlicher Intelligenz geflogen, von lernfähiger Intelligenz. Sie verfügt über herkömmliches Stealth gegen Radar. Als erste US-Drohne verwendet sie zusätzlich eine optische Außenhaut, die sie unsichtbar macht.

Pegasus fliegt außerdem autark. Im Gegensatz zu den Drohnen MQ-1 Predator und MQ-9 Reaper braucht sie keine Fernsteuerung durch Piloten. Sie erledigt eigenständig ihren Auftrag und meistert dabei eine der schwierigsten Aufgaben in der Fliegerei – selbstständige Starts und Landungen auf einem fahrenden Flugzeugträger.

Im Cockpit fliegt die Künstliche Intelligenz. Sie trifft alle Entscheidungen – mit Ausnahme der sogenannten „Kill-Entscheidung". Sie wird per Gesetz dem menschlichen Operator vorbehalten.

Noch.

Künstliche Intelligenz als Killer

Wer die internen Positionspapiere von Herstellern und Militärplanern anschaut, stellt schnell fest, dass diese letzte Einschränkung in nächster Zeit wahrscheinlich fallen wird. Bald wird den Maschinen die Entscheidung über Leben und Tod überlassen. Die Technologie dazu ist bereits vorhanden – und in vielen Drohnen bereits eingebaut.

In einem langfristigen Planungspapier beschreibt das Pentagon eine Zukunft, in der „unbemannte und bemannte Waffensysteme nahtlos miteinander kooperieren und die menschliche Kontrolle und Entscheidungsgewalt ständig reduziert werden kann."[35]

An Land denken Heeresstrategen über Robo-Waffen nach „mit dem Ziel vollständiger Unabhängigkeit von menschlichen Entscheidungen". Gemeint sind automatisierte Fahrgestelle mit großkalibrigen Bordkanonen, die ins Kampfgebiet rollen, gegnerische Einheiten aufspüren und eigenständig entscheiden, ob sie getötet werden sollen oder nicht.

Zur See hat die US-Navy eigene Visionen:

„Obwohl es heute noch etwas futuristisch klingt, sind Szenarien vorstellbar, wo unbemannte Unterseedrohnen den Feind aufspüren, verfolgen, identifizieren und zerstören – alles vollautomatisch."[36]

Die US-Streitkräfte sind aber keineswegs die einzigen Militärs mit smarten Waffen, die eigenständig über Künstliche Intelligenz gesteuert werden. Andere Länder haben ähnliche Ambitionen.

Südkorea verfügt über den automatischen Wachposten SGR-15, der mit Sensorik die entmilitarisierte Grenze zu Nordkorea überwacht. Wenn der Roboter einen Eindringling erkennt, kann er sein 5,5-mm-Maschinengewehr oder seinen 40-mm-Granatenwerfer einsetzen. Zurzeit wird der Schießbefehl ausschließlich von Soldaten in der Kommandozentrale erteilt. Eingebaut in den Roboter ist allerdings über eine Automatik-Einstellung Künstliche Intelligenz, die bei Bedarf diese Entscheidung völlig autark treffen kann.

Die Zukunft gehört dem Robo-Piloten

Roboter sind die besseren Piloten. Davon sind viele Visionäre in der Rüstungsindustrie überzeugt. Ihre Zeit wird kommen.

Menschliche Piloten haben so viele Bedürfnisse. Sie brauchen Luft und Wasser, Sauerstoff und Sanitär, Sicherheit und Schleudersitze. Sie brauchen Platz und Rast, Training und Motivation, und ganz viel Lob. Hinzu kommen Versorgungsgeräte für Klimatisierung, Komfort und Kommunikation. Das kostet viel Gewicht.

Menschliche Piloten haben außerdem unzählige Schwächen. Sie sind Stimmungsschwankungen ausgesetzt. Sie leiden unter Ehrgeiz und Ehekrach, Konkurrenzdruck und Krankheit, Angstzuständen und Übermut. Arbeitszeit und Arbeitsbelastung sind begrenzt. Ihre Ausbildung kostet ein Vermögen und dauert viele Jahre.

Maschinen haben diese Probleme nicht. Sie brauchen weder Sauerstoff noch Schleudersitz, Platz noch Pausen. Risikoreiche Rettungsaktionen im Notfall entfallen. Sie sind ersetzbar – schnell und kostengünstig.

Maschinen sind im Vergleich zu Menschen außerdem sehr robust. Sie können Extremmanöver fliegen – ohne Rücksicht auf G-Kräfte, die einen Menschen umbringen würden. Damit können sie feindlichen Abschussraketen ruckartig ausweichen. Will man vermeiden, dass das Fahrgestell vom gegnerischen Radar erfasst wird, schmeißt sich ein Roboter-Flugzeug einfach auf den Rücken – mit einem menschlichen Piloten undenkbar.

In dem finalen Vergleich ist entscheidend, dass bei einem Drohnenabschuss kein menschliches Leben verloren geht. Roboter werden geopfert, um lebende Piloten zu retten. Ob intelligente Roboter dies künftig akzeptieren werden, wird abzuwarten sein.

Roboter-gesteuerte Drohnen mit interkontinentaler Reichweite und revolutionären Flugeigenschaften zählen zum Arsenal künftiger Luftwaffen, womöglich auch zum künftigen Arsenal einer Künstlichen Intelligenz. Sie können Daten in rauen Mengen auswerten und kritische Entscheidungen in Mikrosekunden treffen. Größtenteils basieren solche Systeme auf Künstlicher Intelligenz.

Manche sind winzig klein.

Ungeheuer fies.

Und ziemlich klug.

Militärmücken und Mikrowaffen

Think small", dachte ein Oberst der US-Luftwaffe und stellte sich eine Flotte mit Tausenden von unbemannten Miniatur-Flugzeugen vor, die ferngesteuert über feindliche Grenzen fliegt. Unbemerkt von Bodentruppen, unsichtbar für ihr Radar sollten die mikroskopischen Militärmücken zielsicher ins Landesinnere zischen. Innerhalb von Stunden, so seine Vision, könnte ein intelligenter Schwarm die gegnerische Flugabwehr ausschalten und die Luftverteidigung lahmlegen.

Ein Feind wäre hilflos.

Die Flotte, die sich der Oberst vorstellte, sollte aus fliegenden Kleinrobotern bestehen, jeder einzelne winziger als eine Fliege, jedoch voll flugtauglich und notfalls bewaffnet. Sie würden im Schwarm angreifen. Bei entsprechender Programmierung wären sie imstande, fremde Computer anzufliegen, sich in ihrer Hardware einzunisten und dort einen Kurzschluss auszulösen. Sie könnten aber auch kamikazeartig Gewehrläufe verstopfen oder Gift in die Augen feindlicher Soldaten spritzen.

Fantasie aus einem Science-Fiction-Film?

Neuer Schocker von Stephen King?

Keineswegs.

Den Oberst gibt es wirklich. Sein Name ist Joseph A. Engelbrecht jr., und die Vision mit den Roboter-Insekten war Teil der hochrangigen Militärstudie *Air Force 2025*, die unter seinem Vorsitz an der Hochschule der US-Luftwaffe in Colorado Springs entstanden ist. In dem 3.300-Seiten-Werk wurden künftige Bedrohungen untersucht und revolutionäre Technologien ausgedacht, mit denen die US-Luftwaffe in den kommenden Jahren zu tun haben würde.

Das Air Vehicle Directorate an der Wright Paterson Air Force Base in Ohio, Forschungsarm der US-Luftwaffe, hat dazu eine Computer-Animation veröffentlicht, die die Wirkungsweise solcher Mikrodrohnen demonstriert. Gezeigt wird, wie ein schwarzer Schwarm von einem Cruise-Missile abgeworfen wird. Kleine insektenartige Drohnen flattern durch eine Großstadt, platzieren sich strategisch auf Fensterläden und Telefonmasten und funken Bilder von verdächtigen Personen an die Kommandozentrale. Auf Befehl verfolgen die Militärmücken einen Mann durch ein Wohnhaus.

Still nistet sich eine hinter seinem Ohr ein.

Und explodiert.[37]

Es ist eindrucksvolles Kino.

Es ist auch eine realistische Zukunftsvision.

... könnte ins Auge gehen

Pentagon-Strategen sind überzeugt: Innerhalb der kommenden Jahre wird die Rüstungsindustrie in der Lage sein, funktionsfähige Roboter-Kampfflugzeuge herzustellen, die kleiner als eine Hummel sind – komplett mit Sprengladung, Autopilot und Künstlicher Intelligenz.

Da Mikrowaffen in der Herstellung extrem preiswert sind, sind große Stückzahlen denkbar. Zu Hunderten können sie über einem Schlachtfeld abgesetzt werden. Oder über nachrichtendienstlichen Zielen.

Denkbar sind ebenfalls Lauschangriffe, bei denen Drohnen Videokameras und Mikrofone weit hinter feindlichen Grenzen installieren, vielleicht beim Generalstab. Sie könnten Sand ins Getriebe von Panzern werfen, Benzintanks anbohren oder die Gasmasken gegnerischer Armeen unbrauchbar machen.

Sabotage und Spionage sind ihre anvisierten Schwerpunkte. Im Schwarm könnten sie etwa über die Klimaanlage unterirdische Rechenzentren infiltrieren und ausgeklügelte Überwachungssysteme überlisten. Haben sie erst mal Zutritt, könnten sie Hardware beschädigen, Software manipulieren oder unbemerkt in der Ecke schweben und geheime Passwörter abfilmen.

Ausgeheckt werden solche schrillen Pläne von den wirren Wissenschaftlern des Pentagon-Forschungsarms DARPA. Ihr Job ist es, zivilwirtschaftliche Erfindungen auf militärisches Potenzial abzuklopfen. Für die Studie *Air Force 2025* wurden insgesamt 43 Schwellentechnologien unter die Lupe genommen. Das Feld der Mikromechanik stuften sie unter die zehn wichtigsten Technologien unserer Zeit ein.

Schwarmverhalten

Weite Entfernungen werden die Winzlinge wahrscheinlich nicht zurücklegen können. Wahrscheinlicher ist der Transport mit großen Flugzeugen, wie etwa einem F-117-Stealth-Jäger, der einen Container über der Stadt abwirft, aus dem dann Tausende todbringender Mikroflieger ausschwärmen, jeder mit einem separaten Kampfauftrag.

Die klugen Kleinen werden einen Großteil ihres Jobs in Eigenregie erledigen können. Die Studie *Air Force 2025* geht davon aus, dass sich die Roboter-Insekten ihren Zielen „fliegend oder kriechend" nähern und ihre Kampfaufträge „voll autonom" erledigen können. Das heißt, sie werden von einer Künstlichen Intelligenz gelenkt – ohne menschliche Unterstützung, ohne menschliche Aufsicht, womöglich ohne menschliche Ethik. Zudem gelten sie als „stealthy", zu klein für Radar, zu fein für das bloße Auge.

Allerdings ist der Weg von der Idee zu einem funktionierenden Militärsystem weit. Und teuer. Das Pentagon investiert zurzeit schon Hunderte von Dollarmillionen in über 50 geheime Militärprojekte auf dem Sektor der Mikrowaffen.

Schwarmverhalten ist ein wichtiges Forschungsgebiet in der Künstlichen Intelligenz, ein entscheidendes für Mikrowaffen. Die winzigen Drohnen müssen das Zusammenfliegen lernen, und gleichzeitig einander ausweichen. Sie müssen Befehle befolgen, und – wenn nötig – ignorieren und improvisieren können.

Robotik-Forscher an der Harvard-Universität in Boston haben heute bereits Prototypen auf dem Labortisch. Dort rollen 1.000 einzelne Roboter-Kügelchen im Schwarm über die Oberfläche. Jedes Kügelchen ist eine dreibeinige Maschine mit eigener Intelligenz. Sie funken sich Daten gegenseitig zu und reihen sich in die Formation ein. Etwaige Fehler eines einzelnen werden vom Nachbarbot korrigiert – ohne menschlichen Eingriff.[38]

Das Schwarmverhalten haben sich die kleinen Roboter selbst beigebracht. Es verlangt viel Unabhängigkeit.

Und viel Intelligenz.

Wespen und Killerbienen

Der Schwarm ist ein wichtiges militärstrategisches Konzept. Jeder, der mal mit Wespen zu tun hatte, weiß, wie schwer es ist, sich gegen einen Schwarm zu verteidigen – eine Tatsache, die dem Pentagon nicht entgangen ist.

Auch von Killerbienen wollten die Pentagon-Planer lernen, wie die Abwehr eines Schwarms funktioniert. Als die US-Öffentlichkeit von einer Invasion südamerikanischer Killerbienen aufschreckt wurde, waren die DARPA-Forscher hellwach. Sie beobachteten genau, wie Biologen die Bienen aufhalten wollten. Die Abwehr funktionierte nicht. Die Bienen zogen ungehindert über die Staatsgrenze.

Die Forscher waren beruhigt. Im Kriegsfall würden ihre Mörder-Mücken auch durchkommen. Intern scherzte man, dass die Mikroroboter nur mit einer Lowtech-Lösung zu stoppen wären.

Mit einer Fliegenklatsche.

Die Wasser-Drohnen

Auch bei der US-Marine wird an Schwarm-Strategien mit Robotern gearbeitet. Aber ihre Drohnen können nicht fliegen.

Am 13. Oktober 2000, ein knappes Jahr vor ihrem verhängnisvollen Angriff auf die New Yorker Trade Towers, wagte Al-Kaida einen direkten Angriff auf die Streitkräfte der USA. Als der Zerstörer USS Cole bei einem Routinebesuch im Hafen von Aden Treibstoff bunkerte, näherte sich ein offenes Kleinboot mit zwei Männern. Direkt neben dem Kriegsschiff zündeten sie ihren Sprengstoff. Die Explosion riss ein metergroßes Loch in den Bug des Schiffes. Sechs Matrosen starben, 35 wurden verletzt. Es war ein Selbstmordattentat. Und eine ernsthafte Warnung: Terroristen könnten mit Lowtech-Mitteln sehr große Schäden anrichten – auch gegen die Marine einer Supermacht.

Auch die iranische Marine versucht, die US-Navy mit Kleinbooten zu verunsichern. Mit vorgetäuschten Attacken nähert sie sich in Gruppen und umzingelt die großen amerikanischen Kriegsschiffe. Solche Vorfälle waren Anlass zu neuen strategischen Überlegungen im Pentagon. Wie kann man sich gegen Schwarm-Attacken von Schlauchbooten wirksam wehren? Die Antwort sind Drohnen – unbemannte Patrouillenboote in großen Zahlen.

Im Oktober 2014 stellte das Office of Naval Research im US-Verteidigungsministerium eine neue Generation von selbstgesteuerten Patrouillenbooten vor. Die aufblasbaren Fahrzeuge – mit Maschinengewehren Kaliber .50 ausgerüstet – waren unbemannt. Auf einem Fluss nahe Washington sollten die herrenlosen Robo-Boote ihre Fähigkeit zu Gruppenverhalten zeigen. Eng miteinander vernetzt und von Künstlicher Eigenintelligenz gelenkt, war es jedem Roboterboot selbst überlassen, ob es ein gegnerisches Schiff umzingeln, blockieren oder unter Beschuss nehmen sollte. Die Demonstration belegte die Machbarkeit eines Schwarm-Angriffs mit unbemannten Booten.

Die Technologie hierfür, zum Teil von Mars-Robotern der NASA übernommen, kann auf Schnellboote der Marine angepasst und anmontiert werden. Fortgeschrittene Algorithmen lenken Kurs, Steuerung und Einsatz. Obwohl ein Offizier jeden Einsatz verfolgt – und jederzeit die Kontrolle übernehmen kann –, wird der Ablauf gänzlich von einer Künstlichen Intelligenz gesteuert.

Drohnen zur See finden keineswegs nur an der Oberfläche Verwendung. Auch unter Wasser werden autarke Drohnen vielfältig eingesetzt – in der zivilen Handelsmarine bei Schiffsbergungen und der Kontrolle von Unterseeleitungen, in der Kriegsmarine zur Minenräumung und U-Boot-Abwehr. Gerade in tiefen Gewässern, wo Kommunikation schwierig ist, sind Drohnen, die selbstständig arbeiten, besonders sinnvoll.

Wie bei den fliegenden Robotern der Luftwaffe wären auch Roboter zu Wasser technisch in der Lage, den Schießbefehl eigenständig zu geben.[39] Laut Hersteller sind sie heute schon in der Lage, Freund von Feind zu unterscheiden, womöglich präziser als der menschliche Schütze. Zurzeit ist diese Entscheidung per Gesetz den Menschen vorbehalten.

Killer-Roboter gibt es zu Land, zu Wasser, in der Luft. Sie verfügen über Künstliche Intelligenz und handeln weitgehend autark. Künstliche Intelligenz wäre jederzeit in der Lage, koordinierte Attacken völlig autark durchzuführen. Das ist der Stand der Technik.

Zurzeit dürfen sie nicht.

Aber sie könnten.

Eigentlich ist es nur eine Frage der Zeit, und auch des Staatssystems, wann und von welchem Land dies zuerst zugelassen wird.

Atombomben und Tennisbälle

Unweit der Creech Air Force Base, wo junge Piloten Killerdrohnen im weltweiten Einsatz steuern, und etwas östlich von Groom Lake, wo Kampfjets unsichtbar in den Himmel steigen, liegt die Salzwüste von White Sands. Sie ist Standort einer der brisantesten Forschungsstätten der Vereinigten Staaten. An der Nordgrenze des Geländes erinnert eine schwarz-goldene Gedenktafel an die Stelle, wo im Jahr 1943 die erste Atombombe in der Geschichte explodierte.

In den nahe gelegenen Lawrence Livermore Laboratories wurde sie entwickelt. Heute sind die Forschungsstätten immer noch Standort hochbrisanter Militärforschung. Sie sind deshalb ein spannendes Reiseziel für Forscher.

In der europäischen Rüstungs- und Raumfahrtindustrie gibt es einen Professor, der als Vordenker und Visionär gilt. Sein Fachgebiet ist die Zukunft der Waffentechnik. Er beschäftigt sich mit allem, was möglich ist.

Und vielem, was unmöglich ist.

Als er die Lawrence Livermore Laboratories aufsuchte, war er neugierig.

„Nun ist der Kalte Krieg vorbei", fragte der deutsche Professor einen dort beschäftigten Physiker, „woran arbeitet ihr jetzt?"

„Tennisbälle", antwortete der Amerikaner.

Wovon der Besucher dann erfuhr, ist Cutting-Edge-Rüstung, Teil der computergesteuerten Kriegstechnologie der Zukunft. In ihren Geheimlaboren entwickeln die US-Wissenschaftler autarke Sensor-Pakete für das Schlachtfeld. Genannt *Unattended Ground Sensors*, können die unbemannten Überwachungsroboter als Augen, Ohren und Nasen in entlegenen Erdteilen Wache halten. Sie haben die Größe eines Tennisballs und sind Kernstück des ferngesteuerten Schlachtfelds von morgen. Die Tennisball-Technologie wäre ohne Künstliche Intelligenz undenkbar.

Neben automatisierten Killerdrohnen, die herrenlos am Himmel hängen, und Kampfjets, die unsichtbar in den Himmel steigen, steht die Sensorik heute als dritte Hauptsäule der modernen Kriegsführung. Und sie passt bestens in die gegenwärtige Militärstrategie der USA.

Wegwerf-Sensoren

Preisgünstig können sie zu Tausenden hergestellt und in großer Zahl über entfernten Gebieten ausgestreut werden. Für das Militär bieten sie eine willkommene Lösung für die Überwachung menschenleerer Steppen im Irak oder in Afghanistan, wo die Amerikaner ihre Bodentruppen abgezogen haben.[40]

Getarnt als Steine liegen die unauffälligen Bälle als passive Beobachter auf dem Boden und zeichnen alle Aktivitäten auf – mit Kameras, Mikrofonen und Wärmemeldern. Einige besitzen sogar mikroelektronische Gassensoren, mit denen sie chemische Waffen aufspüren können.[41]

Als Waffensystem haben solche Sensor-Pakete einen entscheidenden Vorteil: Sie sind pflegeleicht und brauchen – abgesehen von einem bisschen Strom – keine Wartung. Im Gegensatz zu Menschen müssen sie nicht essen, trinken oder warm gehalten werden. Wenn sie beschädigt werden, brauchen sie keine ärztliche Hilfe.

Und im Falle eines Totalschadens hält sich der Verlust unter der 5-Euro-Grenze.

Bahnbrechend ist Beobachtungstechnologie allerdings nicht. Mikrosensoren oder *MEMS* finden vielseitige Anwendung in der Privatwirtschaft. Kleiner als ein menschliches Haar, sensibler als ein Seismograf, können sie kleinste Druckänderungen messen. Sie werden als Bewegungsmelder beispielsweise in Airbags verwendet. Andere Zivilanwendungen finden sich in Messgeräten und Modellautos, GoPro-Kameras und Großküchen, Smartphones und Sportbekleidung.

Bahnbrechend dagegen ist die Telemetrie, die eine schnelle Übertragung aus fernen Ländern ermöglicht, sowie eine intelligente Software, die große Datenmassen organisieren und analysieren kann.

In der Praxis kann bei ferngesteuerten Sensoren viel schiefgehen. Elektronik kann versagen, Mikrofone können verschmutzen, Kameras können mit der Linse nach unten landen. Was dann passiert, ist Aufgabe der Software.

Sie soll Lücken, die durch Ausfälle entstehen, automatisch vervollständigen. Im Grunde werden nichtexistente Bilder auf der Grundlage hochgerechneter Teilbilder generiert und mit historischen Aufnahmen und Satellitenfotos abgeglichen. Wenn auch nicht perfekt, können solche Simulationen doch verblüffende Ergebnisse erzielen.

Mit moderner Sensorik wird alles mit allem vernetzt. Big Data wird geordnet, Unwesentliches ausgefiltert und Tendenzen herausgearbeitet. Alles wird getan, um das „Big Picture" klar darzustellen. In der Rüstungsindustrie wird dies von sogenannter *Fusion-Software* geleistet. Ziel ist ein umfassendes Lagebild, der Traum eines jeden Militärs.

Fusion-Software kann Sprachfetzen und Schattenrisse, GPS-Positionen und Gesichtserkennung, Bodenschwingungen und Geräuschkulissen auswerten, analysieren und zu einem brauchbaren Lagebericht zusammenfügen. Weitmöglichst soll auch die Aufklärung von Soldaten und Spionen mitberücksichtigt werden. Es ist die hohe Kunst moderner Software-Analyse – die Erkennung von Mustern und Verhalten, Absichten und Zielsetzung eines Gegners aus der Ferne.

Zu diesem Zweck hat die DARPA eine groß angelegte Software namens *Insight* in Auftrag gegeben. Das 79-Millionen-Dollar-Projekt soll Daten aus der Luft, der See und vom Boden automatisch auswerten und miteinander fusionieren. Besonders schwierig dabei ist das Zusammenfügen von Quellen, die nicht kompatibel sind. Das menschliche Gehirn hat kein Problem damit. Jeden Tag sortiert es die unterschiedlichsten Signale von Augen und Ohren, Nase und Nerven, Geruchssinn und Geschmack. Mühelos kann es sie entwirren und zu einem sinnvollen Gesamtbild zusammenfügen. In einem IT-System ist das anders. Unterschiedliche Software und Signale, Protokolle und Speichermedien können zum Albtraum werden. Während ein menschlicher IT-Manager die Hände verzweifelt überm Kopf zusammenschlägt – und vor Inkompatibilität kapituliert –, ist die lernfähige Software von heute in der Lage, Sinn aus dem Salat zu errechnen. Künstliche Intelligenz soll die Inkompatibilität entwirren. KI-Algorithmen sollen die Logik des menschlichen Operators unterstützen.

Beim Militär ist *Fusion-Software* ein wichtiger Schlüssel zur Auswertung von Big Data. In den Weiten von Wasiristan hilft sie dem Drohnenpiloten, fremde Fahrzeuge zu identifizieren. In der Steppe von Somalia verfolgt sie die Bewegungen von Boko Haram. Automatisch.[42]

Schlachtfelder ohne Soldaten

In der Konsequenz bedeutet dies, dass wir in naher Zukunft mit Schlachtfeldern ohne Soldaten rechnen müssen, wo das Geschehen von Künstlicher Intelligenz überwacht und – womöglich – mit automatisierten Waffensystemen auch beherrscht wird.

Nach dem heutigen Stand der Technik werden Zielpersonen anhand von computerisierten Terroristen-Profilen ausgewählt. Ausschlaggebend sind Eigenschaften wie Bekleidung und Bewaffnung, Gruppenverhalten und Geräuschkulisse, Fahrzeugtyp und Fahrverhalten. Lernfähige Software trifft eine Vorauswahl. Menschen treffen die Kill-Entscheidung. Noch.

Einige in der Rüstungsindustrie sind überzeugt, dass in naher Zukunft der Schießbefehl von Maschinen kommen könnte. Das befürchten auch viele kluge Köpfe im Silicon Valley.

Grasmatten gegen Großmacht-Waffen

Die Wüstenkämpfer von Taliban, Al-Kaida und ISIS sind nicht ohne Antwort auf Drohnen. Osama Bin Laden hatte die Gefahr dieser höchst wirksamen Waffe vor seinem Tod erkannt, wie beschlagnahmte Unterlagen aus seinem Unterschlupf belegen. Unlängst entdeckte der französische Geheimdienst DST in Mali ein ausgeklügeltes Al-Kaida-Handbuch mit simplen Täuschungstricks. Auf die Hightech-Herausforderung hatte Al Kaida Lowtech-Lösungen gefunden.

Auf dem Markt von Timbuktu beobachteten französische Agenten Al-Kaida-Kämpfer beim Kauf von Gebetsteppichen. Sie interessierten sich nicht für Qualitätsware aus Wolle oder Synthetik. Sie kauften Billigmatten aus Gras. Fünfzig Stück. Das ist eine Menge, die sie nur schwer abtransportieren konnten. Die Geheimdienstler erkannten schnell den Sinn. Die Kämpfer hatten gelernt, dass die amerikanischen

Drohnen Motorenwärme mit Infrarot-Sensoren orten. In der Wüste sollten sie die Grasmatten über die Motorhaube werfen, Billig-Tarnung gegen die Sensoren der Supermacht.

Billig, aber wirksam.

Mode gegen Überwachung

Teuer dagegen sind die Tarnklamotten des Modedesigners Adam Harvey aus New York. In seinem edlen Loft im Stadtteil Brooklyn entwarf der junge Amerikaner eine Kollektion, die auch gegen Drohnen-Sensorik schützen soll. Seine Fashion-Linie aus Metallic-Stoffen, zum Teil mit Ghetto-Hoodie, zum Teil im Burka-Stil, soll Körperwärme zurückhalten, damit ihre Träger unbemerkt von den Hitzesensoren von Drohnen und somit unerkannt bleiben.

Da über den Wolkenkratzern der Wall Street nur wenige Killerdrohnen kreisen, sind die Entwürfe von Adam Harvey allerdings eher als Fashion-Statement zu verstehen.

Die Technik-Tüftler des Pentagons müssen nicht nur für eine asymmetrische Kriegsführung gegen die primitiv ausgestatteten sunnitischen Kämpfer im Nahen Osten gerüstet sein. In der heutigen Zeit müssen sie außerdem mit anderen aufsteigenden Technik-Mächten der Welt rechnen, wie Russland und China, Nordkorea und Iran.

Auch sie verfügen über neuartige Waffen und Strategien, die konventionelle Vorstellungen sprengen.

Zeitalter des Cyberkriegs

D ie Öffentlichkeit hat es kaum zu Kenntnis genommen, als er es seinerzeit in der Öffentlichkeit sagte. So gehen wir als Autoren davon aus, dass die Leser es womöglich auch übersehen haben, als wir es auf den Anfangsseiten dieses Buches schrieben. Es geht um die verblüffende Aussage des obersten US-Geheimdienstlers James Clapper im Juni 2014 vor dem US-Senat. Terror – so der Spionage-chef – sei nicht mehr die schlimmste Bedrohung für die Sicherheit des Westens. Erheblich gefährlicher sei die Bedrohung durch Cyber-krieg. Sein Resümee: Die Schwachstelle der Informationsgesellschaft, nämlich Big Data, definiert heute die Sicherheit von Supermächten. Der neue Weltkrieg könnte ein Cyberkrieg werden.

In den vergangenen Abschnitten haben wir eine Vielzahl von rüs-tungstechnischen Neuheiten beschrieben – unsichtbare Flugzeuge, tödliche Mikrowaffen, sensorgesteuerte Schlachtfelder. Es handelt sich dabei um einzelne Waffensysteme. Zusammen bilden sie allerdings ein neuartiges Hightech-Arsenal. Fusionieren die einzelnen Systeme mithilfe von Künstlicher Intelligenz, entsteht eine gänzlich neue Art der Kriegsführung: der Cyberkrieg.

Gemeint sind nicht die alltäglichen Kleinattacken von Hob-by-Hackern. Ihre Angriffe sind lästig, aber relativ harmlos – ein Cartoon-Teufel auf einer Firmenhomepage, eine Zombie-Meldung in den Nachrichten. Auch wenn's ernster kommt, wie etwa die Störung einer Website durch einen DDoS-Angriff („Distributed Denial of Service") oder der Diebstahl von Millionen von Mail-Adressen, ist das für die nationale Sicherheit noch lange kein Ernstfall.

Die Sorge gilt einer anderen Gefahr.

Der Cyberkrieg könnte eine totale Zerstörung der Zivilisation mit sich bringen. Denn mit den Methoden moderner Software-Sabotage könnte man Stromversorgung und Straßenverkehr, Telekommuni-kation und Finanzwelt – eigentlich alles an moderner Technologie – quer durchs Land lahmlegen.

In früheren Kriegen hat man die Ballungszentren und Brücken, die Rohstoffquellen und Rüstungsfabriken des Gegners bombardiert. Heute ist die Waffe der Wahl nicht mehr eine Bombe. Heute greift man feindliche Infrastruktur mit Cybersabotage an. Ziele sind Funkmasten und Fernsehtürme, Öl-Häfen und Urananreicherung, E-Werke und E-Mail-Speicher. Das Heimtückische: Die Attacken können mithilfe Künstlicher Intelligenz koordiniert werden – anonym und aus der Ferne. Die Folgen können verheerend sein – eine Gesellschaft ohne Wasser oder Heizung, ohne Flugzeuge oder Fernsehnachrichten, ohne Satelliten oder Stromversorgung.

Cyberkrieg ist keine Science-Fiction. Er ist heute schon machbar. Er wird heute schon gemacht. Die Supermächte zittern schon. James Clapper teilt die Bedrohung in zwei Kategorien auf: Cyberspionage und Cyberattacken. Attacken sollen physische Hardware-Schäden anrichten oder Daten manipulieren oder löschen. „Die Bandbreite reicht von kleiner Serviceunterbrechung bis hin zu der Sabotage einer Stromturbine, die lange Ausfälle in ganzen Städten verursacht."

Dieselbe Hochtechnologie, die unsere westliche Zivilisation so stark macht, macht sie gleichzeitig extrem verwundbar. Eine Studie der US-Regierung schlussfolgert, dass ein Anschlag auf nur neun Schaltzentren ausreichen könnte, um die Stromversorgung der gesamten USA – von Küste zu Küste – lahmzulegen.[43]

Solche Hinweise sind keine bloße Theorie. Wir befinden uns bereits in den frühen Stadien eines Cyberkriegs. Einige perfide Pläne werden heute schon umgesetzt. Es sind unsichtbare Konflikte, die ohne Kenntnis der Öffentlichkeit ausgetragen werden, geheimdienstliche Aktivitäten, die geheim sind.

Gelegentlich sickern einige Details aber durch.

Die geheimen Kriege

Bin Kaneh, 12. November 2011. Die Vorbereitungen für den Testflug einer iranischen Langstreckenrakete liefen auf Hochtouren. Die Forschungselite der Revolutionären Garde war versammelt, inklusive ihres Leiters – Generalmajor Hassan Moqaddam. An der Startrampe ereignete sich jedoch eine gewaltige Explosion. Das gesamte Testgelände wurde zerstört. Satellitenfotos zeigen, wie Geräte und Gebäude dem Erdboden gleichgemacht wurden. Moqaddam und siebzehn seiner Top-Rüstungsforscher kamen ums Leben.

Bis heute konnte die Herkunft des Sprengstoffes nicht identifiziert werden. Oder die Täter. Man geht von Sabotage aus. Auf jeden Fall hat der Vorfall das iranische Atomprogramm um Jahre zurückgeworfen. Und Israel war nicht traurig darüber.

Für Israel sind geheime Kriegsakte nichts Ungewöhnliches. Das iranische Atomprogramm steht seit Langem im Visier der Geheimdienstler des Mossad. Iranische Nuklearforscher gelten bei ihm als Freiwild. Israel möchte mit allen Mitteln verhindern, dass der Iran zur Atommacht wird. Mossad-Agenten verfolgen sie in den Urlaub nach Beirut oder auf Dienstreise nach Damaskus. Bei Gelegenheit klatschen sie Magnet-Bomben auf ihre Fahrzeuge oder erschießen sie einfach auf der Straße.

Agentenarbeit alter Schule.

Stuxnet

Der Mossad hat aber auch Erfahrung mit zeitgemäßen Techniken. Israels IT-Industrie ist Vorreiter in Sachen Künstliche Intelligenz, ihre Rüstungsindustrie in Sachen Cyberkrieg. Das Ziel des Mossad war die Zerstörung der unterirdischen Urananreicherung in Natanz. Das Personal dort war für Agenten schwer zugänglich, der Standort – tief unter dem Granit des Kuhrud-Gebirges – für einen Luftangriff unerreichbar. Der Mossad entschied sich für Cyberkrieg.

Ein Computerwurm namens *Stuxnet* wurde für die Attacke entwickelt und in die Uranzentrifugen der Iraner eingeschleust. Es war ein sehr wirksamer Trick. Zentrifugen haben empfindliche Teile. Nach der Manipulation begannen sie wie eine überladene Waschmaschine sofort zu eiern. Innerhalb kürzester Zeit waren sie verbogen. Insgesamt 2.200 Uranzentrifugen wurden durch das Virus zerstört, ein herber Rückschlag für den Iran.

Das war im Jahr 2000. *Stuxnet* gilt als erstes Virus, das Hardware in großem Stil zerstörte – ein Durchbruch für die Taktiken des

Cyberkriegs. Man schätzt die Entwicklungskosten für das Computervirus auf neun Millionen Euro, ein Schnäppchen angesichts des militärischen Schadens, den er angerichtet hat.[44]

Bis heute ist nicht ganz geklärt, wer wirklich Urheber des erfolgreichen Zerstörerwurms war. Die amerikanische CIA schweigt gern zu solchen Themen. Der israelische Mossad prahlt gern. Und beide lügen.

Wer auch immer es war – er schlug kurz danach wieder zu. Mit dem Nachfolgervirus *Viper* wurde der Iran erneut an einer empfindlichen Stelle getroffen. Die Pumpanlagen des strategischen Ölhafens Kharg wurden über Monate hinweg lahmgelegt. Es war ein Milliardenschaden.

Die Iraner wollten sich nicht lumpen lassen. Teheraner Techniker schlugen zurück. Sie entwickelten eigene Attackviren, die sie auf ihre Gegner ansetzten. Sie haben zwar weniger Aufmerksamkeit in der Presse erregt. Doch effektiv waren sie allemal.

Etwa zwei Jahre nach *Stuxnet* schlug ein heimtückischer Wurm beim Konkurrenten Saudi Aramco ein. Er griff 30.000 PCs an und schaffte es, drei Viertel aller Daten des Ölgiganten zu löschen. Auf den Bildschirmen erschien eine brennende US-Flagge. Wenige Wochen später griff ein ähnliches Virus das staatliche Energieunternehmen Rasgas beim US-Alliierten Katar an.

Es folgte eine Vielzahl weiterer Virusattacken, die offensichtlich von staatlichen Spionagediensten stammten:

- Das Virus *Regin*, offenbar von einem westlichen Nachrichtendienst geschrieben, enttarnte 2010 die US-Firma Symantec. Der Trojaner, der in erster Linie in Russland wütete, sollte die Telekommunikation überwachen und betriebliche Abläufe stören.
- Die Internetseiten von US-Armee und *New York Times* wurden von einer „Syrian Electronic Army" lahmgelegt. Hinter der Untergrundorganisation steckt nach Expertenmeinung ein staatlicher Spionagedienst, der dem syrischen Präsidenten Baschar al-Assad nahesteht.
- Ein Virus namens *Shmoon* attackierte gezielt die Internet-Cookies von Aramco und American Express, Citibank und Chevron, PayPal und Hotmail sowie Amazon, eBay, Facebook, Gmail, Mastercard,

Visa und Yahoo. Es war erkennbar, dass *Shmoon* ein staatliches Spionageprodukt war. Es hatte rund 2.500 Computer in fünfundzwanzig Ländern infiziert.

„Solche Angriffe können Öl- und Energieanlagen, Zentralbanken und Telefonprovider lahmlegen", warnt Andrei Prozorov von InfoWatch.[45 46]
Öffentliche Auskünfte über die Attacken sind relativ selten, meistens unpräzise, häufig frei erfunden. Geheimdienste sind geheim. Großkonzerne stellen ihre Verwundbarkeit auch nicht gern zur Schau. Also schweigt man dazu. Oder streitet ab.

Die Folge für die Gesellschaft ist, dass wir so gut wie nichts über Cyberangriffe erfahren. Wir kennen weder die Erfolge unserer Regierungen noch die Bedrohung durch andere.

Die Cyberkrieger des Drachens

„Im Grunde ist jedes der 500 größten US-Unternehmen überzeugt, dass es infiltriert wurde", sagt der renommierte Sicherheitsexperte Avivah Litan. Gemeint sind nicht Angriffe von Kids oder Kleinkriminellen. Gemeint sind Regierungen.

Cyberangriffe aus China sind Alltag. Viele haben Wirtschaftsspionage zum Ziel. Das fernöstliche Land unterhält ganze Industrieregionen, die sich auf Imitate westlicher Technologie spezialisieren. Das gilt natürlich auch doppelt und dreifach für die Rüstung. Außerdem haben chinesische Viren das Ziel, die Finanzzentren des Westens auszuspionieren oder gar zu schwächen. Ganz offensichtlich sind die meisten ihrer Angriffe staatlich.

In einer diplomatisch höchst ungewöhnlichen Aktion erhob das US-Justizministerium am 19. Mai 2014 Anklage gegen Offiziere der chinesischen Armee. Fünf chinesische Staatsbürger wurden mit jeweils 31 Anklagepunkten konfrontiert. Es war, wie Justizminister Eric Holder bestätigte, „das allererste Mal, dass Anklage gegen Mitarbeiter eines ausländischen Staates wegen Cyberattacken erhoben wurde".

Natürlich wissen die US-Behörden, dass Peking die Männer niemals ausliefern würde. Die Fahndung war als öffentliches Signal gedacht.

Die Amerikaner sind über die chinesische Cyberaktivität nämlich sehr beunruhigt.

„Attacken, zum Beispiel gegen finanzielle oder militärische Ziele, können verdeckt ablaufen", warnt Spionagechef Clapper. „Der Schädling muss nicht sichtbar sein. Er kann sich zunächst passiv verhalten und erst nach Jahren geweckt werden. Er kann auch mit langsam steigender Wirkung aktiviert werden."

Im Spionagegeschäft kennt man die Funktionsweise von sogenannten „Schläfern". Das sind Agenten, die frühzeitig in Position gebracht werden, aber zunächst nichts unternehmen. Erst Jahre später werden sie aktiviert. Eine ähnliche Funktion fürchten westliche Geheimdienste nun bei den elektronischen Spionen der Chinesen. Trojaner werden in westliche Computer eingeschleust, aber nicht aktiviert. Antivirus-Software verzeichnet keine Aktivität. Die Betroffenen merken nichts. Man fürchtet eine Sabotage, die jahrelang im Stillen schlummert, um später auf Abruf ihr Unheil anzurichten.

Bei Kriminellen wäre ein solches Verhalten undenkbar. Sie wollen schnelles Geld. Spionagedienste dagegen können warten.

Jahrelang.

Während sie Millionen von Computern infizieren.

Und niemand etwas merkt.

Die Cyberkrieger des Kreml

Weitere ernst zu nehmende Cyberkrieger kommen aus Russland. Im Einzelfall ist zwar schwer festzustellen, ob es sich bei den Tätern um kriminelle Gangster oder raffinierte Cyberkrieger handelt. Es steht aber mit Sicherheit fest, dass staatliche Spionagebehörden fleißig mitmischen.

„Während chinesische Hacker ihren Schwerpunkt in der Industriespionage haben", so *Recorded Future*-CEO Christopher Ahlberg, „will Russland politische Stärke demonstrieren." Mit seiner Firma untersuchte er drei große Malware-Produkte aus Russland: *Uroburous*, *Energetic Bear* und *APT28*. Nach seiner Analyse waren sich die Viren in Struktur und Aufbau sehr ähnlich. Doch jedes Virus hat eine eigene

Zielsetzung. Nach Meinung Ahlbergs ist dies ein deutlicher Hinweis auf abgestimmte Staatsarbeit.[47]

Uroburous (Bezeichnung von G Data Software) wurde erst 2008 entdeckt. Es zielt auf Regierung, Rüstungsindustrie und Grundforschung ab und operiert mit Phishing-Tricks.[48]

Energetic Bear (Bezeichnung v. CrowdStrike) zielt auf die Luftfahrt-, Energie- und Pipeline-Industrien ab. Er ist ausgelegt für einen langfristigen Aufenthalt in kompromittierten Systemen. „Sinn könnte eine militärische Attacke sein", urteilte *Recorded Future*.[49]

APT28 (Bezeichnung v. FireEye/Mandiant) zielt auf die NATO sowie osteuropäische Regierungen ab. Die russische Herkunft des Virus wurde mehrfach bestätigt.[50]

Der Einsatz staatlicher Cyberwaffen aus Russland wurde vor allem als flankierende Maßnahme bei Militäraktionen beobachtet, zum Beispiel bei Konflikten zwischen Moskau und ehemaligen Sowjetstaaten.

Bei Auseinandersetzungen in Estland im Jahr 2007 und in Kirgisistan im Jahr 2009 wurden die offiziellen Websites der Lokalregierungen mit heftigen DDoS-Angriffen lahmgelegt. Beim Einmarsch russischer Panzerbrigaden in Georgien im Jahr 2008 wurden wieder staatliche Websites gestört, unter anderem die Homepage des Präsidenten sowie die Websites Moskau-kritischer Medien wie www.news.ge. Die Vorgehensweise war immer gleich. Solange die Militäraktion andauerte, wurden die Internetseiten millionenfach mit Bot-Anfragen bombardiert. Nach Beendigung hörten sie sofort auf.

Mit dem Krim-Konflikt in der Ukraine im Jahr 2014 eskalierten die Angriffe. Die Mobiltelefone der Bevölkerung wurden mit Störsignalen unterbrochen und Verbindungen zu kritischen Social Media gestört. Die Internetverbindungen mit dem Festland wurden ganz gekappt.

Natürlich hätte der Kreml ganz andere Cyberwaffen im Köcher. Sie hätten Telefonnetze und GPS-Ortung, Funk und Fernsehen, sogar die gesamte Stromversorgung im Lande lahmlegen können. Das Problem – so die Einschätzung westlicher Dienste – war die Infrastruktur. Aus sowjetischen Zeiten sind die Internet-Netzwerke zwischen der Ukraine und Russland eng miteinander verflochten. Und unübersichtlich. Ein

Cyberangriff in Kiew hätte womöglich unabsehbare Folgeschäden in Russland auslösen können. Davon hat man lieber abgesehen.

Außerdem gibt jeder Einsatz einer Cyberwaffe Einblick in das eigene Arsenal. Manchmal ist es klüger, wenn der Gegner nicht weiß, was man alles kann.

Oder nicht kann.

Im Stillen schlummern

Cyberkriminalität ist ein großes Spielfeld. Die Spieler sind vielfältig, die Einsätze hoch, die Risiken gering. Jahr für Jahr werden Millionen von Computerschädlingen in Umlauf gebracht. Allein 2014 identifizierten Symantec und Verizon 317 Millionen neue Malwareprogramme. Das bedeutet, dass jeden Tag knapp eine Million neue Viren hinzukommen.

Für solche Malware-Mengen reichen weder menschliche Aufsicht noch herkömmliche Software aus. Zu bewältigen sind sie nur mit Hochleistungsrechnern und lernfähiger Software. Die Überwachung wird einer Künstlichen Intelligenz überlassen, die von jedem neuen Virus die neuen Tricks lernt. Wir verlassen uns auf Computer, die Computer überwachen. Dabei muss man wissen, dass die Programmierer, die KI entwickeln, häufig nicht mehr nachvollziehen können, was ihre lernfähige Software genau tut.

In einem neuen Zeitalter entstehen neue Weltmächte. Zu den bekannten Cybermächten zählen die USA, Russland und China sowie die Schwellenländer Iran und Nordkorea. Ob Neueinsteiger mit gefährlichen Kapazitäten hinzugekommen sind, weiß niemand. Die gefährlichen Haie schwimmen still und tief. Es ist schwer zu erkennen, ob und wann sie angreifen werden.

Schätzungen beunruhigen.

Man bereitet sich so gut es geht vor.

Es steht in den Sternen

Bei der Verteidigung gegen einen eventuellen Cyberkrieg wird nicht nur mit modernen Mitteln aufgerüstet. Alte Technologie wird manchmal auch wieder aktuell – wie Navigation mit den Sternen. Bei einem massiven Angriff im kriegerischen Ausmaß muss man womöglich mit dem Ausfall sämtlicher Satelliten rechnen. Moderne Navigation würde gar nicht gehen. Bei GPS-Ausfall bietet der Sternenhimmel eine simple – aber wirksame – Orientierung.

Deswegen sollen junge Kadetten an der US-Marine-Akademie neuerdings wieder den Umgang mit dem Sextanten lernen. Im Ernstfall könnte man mit dem alten nautischen Messinstrument Schiffspositionen berechnen – wie die Polynesier vor 2000 Jahren.[51]

Außerdem kann man einen Sextanten nicht hacken.

KI, übernehmen Sie!

Es ist sicherlich beunruhigend, wenn man heute sieht, wie der Künstlichen Intelligenz immer mehr Verantwortung für Waffensysteme übertragen wird. Große Sorgen sollten wir aber haben, wenn man an morgen denkt, wenn die Künstliche Intelligenz der smarten Waffen immer mehr vernetzt wird – und unserer Kontrolle entgleitet.

Heute schon zieht die Künstliche Intelligenz immer tiefer in unseren Alltag ein. Sie steuert für uns den Urlaubsflieger und regelt für uns den Stadtverkehr, sie empfiehlt uns ein Kochrezept und leitet uns durch fremde Straßen. Mit jeder Google-Suche, mit jeder Amazon-Bestellung lernt sie uns besser kennen. Alsbald kann sie uns jeden Wunsch von den Lippen ablesen.

In unserem Haus sind Roboter noch Freunde. Eine Maschine wäscht Hemd und Hose, eine andere spült die Frühstücksteller. Während ich diese Zeilen schreibe, wischt gerade ein Haushaltsgerät von iRobot den Küchenfußboden. Meine Frau nennt ihn liebevoll „Robbi". Wir finden ihn cool.

Weniger angenehm ist die Vorstellung, dass Nachrichtendienste unsere Wünsche, auch unsere intimsten, genau kennen. Das ist eben Big Data, das Vollbild, das totale Inventar. Theoretisch kann der Staat unsere Daten jederzeit per Knopfdruck abrufen. Wenn wir aber keine terroristischen Neigungen haben, wird er das wahrscheinlich nicht tun.

Dabei sind Normalbürger nur bedeutungslose Grashalme im gigantischen Heuhaufen von Big Data, für Geheimdienste völlig uninteressant.

Es gibt aber Leute, die sich für jeden Halm in dem Heuhaufen interessieren.

Die sind mächtig.

Und vor ihnen sollten Sie sich in Acht nehmen.

Denn sie verfolgen Menschen ein ganzes Leben lang.

INVENTAR

Von der Wiege bis zum Grabe

Kinderkram

Internet ist toll – schnell und zugänglich, offen und allwissend. Es gibt kaum eine Frage, die dort nicht in Sekundenschnelle beantwortet werden kann. Ob Strandurlaub in Thailand, Bärenjagd in Alaska oder Ballonflug über die Alpen, mit der Suchmaschine ist das kein Problem. Brauchen wir einen Schönheitschirurgen für neue Brüste oder einen Fleckenentferner für eine alte Hose, im Internet finden wir den Kontakt – komplett mit den hilfreichen Bewertungen der Community. Das gilt auch für lebensrettende Auskünfte über Krankheiten und Kliniken, Arzneimittel und Alternativmediziner.

Wer will darauf verzichten?

Schließlich kostet es nichts.

Denken wir.

Faktisch bezahlen wir schon.

Wir sind Produkt.

Unsere Kinder auch.

Im Gegensatz zu den Geheimdiensten suchen die Datenschnüffler der Privatwirtschaft nicht die Nadel im Heuhaufen. Alle Halme sind für sie interessant – jeder das Profil einer Person, jeder das Kaufverhalten eines Kunden, jeder ein wertvolles Puzzlestück in einem Milliardengeschäft mit Marketingdaten.

Jedem Menschen kann man irgendwas verkaufen. Jeder Mensch ist deshalb interessant. Und mit dem Datensammeln sollte man tunlichst früh anfangen – spätestens in der Kindheit.

Wenn's geht, noch früher.

Das Sexleben von Minderjährigen

Jim Brakoff eilte über den Parkplatz und stürzte sich in die Geschäftsräume des örtlichen Discounters Target. Er war aufgebracht. Der Supermarkt-Filialleiter wird nie vergessen, wie der Mann mit geballter Faust und pulsierenden Halsadern vor ihm stand.

Dem verdutzten Manager erklärte Brakoff, Target habe sich unanständig verhalten und seine Familie beleidigt. Der Konzern habe seiner Tochter Schwangerschafts-Werbung ins Haus geschickt – gezielte Werbung für werdende Mütter und ihre Neugeborenen. Dabei gehe seine Tochter noch auf die Highschool – minderjährig und jungfräulich, wie es sich für ein junges christliches Mädchen in Minneapolis gehört. Mit der Werbepost unterstelle das Unternehmen, dass die Tochter unehelichen Sex gehabt habe, eine Behauptung, die auf die ganze Familie zurückfallen könne.

Dabei sei seine Tochter definitiv nicht schwanger.

Dachte der Vater.

Er verlangte eine Entschuldigung.

Target ist der zweitgrößte Discounter in den USA. Der Filialleiter erkannte sofort, dass mit diesem Thema nicht zu spaßen sei. Minderjähriger Sex ist ein ernster Vorwurf, gerade im konservativen Minneapolis. Die christliche Gemeinde ist dort stark und ein solcher Vorfall kann leicht eskalieren.

Er entschuldigte sich sofort.

Vorsichtshalber rief der Filialleiter ein paar Tage später bei dem Vater an. Er wollte sich vergewissern, dass seine Entschuldigung angekommen sei, vielleicht einen Einkaufsgutschein als Geste des guten Willens anbieten.

Es war nicht nötig. Der Vater hatte sich beruhigt. Kleinlaut erklärte er, es habe inzwischen ein klärendes Gespräch mit seiner Tochter gegeben und es habe – wie er formulierte – einige Aktivitäten in seinem Haus gegeben, die ihm seinerzeit unbekannt gewesen seien.

Seine Tochter war im fünften Monat schwanger.[52]

Für den Vater war der Vorfall in zweierlei Hinsicht ein schlimmer Schock. Zum einen musste er von einem intimen, ihm sicherlich höchst unangenehmen Ereignis auf sehr öffentliche Art und Weise erfahren. Ausgerechnet vom lokalen Supermarkt, wo Kollegen und viele aus seiner Kirchengemeinde einkauften, zu erfahren, dass die minderjährige Tochter durch unehelichen Sex geschwängert wurde, war ein harter Schock.

Außerdem musste der Familienvater lernen, was alles in den Datenbanken von Großkonzernen schlummert.

Woher wusste Target von dem Zustand seiner Tochter?

Das Gewohnheitstier

Verhaltensforscher der Target-Kette hatten ein Kaufmuster entworfen, das für schwangere Frauen typisch ist. Mit unheimlicher Genauigkeit hatten sie die Schwangerschaft der jungen Tochter erkannt, das Baby vorausgesagt.[53]

Als der Statistiker Andrew Pole beim US-Discounter Target im Jahr 2002 anfing, wurde er mit einer seltsamen Frage konfrontiert. Die Marketing-Abteilung fragte:

„Wenn wir wissen wollten, ob eine Kundin schwanger ist, könnten Sie das aus der Statistik ermitteln? Auch wenn sie das nicht wollte?"[54]

Hinter der Frage steht das Verhalten der Kundschaft eines Discounters. Verbraucher sind Gewohnheitstiere. Gewohnheiten sind schwer zu beeinflussen. Im Allgemeinen kaufen sie ihren Bedarf an Supermarktware oder Sportartikeln, Kleidung oder Kosmetik, Autozubehör oder Arzneimittel immer in denselben Fachgeschäften. Für einen Discounter wie Target sind solche Verhaltensmuster schwer zu knacken. Gegen die Gewohnheit kann gezielte Werbung nur wenig ausrichten. Das ist die Regel.

Verhaltensforscher wissen aber, dass solche Gewohnheiten sich radikal verändern, wenn man an eine Schnittstelle seines Lebens gelangt – wie Studenten nach ihrem Abschluss, Arbeitnehmer nach einem Jobwechsel oder Familien nach dem Kauf eines Eigenheims.

Dies gilt natürlich in besonderem Maße für Frauen nach der Geburt. Die Veränderung, die oft eine völlig neue Identität mit sich bringt, löst häufig einen Wechsel in Branding-Gewohnheiten aus. Man nennt das Markenbildung.

Sie zu nutzen ist eine Frage des Timings.

Wenn die Geburtsanzeigen erscheinen, ist es zu spät. Da werden die jungen Eltern mit einem Tsunami an Werbung und Coupons, Sonderangeboten und Preisausschreiben überflutet. Jeder in der Branche ist hinter den neuen Müttern her.

Cleveres Marketing muss vorher beginnen.

In der Schwangerschaft.

Target wollte früher ran.

Erst messen, dann manipulieren

So hat Andrew Pole die Datenmassen des Unternehmens Target sorgfältig unter die Lupe genommen. In monatelanger Arbeit hat er herausbekommen, dass schwangere Frauen ein auffälliges Kaufmuster aufweisen. Geruchsneutrale Seife und Wattebällchen in großen Mengen, so seine Untersuchung, sind ziemlich verlässliche Hinweise auf eine bestehende Schwangerschaft. Die Einkaufsliste einer werdenden Mutter lässt sogar Rückschlüsse auf das Stadium einer Schwangerschaft zu.

Schwangere Frauen kaufen zum Beispiel viele Cremes. Nun, viele Menschen kaufen Cremes. Wenn eine Kundin aber größere Mengen von geruchsneutralen Cremes kauft, deutet das auf eine Schwangerschaft im vierten Monat hin. Kommen plötzlich Vitamin- und Mineralien-Zusätze mit Kalzium, Magnesium und Zink hinzu, ist das ein Indikator, dass sich die werdende Mutter mit ziemlicher Wahrscheinlichkeit in der zwanzigsten Woche befindet. Außerdem war Pole in der Lage, den Geburtstermin mit ziemlicher Präzision vorherzusagen. Handsterilisierung und Waschtücher sind hier die Alarmzeichen.

Nach den Berechnungen von Andrew Pole wurden insgesamt 25 Produkte ausgemacht, die auf eine Schwangerschaft schließen lassen („pregnancy predictors"). Verbindet man Einkaufsquittungen mit personenbezogenen Daten von Kreditkarte oder Kundenkarte, hat man ein mächtiges PR-Tool für gezielte Werbeaktionen.*

Der Vorfall in Minneapolis hat eine Menge Presseveröffentlichungen nach sich gezogen, viele davon negativ. Die öffentliche Empörung über diesen Eingriff in die Privatsphäre war groß. Seitdem hat Target alle Äußerungen zu diesem Thema eingestellt. Der Journalist Charles Duhigg von der *New York Times* bekam beim Discounter Hausverbot.[55]

Wie der Konzern heute mit „pregnancy predictions" umgeht, ist nicht bekannt.

Aber die Praxis machte Schule.

Zeitschriften und Zielgruppen

Am 10. Juni 2014 ist die Gruner + Jahr-Zeitschrift *Eltern* ebenfalls in das Geschäftsfeld „Zeitpunktmarketing" eingestiegen. Ihre Leserschaft bietet eine exzellente Positionierung für werdende Mütter. Vorher wurden kostenlose Geschenkpakete, genannt *Wundertüten*, in gewohnter Weise von Ärzten, Hebammen und Krankenhäusern an Schwangere und frisch gebackene Mütter überreicht. Nun sucht die Zeitschrift Zugang zu dieser Zielgruppe zum frühestmöglichen Zeitpunkt und möglichst ohne Streuverlust. Über eine Online-Registrierung erhalten Schwangere und junge Mütter einen kostenlosen Newsletter sowie spezielle Angebote oder Gutscheine, die Werbekunden dort anbieten.

Es geht dabei natürlich auch um Daten.

„Schwangere und frischgebackene Mütter befinden sich in einer für sie ganz neuen und sehr emotionalen Situation. Damit ändert sich auch ihr Konsumverhalten, denn sie müssen sich eine neue Welt erschließen und neue Produkte kennenlernen. Dies ist der ideale Zeitpunkt für Anbieter dieser Produkte, um auf ihre Zielgruppe zuzugehen", so der Werbetext von *Eltern*.[56]

Kleine Kinder sind besonders interessant. Ihre Wünsche bewegen Märkte. Schon wenn ihre kleinen Finger aus der Supermarktschlange

---

* ANMERKUNG DES AUTORS: Wir hatten es befürchtet: Nach einer nur flüchtigen Recherche mit Suchmaschinen sind wir bei diesem Thema im Fadenkreuz der Schwangerschaftsindustrie gelandet. Seitdem werden wir mit einschlägiger Werbung bombardiert.

auf Süßigkeiten oder Spielzeug zeigen, hat ihr Kaufverhalten Gewicht. Und ihre Daten auch.

Kinder sind wichtig. Kinder sind aber auch schwierig. Jeder Topmanager im Spielzeugsektor hat Albträume, wenn er daran denkt, dass die kleinen Gören seine Produkte im Weihnachtsgeschäft ablehnen könnten. Gute Daten sind der Unterschied zwischen Gewinn und Verlust.

Wer früh im Leben der Kleinen Freundschaft mit ihnen schließt, genießt später die Sympathien von erwachsenen Kunden. Deswegen pflegen Konzerne wie Mattel, Marvel und McDonald's diese Märkte mit großem Aufwand.

In jungen Jahren kann man ein Datenfundament über Charakter und Vorlieben für später zimmern. Auch gut, wenn Kinder in jungen Jahren lernen, ihre Daten mit der Großindustrie zu teilen.

Der Lauschbär

In der heutigen Zeit wirkt der berüchtigte Große Bruder aus George Orwells Roman „1984" zunehmend wie ein hilfloser Zwerg. Der US-Hersteller Mattel hat eine Puppe für Kleinkinder entworfen, die ihm durchaus gleichwertig sein könnte. Es handelt sich um keine geringere als die blonde Barbie, die beliebteste Puppe der Welt. Die neueste Version kann nämlich nicht nur sprechen, sondern auch zuhören. Mit Mikrofon und WLAN-Anschluss ausgestattet, kann sie die Eltern über jedes kindliche Puppengespräch auf dem Laufenden halten.[57]

Obwohl das spionierende Spielzeug noch gar nicht auf dem Markt war, erhielt Mattel dafür den „Big Brother Award 2015" von dem Datenschutzverein *Digitalcourage*.[58]

Auch Google lässt sich ungern ausbooten. Zwei Monate später stellten die kalifornischen Datensammler den Patentantrag für einen Hightech-Teddy – ausgestattet mit Motoren für Bewegungen, Mikrofonen in den Ohren, Kameras in den Augen und einer Direktverbindung ins Internet. Der harmlos anmutende Spionagebär kann den Kopf drehen, Augenkontakt suchen und Menschen direkt ansprechen. Der Cyber-Teddy soll auf die Ansprache durch das Kind reagieren können. Schön für Kinder, die sonst keine Freunde haben. Schön auch für die

Eltern: Gespräche, die ihr Sprössling im Spielzimmer führt, können sie live belauschen.[59]

Es gibt inzwischen eine ganze Industrie mit Überwachungsspielzeugen für Kinder. Vielleicht helfen sie mal, eine Verletzung zu verhindern oder einen gewalttätigen Babysitter zu überführen. Auf jeden Fall sind sie ein Vertrauensbruch. Puppen und Plüschtiere sind für unsere Kleinkinder Vertrauenspartner.

Sie waren unsere besten Freunde!

Und ja, liebe Kinder, Micky Maus zählt leider auch dazu.

Die Magie von Micky Maus

Sandra Bleibtreu staunte nicht schlecht. Goofy hat sie gerade mit Vornamen angeredet.

„Woher weiß er meinen Namen?", fragte das kleine Mädchen aus Deutschland. Sie war zum ersten Mal Gast bei Disney World. Die knuffigen Figuren auf dem Gelände hatte sie nie zuvor gesehen. Aber Goofy kannte sie. Er sprach sogar Deutsch mit ihr.

Die Antwort trug sie am Arm, das „MagicBand", das die Besucher des in Florida gelegenen Freizeitparks am Eingang erhalten. Die elektronische Neuheit ist ein sogenanntes Tracking-Armband mit „Smartchips".[60] Diese sogenannten RFIDs („radio frequency identification technology") sind weit verbreitet und werden unter anderem im Einzelhandel verwendet, um Waren quer durch die Kontinente zu verfolgen. Sie emittieren ein Radiosignal, das über kurze Strecken empfangen werden kann.

Von Kritikern werden RFIDs als „Spychips" kritisiert.

Bei Disney dient das *MagicBand* als Ausweis und Eintrittskarte, Zahlungsmittel und Zimmerschlüssel. Damit können Besucher und Begleiter bei ihrem Gang durch den Park auf Schritt und Tritt verfolgt werden. Darauf können ihre Daten gespeichert werden.[61]

Für die Kids sind sie cool, weil sie überall erkannt und begrüßt werden. Micky Maus, Donald Duck und die anderen schmusigen Stofftiere sprechen sie mit Namen an und gratulieren sogar, wenn sie Geburtstag haben. Für Eltern sind sie cool, weil sie den Aufenthalt ihrer Kinder ständig im Auge haben. Außerdem läuft der Einkauf über den Chip. Niemand muss sich mit Kreditkarten oder Geldscheinen durch die Menschenmengen quälen. Für den Disney-Konzern sind sie cool, weil er damit Wartezeiten verkürzen und Wanderwege verfolgen, Parkplätze planen und Strategien für den Point-of-Sale-Verkauf entwickeln kann.

Ist das Park-System effizient? Braucht man mehr Betreuer bei Thunder Mountain? Wie läuft der Popcorn-Verkauf beim Riverboat-Ride? Wo stehen Menschen nur herum? Wo konsumieren sie?

„Wenn man die Logistik vereinfacht, haben Besucher mehr Zeit für Unterhaltung. Und für den Konsum," erklärt Disney-CFO Jay Rasulo.

Für die Verkaufspsychologen eines Freizeitparks sind Besucherströme („Crowd-Flow") ein wichtiger Wirtschaftsfaktor. Welche Gäste kaufen teure Fotoapparate? Welche nur Postkarten? Wer bestellt sich üppiges Essen, wer nur einen Snack? Welche Eissorten sind beliebt, welche Souvenirs? Wer lädt seine Begleitung großzügig ein? Wer knausert?

Verhalten und Vorlieben der Disney-Kundschaft werden gespeichert, ausgewertet, analysiert, und später in maßgeschneiderten Werbebriefen, E-Mails und SMS-Texten verwendet.

Douglas Quinby, Forschungsconsultant bei der Firma PhoCusWright, nennt die RFIDs bei Disney einen *Game-Changer*, der die Spielregeln im Freizeitbusiness neu definiert. Wenn das MagicBand-System erfolgreich ist, könnte es weltweit in Museen, Flughäfen, Einkaufzentren und Zoos eingesetzt werden.

Für das MagicBand-Projekt haben die Micky-Maus-Manager eine Milliarde Dollar springen lassen. Sie sehen darin einen Großversuch in Sachen Datensammlung. Sie wollen den Fun-Faktor bei Disney erhöhen und gleichzeitig das Kaufverhalten maximieren. Aber es geht um mehr.

Disney-Daten sind Familien-Daten. Sie sind sehr wertvoll. Noch wertvoller werden sie, wenn sie mit weiteren persönlichen Informationen kombiniert werden. Alter oder Einkauf, Reiseroute oder Hotelbuchung, jedes Detail erhöht den Mehrwert der Datenmassen.

Bei Disney kommen sogar Fingerabdrücke hinzu. Sie werden bei den Käufern von mehrtägigen Tickets genommen, um den Weiterverkauf an Dritte zu verhindern. Fingerabdrücke können aber auch bei der Personalisierung von Daten helfen. Gerade in Deutschland, wo Datenschützer viel Wert auf die Anonymisierung von Daten legen, sind personenbezogene Merkmale wie Fingerabdrücke besonders brisant.

Die Datendichte von Disney-Kunden ist unterschiedlich, je nach Aktivität, Aufenthalt und Einwilligung. Potenziell muss aber jeder Parkbesucher damit rechnen, dass seine Daten irgendwo und irgendwie gebunkert werden. Sie fließen in die unzähligen Datenströme, die jeden Tag milliardenfach in den Ozean von Big Data münden.

Auf diese Weise wird das Freizeitverhalten von Millionen von Personen tagtäglich erfasst. Allein bei den Disney-Parks werden jedes Jahr in Anaheim (Los Angeles) 16,2 Millionen, in Orlando 18,5 Millionen, in Tokio 17,2 Millionen und in Paris weitere 10,4 Millionen erfasst. Das sind über 60 Millionen Menschen jährlich. Hinzu kommen die internationalen Hotelgäste und Kreuzfahrtpassagiere des Konzerns.

Es sind nicht allein die Daten vom MagicBand, die den Datenschützern Kopfzerbrechen bereiten. Es ist eine ganze Generation von jungen Menschen rund um die Welt, die in der Fantasie-Falle des Micky-Maus-Milieus lernen, dass Totalüberwachung nicht wehtut.

Überwachung kann ja sogar richtig Spaß machen!

Das Milliardengeschäft mit Kinder-Kontrolle

Der Schlüssel zu Kindergeheimnissen sitzt im Smartphone. Hier findet ihr Umgang statt – ihre Freunde und Favoriten, Sites und Selfies, Games und Gewohnheiten. Doch diese Welt voller Apps, Abos und Abzocker ist vielen Eltern unheimlich. Sie sehen die Sorgenfalten ihrer Sprösslinge am Smartphone oder einen Hinterkopf am Heimcomputer und fragen sich, was da abläuft.

Viele Eltern sind in Panik. Sie wissen nicht, was ihren Kindern im Netz begegnet oder wie sie damit umgehen. Von der Technik sind sie oft überfordert. Anstatt ihren Kindern mit Rat und Tat beizustehen, müssen sie häufig hilflose Fragen stellen. Sie sorgen sich um eine Generation, in der virtuelle Facebook-Freunde zu Hunderten wertvoller erscheinen als einige echte Kumpels aus der Nachbarschaft.

In dem undurchsichtigen Universum der Cyberkids lauern dunkle Gefahren, das wissen Eltern. Dort können Kinder Spott, Sex und Schlimmerem ausgesetzt werden. Wer unbeaufsichtigt durch die Chatrooms, Foren und Kleinanzeigen wandert, wird mit Geldspielen und Gewalt, Abzockern und Ausbeutern, Drogendealern und Pädophilen konfrontiert.

Vertrauen ist nicht gut, denken viele Eltern.

Kontrolle ist dringend nötig.

Das dachten auch die Gründer des Cyber-Unternehmens *Qustodio*, und entdeckten eine Marktlücke, nach eigenen Angaben im Milliarden-Wert. Sie entwickelten eine App zur Internet-Überwachung für Minderjährige.

Qustodio-CEO Josh Gabel glaubt: „Sechzig Prozent aller Eltern wollen wissen, was ihre Kinder in der Online-Welt machen."[62]

Mit der Spionage-Software können Eltern alles überwachen – SMS-Texte und Telefonate, Instagram-Fotos und Facebook-Freunde, Apps und Abonnements. Das kommt offenbar gut an. Die *Qustodio*-App ist ein Verkaufsschlager. Der Umsatz wächst jährlich um 10 Prozent.

Ist das Ausspionieren der eigenen Familie problematisch? Viele Eltern sagen, wir bezahlen das Smartphone, also dürfen wir schauen, was damit gemacht wird. Andere finden die Spionage-Tools unheimlich. Hersteller *Qustodio* macht darauf aufmerksam, dass die jungen User eingeweiht sind. Sie können erkennen, dass sie überwacht werden.

Bei der App *TeenSafe* von einem Konkurrenzunternehmen ist das anders. Das Spionieren der Eltern ist für Anwender nicht ersichtlich. Still und heimlich können sie alles verfolgen, was ihre Kinder machen. Auch dieses System ist äußerst populär. Im ersten Halbjahr verbuchte das Unternehmen *TeenSafe* nach eigenen Angaben gut eine halbe Million Abonnenten.

Eins steht dabei fest: Die Kinder von heute haben sich längst an ein Leben ohne Privatsphäre gewöhnt.

Teenager unter Beobachtung

In seiner Jugend als US-Teenager in einem Vorort von New York fand das Privatleben von Autor Jay Tuck im Auto statt. Ob mit Kumpel und Sixpack unterwegs, oder mit einer Freundin, im Auto konnte man einfach verschwinden. Keiner konnte wissen, wo man hinfuhr, mit wem oder wie lange. „Mein erstes Bier habe ich heimlich am Ufer eines Baggersees getrunken", sagt Tuck, „meinen ersten Sex auf dem Rücksitz eines 57er-Chevrolets erlebt." Schlimmstenfalls konnte der Vater am Tacho die gefahrenen Kilometer ablesen. Und raten.

Für die Kids von heute ist das anders. Mit dem Telefon sind sie jederzeit erreichbar, mit GPS überall ortbar, und Termine stehen womöglich auch noch in der Cloud. Bewegungen sind transparent. Die Hinweise über Aktivitäten sind unzählig.

Aber eins ist unverändert. Damals wie heute wollen Eltern wissen, wo sich ihre minderjährigen Kinder aufhalten und was sie treiben. So weit wie möglich wollen sie das auch kontrollieren.

Die Autoindustrie von heute hat einiges im Angebot.

Mit dem *MyKey*-System von Ford kann man das Einschalten des Soundsystems verhindern, solange nicht alle Passagiere angeschnallt sind. Während der Fahrt begrenzt es die Lautstärke. Fahrzeugbesitzer (die Eltern) können sogar eine Höchstgeschwindigkeit für das Fahrzeug festlegen. Nähert man sich dieser Grenze, ertönt ein lautstarkes Signal. Versucht man sie zu überschreiten, bremst der Wagen automatisch ab.

Das System *Family-Link* von General Motors geht einen Schritt weiter. Eltern können eine geografische Außengrenze für das Fahrzeug festlegen. Verlässt der Teenager das zugelassene Gebiet, wird ein SMS-Text an die Fahrzeuginhaber geschickt. Über die GM-Website können sie dann das Fahrzeug orten.[63]

Die Technologie ist ähnlich der, die zur Überwachung von Strafgefangenen eingesetzt wird.

Nur wirksamer.

Kartentricks

Seit Langem verknüpfen Datenvermarkter Einkaufsquittungen mit Kreditkarten, um detaillierte Analysen des Kaufverhaltens aufzuschlüsseln. Verknüpft werden sie durch eine lernfähige Fusionssoftware.

Um an all diese wunderbaren Daten heranzukommen, braucht man eine Karte. Es ist nicht wirklich wichtig, was für eine Karte das ist – Kredit- oder Kundenkarte, Visiten- oder Vielfliegerkarte, Bonus- oder Bankkarte. Alle sind gut zum Sammeln von Daten.

Kundenkarten, die zur Speicherung unserer Daten dienen, werden uns vom Einzelhandel mit Nachdruck angedient. Wir werden mit Treue-Bonus, Sonderangebot und Preisausschreiben gelockt. Software-Firmen und Supermärkte, Autowerkstätten und Augenoptiker, Drogerien und Diabetes-Messgeräte-Hersteller wollen uns alle in ihre Kartei aufnehmen.

Süppchen kochen

Der Autor erinnert sich gut an einen Vorfall auf der kleinen US-Ferieninsel Martha's Vineyard. Damals erhielt sein Bruder, der Bildhauer Travis Tuck, einen mysteriösen Brief des Lebensmittelkonzerns Campbell. Der Kundenservice wollte von ihm wissen, warum er keine Hühnersuppe mehr kaufe, sondern neuerdings nur Bohnensuppe.

Woher wissen die das?

Sein Bruder war verwirrt.

Und verärgert.

Es stellte sich heraus, dass Campbell seine Einkaufsquittungen über den örtlichen Supermarkt angefordert hatte und jeden einzelnen Artikel mit den personalisierten Daten seiner Master Card abgleichen konnte. So verfügte der Suppenhersteller über Detailkenntnisse seiner einzelnen Kaufentscheidungen – ohne sein Wissen oder Einverständnis.

Hightech-Tricks mit Big Data?

Wohl kaum. Es war 1995.

Damals steckte Big Data noch in Babyschuhen. Dennoch war die Marketingabteilung eines großen Konzerns in der Lage, das Essverhalten einzelner Kunden im ganzen Land heimlich zu verfolgen.

Bei einem Aufenthalt in Boston einige Jahre später stellte Sarah Lee Tuck, Tochter des Autors, fest, dass die Drogeriekette CVS ihren Menstruationszyklus verfolgte. Immer kurz vor Beginn ihrer Tage erhielt sie Bonuscoupons für Frauenbinden.

Heute geht es um mehr als eine Dose Hühnersuppe oder die Schwangerschaft eines Teenagers. Heute verfügen die Datenapparate von Großkonzernen über viele Tausend Kaufentscheidungen von Millionen von Einzelkunden. Im Stillen messen sie Veränderungen im Kaufverhalten und überlegen, wie sie zu manipulieren sind. Das extrapolierte Bild hat filigrane Details. Diese Meister der Massendaten können ein umfassendes Detailbild jedes einzelnen Käufers erstellen, das die Arbeit von FBI-Profilern verblassen lässt.

Ihre Karteien vermerken alle Eigenschaften von Verbrauchern, die relevant werden könnten. Dazu gehört, ob man ein markentreuer Mensch oder Raucher ist, Hotline-Käufer oder Hausbesitzer, Ratenzahler oder Rabattjäger, Gewinnspielzocker oder Gärtner.

Fragen über Fragen.

Daten über Daten.

Milliarden über Milliarden.

Treuekarte als Datenfalle

„Haben Sie eine Kundenkarte?"

Die Frage der Kassiererin ist ärgerlich. Ich weiß genau, was die Handelskette damit vorhat – die Speicherung und Auswertung meiner Kaufentscheidungen, aller meiner Kaufentscheidungen. Es ist beinharte Akquise-Politik.

Kundenkarte? Ich denke nicht daran!

Man sollte aber keine Grundsatzdiskussion mit der Kassenfrau anzetteln. Sie wird dazu von ihrem Arbeitgeber angehalten. So preist sie kurz die Vorteile der Treuekarte an, bevor sie sich mit einem Lächeln dem nächsten Kunden zuwendet.

Es gibt einen Namen für das, was da an der Kasse abläuft. Er kommt aus dem Bergbau. Man nennt es *Data-Mining*, Rohstoffgewinnung, die Abschöpfung von Daten in großem Stil.

Wo man heute hingeht, lauern die Datensammler. Supermärkte und Softwareanbieter, Augenoptiker und Autohändler, Möbelhäuser und Mobilfunkprovider, sie alle wollen uns als treue Kunden gewinnen. Sie locken mit Preisnachlässen und Prozenten, Gewinnspielen und Gutscheinen.

Sie nehmen uns unsere Daten.

Und verdienen damit ein Vermögen.

Ein Pionier im Geschäft mit Treuekarten ist das englische Unternehmen Tesco PLC. Nach Walmart ist Tesco die zweitgrößte Einzelhandelskette der Welt.* Sie hat Niederlassungen in zwölf Ländern quer durch Asien, Europa und Nordamerika. In Großbritannien ist die Kundenkartenfirma Marktführer.

Als Tesco sein *ClubCard*-Programm im Jahr 1995 einführte, war das ein kostenintensives Risiko. Um erstes Interesse zu wecken, bot Tesco seinen Neukunden einen Rabatt von einem Prozent auf alle Waren an.

„Das war ein Viertel unseres Profits", erinnert sich der damalige CEO, Sir Terry Leahy. „Es war ein gewagtes Unterfangen."[64]

Es hat sich gelohnt. Damit konnte Tesco enorme Datenmengen über Kunden sammeln. Heute hat Tesco eigene Daten von über 400 Millionen Verbrauchern.

Seine Kundenkartei ist Milliarden wert.

Am Anfang war das Konzept einer Kundenkarte unbekannt, das Interesse der Verbraucher bescheiden. Von den Coupons und Werbeangeboten, die Tesco an ausgewählte Kunden verschickte, wurden ganze 3 Prozent eingelöst. Es dauerte eine Weile, bis sie den Wert der Rabatte erkannten.

Später wurden 70 Prozent aller Coupons eingelöst.

Heute zählt die *ClubCard* zum Kerngeschäft des Unternehmens. Tesco bietet sie in den verschiedensten Kategorien an, *Tesco Finest*

---

* gemessen am Gewinn

für wohlhabende, *Tesco Healthy Living* für gesundheitsbewusste und *Tesco Value* für preisbewusste Verbraucher. Dieses Aufsplittern der Kundschaft in differenzierte Kategorien machte die Verteilung immer komplizierter.

Und interessanter.

Beim fünften Versand hatte Tesco 100 verschiedene Interessengruppen. Bis 1999 war ihre Zahl auf 145.000 gestiegen. Heute hat das Unternehmen sein Erfolgsprogramm auf eine Vielzahl weiterer Marken ausgeweitet, unter anderem Coca-Cola und Macys. Jedes neue Partnerunternehmen bringt neue Kenntnisse. Aus allen Kundenkarteien werden Kaufgewohnheiten gesammelt, studiert und abgeglichen. Und Tesco lernt dazu.

Im Jahr 2014 kaufte Tesco das Big-Data-Technologieunternehmen Sociomantic. Damit konnte die britische Kundenkartenfirma die 400 Millionen Menschen aus der eigenen Datenbank mit den 700 Millionen weiteren Personen von Sociomantic kombinieren.

Zusammen verfügt Tesco jetzt über die Daten von über einer Milliarde Menschen.

Der Visitenkarten-Trick

Visitenkarten werden im Internet zu Wegwerfpreisen angeboten. Viele Geschäftsleute freuen sich und bestellen welche. Oft verdienen die Anbieter an den Bestellungen nichts. Sie freuen sich über die Daten, Geschäftsleute komplett mit Firma und Funktion, E-Mail und Direkttelefon, manchmal sogar mit Privatanschrift und Foto.

Machen wir uns nichts vor: Die Überwachung von Menschen ist nicht allein die Sammlung von Daten. Erst durch die Auswertung und Analyse werden sie wertvoll. Völlig autark werden sie gesammelt und katalogisiert, sortiert und analysiert. Datenvernetzung geht also Hand in Hand mit Software-Vernetzung. Die Künstliche Intelligenz, die in einem System die Daten verwaltet, wird mit der Künstlichen Intelligenz im nächsten System vernetzt. Mit jeder Fusion wächst der Einflussbereich der lernfähigen Software. Mit jeder Fusion wird sie mächtiger. Und für Menschen unübersichtlicher.

Die Tricks und Techniken, an große – und sensible – Kundendaten heranzukommen, sind vielfältig und lukrativ.

Für sie sind wir nicht Kunden.

Wir sind Produkte.

Und unsere persönlichen Daten sind ein Vermögen wert.

So ist es keine Überraschung, dass die erste US-Firma, die in der Geschichte der US-Börse mit einem Gesamtwert von über einer Billion Dollar gehandelt wird, ein Datenunternehmen ist.

Es heißt Google.

Horchposten in der Hosentasche

I n seinem Horror-Roman „1984" beschrieb der britische Autor George Orwell eine Überwachungsgesellschaft, in der der Staat („Big Brother") die Bürger des Landes mit versteckten Mikrofonen in privaten Fernsehgeräten ständig abhörte.

Versteckt sind die Mikrofone nicht mehr. Abhören über das TV-Gerät ist heute Stand der Technik. Wer die Sprachsteuerung seines Smart-TV aktiviert, gibt auch das Lauschpotenzial frei. Datenschützer weisen darauf hin, dass dieselben Mikrofone, mit denen man das Gerät um einen Kanalwechsel bittet, auch Gespräche aus der guten Stube aufzeichnen können. Das Audiosignal wird über WLAN ins Internet geleitet – und ist abhörgefährdet. Empfangen wird es beim TV-Hersteller in einem fernen Land.

Das Phänomen kennt man von Laptop-Webcams, die schon mal in Spionagekameras umfunktioniert wurden – unter anderem von Pädophilen, die einen heimlichen Blick in fremde Kinderzimmer erhaschen wollten.

Heute wäre *Big Brother* keineswegs auf Wanzen im Wohnzimmer angewiesen. Die bessere Überwachung tragen wir in der Hosentasche – das Smartphone. Es ist unser ständiger Begleiter. Rund um die Uhr wird es mit Intimdaten gefüttert. Es berät uns bei Kaufentscheidungen. Es begleitet uns auf Reisen.

Das Smartphone ist unser Freund.

Es ist aber ein Verräter.

Li'l Brother is watching you

Der perfideste Spion von allen ist der, den man in der Tasche trägt. Milliardenfach funkt er unser Privatleben an die Sendemasten, die auf den Dächern über uns wachen. Ungelesen klicken wir ellenlange Einverständniserklärungen von Hunderten von Apps und Webadressen und ahnen dabei nicht, auf welchen verschlungenen Wegen unsere Daten weitergeleitet werden. Einmal gespeichert, schwappen unsere Intiminformationen von einer Datenbank zur nächsten, bis niemand mehr genau sagen kann, wer sie woher und weshalb gesammelt hat.

Mit GPS überwacht er unseren Aufenthalt – nicht nur heute. Langzeitprofile unserer Bewegungen können weit in die Vergangenheit reichen. Oder weit in die Zukunft.

Ortung per iPhone

In der Öffentlichkeit präsentiert sich Apple als Hardware-Hersteller und versucht dabei, sich elegant aus der NSA-Datendebatte herauszuhalten. Bei der Vorstellung des neuen iPhone 6 sagte Apple-CEO Tim Cook: „Unser Geschäftsmodell ist einfach. Wir haben nicht die Absicht, Informationen aus iPhone oder iCloud zu Geld zu machen."

Apple sammelt jedoch Daten in großem Umfang. In unserem iPhone werden Einkaufslisten und Essgewohnheiten, Freunde und Favoriten, vertrauliche SMS-Texte und sensible Telefonate, Interessen und Intimitäten festgehalten – alles im Speicher, alles abhörbar. Bei Apps weiß Apple, welche uns interessieren und wie häufig wir sie abrufen, bei gespeicherten Bildern, wann und an welchem GPS-Standort sie aufgenommen wurden.

In den iPhones hat Apple eine App versteckt, die alle Bewegungen mit dem Telefon verfolgt und speichert. Genannt „Frequent Locations" verfolgt sie alle Veränderungen über GPS und notiert Standort, Datum und Uhrzeit. Apple hat die Funktion in aller Stille eingeführt. Wann man zur Arbeit fährt, wo man einen Morgenkaffee bestellt und wie lange man auf der Autobahn unterwegs ist. Das Ergebnis wird auf einer Landkarte deutlich abgebildet. „Beängstigend", urteilt der britische IT-Experte Professor Noel Sharkey, „der Traum eines jeden Scheidungsanwalts."

Die Daten in „Frequent Locations" sind nicht nur für eifersüchtige Ehegatten spannend. Auch für Arbeitgeber, Polizei oder eine autoritäre Staatsregierung.

Apple bietet zu unserer Sicherheit eine Reihe von Funktionen, die uns vor Diebstahl schützen sollen. Mit der Touch-ID können wir unser

Telefon gegen unbefugte Personen per Fingerabdruck sichern. Die einmalige Abbildung von bis zu zehn Fingern sichert die Zugangssperre und die Funktion wird automatisch mit dem Betriebssystem jedes iPhones installiert. Apple behauptet, die Daten würden nie ohne Genehmigung des Besitzers ein iPhone verlassen.[65]

Genaue Zahlen über die Nutzer, die die Fingerabdruckfunktion nutzen, sind unbekannt. Die Firma veröffentlicht sie nicht. Unter den vielen Milliarden verkauften iPhones dürften es nicht wenige sein. Es ist sogar denkbar, dass die Datenbanken des Privatkonzerns mehr Fingerabdrücke enthalten als die Verbrecherkartei des FBI.

Mithilfe von *iPhone-Suche* kann man, zum Beispiel, ein abhandengekommenes Handy orten. Dabei erhält Apple eine präzise Auskunft über den aktuellen Standort – was auch für Marketing-Profis nützlich wäre.

Oder für eifersüchtige Ehepartner.

Neben Fingerabdrücken verfolgt Apple noch andere Merkmale zur Identifizierung seiner User. Durch typische Handbewegungen beim Telefonieren – oder durch das Tippverhalten beim SMS-Schreiben – ergeben sich persönliche Profile, die so einmalig sind wie Fingerabdrücke.

Apples sprachgesteuerte Funktion *Siri* ist nicht sonderlich hilfreich. Aber sie ist lustig und wird von vielen Anwendern eingesetzt. *Siri* erkennt unsere Stimme und kann zur Identifizierung einer Person verwendet werden. Sie wird auch durch Künstliche Intelligenz unterstützt.

Das heißt, *Siri* lernt jeden Tag dazu.

Genauso wie beim SmartTV birgt auch *Siri* Gefahren. Ist das Mikrofon aktiviert, können sich Lauscher weltweit einhacken. Ein Smartphone ist tatsächlich ein Horchposten in der Hosentasche.

Auch ein anderes großes Unternehmen hat eine Sprachfunktion, die weltweit genutzt wird: Google.

Die meisten Daten werden allerdings nicht heimlich abgefischt. Sie kommen von uns – freiwillig und in großer Fülle.

Smartphone dumm gelaufen

Auch wer im Umgang mit seinen Privatdaten äußerste Sorgfalt walten lässt, wird von den mächtigen Maklern von Big Data erfasst, sortiert und ausgewertet. Allein der Besitz eines Smartphones kann für sie eine nützliche Aussage über Status und Einkommen des Besitzers liefern.

Rund 43 Millionen Deutsche sind Kunden in Online-Shops. Mit Tricks können Internet-Anbieter erkennen, welche von ihnen gut verdienen und welche nicht. Kunden werden nach dem Gerät bewertet, mit dem sie eingeloggt sind. Laut Verbraucherschutz Nordrhein-Westfalen zahlen Online-Kunden, die über Smartphone oder Tablet bestellen, erheblich höhere Preise. Wer ein teures Gerät besitzt – so die Annahme – hat mehr Geld zur Verfügung und wird weniger auf den Preis achten als der Besitzer eines alten PCs mit Festnetz-Anschluss.

Entsprechend werden die Preise angepasst.

Nach oben.[66]

Daten geben Rückschlüsse. Rückschlüsse werden von den Datengiganten dieser Welt angewandt. Die müssen nicht immer stimmen. Aber sie haben Folgen.

Alles kann gegen Sie verwendet werden

Die einfache Wahrheit ist: Wer seine Privatdaten ins Internet gibt – insbesondere in die Social Networks – gibt sich preis. Nicht nur Spionagedienste und Sicherheitsunternehmen können Ihre Bewegungen und Neigungen dort verfolgen. Jeder mit einem Grundverständnis von Computern kann es tun.

Keiner mag es, wenn Staaten oder Großkonzerne oder Privatpersonen uns ausspionieren. Aber so ist es in der Welt von heute. Daran muss man denken, bevor man etwas ins Internet stellt.

Alles, was Sie sagen, kann gegen Sie verwendet werden.

Social-Spionage-Medien

D ie meisten wissen, dass sie in Social Media mit Daten vorsichtig sein sollten. Die wenigsten sind es. Freiwillig füttern wir die Files von Big Data. Es beginnt mit Kleinigkeiten, belanglosen Mitteilungen an Facebook-Freunde. Wir sind stolz auf eine Urlaubsreise, einen Haarschnitt oder einen Hund. Sorglos tippen wir Namen und E-Mail ein, damit wir Zugang zu einem Computerspiel oder Blog-Info bekommen. Freudvoll machen wir unseren Standort zugänglich, denn nur so funktionieren Bahn-Buchungen und Jogging-App, Regenradar oder Routenplaner.

Der Facebook-Fotograf als Hilfssheriff

Mit jedem Wort, jedem Foto, jedem Video, das wir irgendwann mit der Speichertaste verewigen, wird ein Mosaikstein gelegt, der später zu einem umfassenden Persönlichkeitsprofil zusammengesetzt werden kann – von uns als Individuum. Oder als Teil einer minutiös definierten demografischen Zielgruppe.

Private Fotos, die man früher in Familienalben ablegte, werden heute gepostet. Damit sind sie für die Allgemeinheit zugänglich. Und zur Allgemeinheit gehört auch die Polizei, die Facebook-Fotos gern als Fahndungsfotos einsetzt. Die größten Profiler weltweit sind jedoch nicht Sicherheitsbehörden, die NSA oder das FBI, sondern Facebook.

Sockenpuppen in Social Networks

Aber Achtung!

Es gibt in den Social Networks viele falsche Profile, Geschäftemacher und Gauner, PR-Profis und Pädophile. Auch Regierungen sind fleißig dabei.

Es gibt Wesen mit Künstlicher Intelligenz bei Facebook, die sich als Menschen ausgeben. Aber keine sind. Gesteuert von ausgeklügelter und lernfähiger Software wirken sie realistisch. Aber auch wenn sie sich mit uns in Facebook anfreunden, sollten wir uns nicht täuschen lassen. Sie sind nicht unsere Freunde.

Solche Kreaturen werden von Nachrichtendiensten entwickelt.

„In Social Networks werden Verbrechen und Aufstände organisiert", erklärt Esti Peshin, Cyber-Chefin des Rüstungsunternehmens Israel Aerospace Industries IAI. „Deshalb ist die Überwachung für Behörden wichtig."[67]

IAI hat ein virtuelles Wesen mit Künstlicher Intelligenz entwickelt, das in Facebook und anderswo unterwegs ist. Das Wesen heißt *Conceptus*, tarnt sich aber unter freundlicheren Namen und kundschaftet mit frei erfundenen Profilen. Sein Auftrag ist nicht nur die Beobachtung. *Conceptus* soll auch manipulieren.

Im Hintergrund steht die Künstliche Intelligenz, die empfiehlt, „was und wie das virtuelle Wesen sagen soll und wem es einen Freundschaftsantrag zu senden hat", so Peshin. „Die Software lernt aus den Entscheidungen des Menschen und wird so immer besser. Das ist der wirklich coole Teil des Programms."

Seit 2011 ist auch das US-Verteidigungsministerium mit gefälschten Profilen im Internet unterwegs. Genannt „Sockenpuppen" nach den knuffigen Stofftieren in der Muppets-Show, sollen sie Propaganda und Desinformation von ihren Puppenspielern im Pentagon verbreiten.

Für ihre Entwicklung haben die US-Militärs einen Auftrag im ursprünglichen Wert von 2,76 Millionen Dollar an die kalifornische Firma Ntrepid vergeben. Seitdem ist das Programm auf über 200 Millionen Dollar angewachsen.

Sockenpuppen gehören zur „Operation Earnest Voice" (OEV), Bestandteil der psychologischen Kriegsführung gegen ISIS und Al Kaida. Sie soll Kämpfer und Sympathisanten im Internet verwirren. Sie sprechen Arabisch, Farsi, Urdu und Paschtu. Ein Operator soll in der Lage sein, bis zu zehn virtuelle Puppen zu verwalten.[68]

Künstliche Intelligenz soll die lernfähige Software ständig verbessern. Die KI erstellt gleichzeitig umfangreiche Profile von verdächtigen Personen. Diese Daten werden mit unzähligen weiteren Quellen fusioniert und von Künstlicher Intelligenz autark überwacht.

In einer öffentlichen Sitzung des US-Senats erklärte US-General James N. Mattis, seinerzeit Kommandeur von Centcom, das Programm sei als Gegenmaßnahme in der Cyberwelt entwickelt worden. „OEV soll Rekrutierung und Ausbildung von Selbstmordattentätern stören und extremistischer Propaganda entgegentreten."[69]

Facebook und die Geschlechter-Daten

Auch Privatunternehmen feilen mithilfe von Künstlicher Intelligenz ständig an ihren Datenmassen. Dabei geht es nicht um die Profile von Terroristen, sondern um Profitmaximierung. Je differenzierter die Daten, desto wertvoller.

Im Juli 2014 nahm Facebook Abschied von der binären Definition des Geschlechts. Seitdem werden Mitglieder nicht mehr gezwungen, zwischen „männlich" und „weiblich" zu entscheiden. Sie können ihr Geschlecht selber definieren.

Im Angebot stehen über sechzig verschiedene Geschlechtsoptionen, wie zum Beispiel „geschlechtslos", „genderqueer", „Femme", „Mann zu Frau", „Viertes Geschlecht", „Transgender", „Zwitter", „Butch", „Pangender" oder „Hermaphrodit".

Die Maßnahme wurde als großer Schritt in die moderne Liberalität gefeiert. In Deutschland wurden die Kategorien mit dem *Lesben- und Schwulenverband Deutschlands (LSVD)* abgestimmt. Die Interessenvertretung hat die Erweiterung der Geschlechtsdefinition einhellig begrüßt.

„Diversität lässt sich nicht mit einem Schema aus nur zwei Kategorien darstellen", sagt Axel Hochrein, Sprecher des Lesben- und Schwulenverbands (LSVD). „Facebook greift diese Notwendigkeit auf und setzt damit für soziale Netzwerke neue Standards. Gerade Verschiedenheiten im Genderausdruck brauchen angemessene Begrifflichkeiten."[70]

Der Schritt zeigt Verständnis für Menschen und ihre Empfindlichkeiten. Er war fortschrittlich. Er war politically correct. Und er brachte Facebook neue Fans aus der schwul-lesbischen Gemeinde.

Aber hinter der Maßnahme stecken womöglich auch handfeste Wirtschaftsinteressen. Vorher – so Simon Millner von Facebook Großbritannien – gab es keine Möglichkeit, Transsexuelle in Facebook gezielt anzusprechen. Jetzt geht das – für die Vermarktung von Produkten an diese Zielgruppe sicherlich ein sehr wertvolles Tool.[71] Facebook hat lange erkannt, dass Geld in der Kombination der Daten liegt.

Die Straßen-Spione

Seit dem 11. September 2001 weiß die Weltbevölkerung, dass ihre Bewegungen staatlich überwacht werden. Ob Flughafen oder Fernverkehr, Bahnhof oder Bus, Mietwagen oder Maut, Daten von Personen und ihren Reiserouten werden gesammelt und gespeichert, analysiert und auf unbestimmte Zeit festgehalten. Ob es uns gefällt oder nicht, Bewegungsprofile sind Staatssache.

„Folgen Sie dem Auto"

Im Kino rennt James Bond aus dem Flughafen, einem Bösewicht knapp hinterher. „Folgen Sie dem Auto", brüllt er dem Taxifahrer zu. Es folgt eine dramatische Jagd durch eine exotische Stadt.

Das war Fiktion.

Heute ist es Makulatur.

Autos werden in aller Stille verfolgt – per Navi-System und Satellit, Überwachungskameras und Peilsender. Niemand ist im Rückspiegel zu sehen. Die Verfolgung erfolgt aus der Ferne.

Neben den gängigen Navigations- und GPS-Systemen, die viele Bürger kennen, gibt es eine Vielzahl weniger bekannte Systeme, die jede Bewegung auf unseren Straßen erfassen.

Tricks an der Tanke

Für polizeiliche Fahnder und Nachrichtendienste sind Tankstellen attraktive Standorte zum Verfolgen von Fahrzeugen. Sie sind ein Nadelöhr, wo jeder hindurch muss. Früher oder später braucht ein Fahrzeug Sprit. Überwachungskameras können dort gestohlene Autos oder gesuchte Straftäter ausfindig machen, vor allem wenn die Bilder in Echtzeit an eine Polizeiwache gefunkt werden.

Steigt ein Täter nachts aus seinem Auto aus, ist er in dem Neonlicht der Tankstelle besser zu erkennen als hinter dem Steuer auf einer dunklen Autobahn. Mit Glück hinterlässt er an der Kasse weitere Spuren wie Kreditkarte, Fingerabdruck oder DNS.

In England ist die Polizei an Tankstellen-Überwachung derart interessiert, dass sie den Pächtern ein ungewöhnliches Angebot machte. Im Tausch gegen eine Kamera-Genehmigung bot sie kostenlos eine polizeiliche Überprüfung der Kundschaft. Ohne sein Wissen wird der ahnungslose Autofahrer behördlich auf Bonität überprüft. Die Daten erhält der Tankstellenpächter.[72]

Fahrzeug-Überwachung wird täglich umfassender. Fast jeder Neuwagen hat heute ein eingebautes Navi-System mit Funkkontakt zu einem zentralen Speicher. Außerdem werden Standortdaten häufig über das Smartphone weitergefunkt.

Die Black Box für das Auto

Seit Januar 2015 ist in den USA der Einbau einer *Black Box*, ähnlich wie bei Flugzeugen, bei allen Neuwagen Pflicht. Der Fahrtenschreiber, EDR („event data recorder") genannt, soll alle sicherheitsrelevanten Fahrdaten festhalten. Ähnlich wie bei den Piloten der großen Fluggesellschaften müssen sich nunmehr Autofahrer daran gewöhnen, dass nicht nur die Fahrstrecke, sondern alle Daten von Überwachungsinstrumenten festgehalten werden.

Hinzu kommt der – noch freiwillige – Trend zu Dashboard-Cams. Vorne durch die Windschutzscheibe wird eine lückenlose Videoaufzeichnung angefertigt. Die rechtliche Grundlage hierfür ist in Deutschland noch nicht geklärt.

Kombiniert mit GPS-Daten im Navigationssystem und im Handy sowie mit der externen Überwachung von CCTV-Kameras an Brücken und Kreuzungen, Tankstellen und Tunneleinfahrten, wird alles, was wir mit unserem privaten Fahrzeug unternehmen, Sache des öffentlichen Archivs.

Straßen-Spione

In Europa zählt die Maut-Überwachung zu solchen Systemen. Die Maut, europaweit noch im Aufbau, bietet eine attraktive Steuereinnahme für den Staat. Wenn die gebührenpflichtige Nutzung steigt, wächst auch der Bedarf an staatlicher Kontrolle. Mit Kamera und Kennzeichen wird damit bald der gesamte Fernverkehr auf Europas Autobahnen erfasst. Ein weiteres Thema für den Datenschutz.

In den USA ist die automatisierte Überwachung von Mautstellen seit Jahren Normalität. Videobilder werden an die zuständigen Behörden live durchgeschaltet. Autokennzeichen werden maschinell gelesen. Die Daten werden gespeichert. Ihre Verwendung bei polizeilichen Ermittlungen ist Routinesache.

In einer offenen Gesellschaft wird uns beigebracht, dass der Verlust an Grundrechten notwendig sei. Überwachungsmaßnahmen dienen unserer Sicherheit. Niemand hat uns aber informiert, dass auch Konzerne massiv dabei sind. Aus kommerziellen Gründen wollen sie wissen, wo wir sind, wohin wir fahren, wie und weshalb. Sie verfügen über diese Information, als sei es ihr Eigentum. Sie sammeln sie, speichern sie und verkaufen sie.

Und niemand schützt uns vor ihrer Neugierde.

Die Industrie mischt in dem Geschäft mit Fahrzeugdaten fleißig mit. Erfassung, Speicherung und Verkauf von Bewegungsprofilen ist ein profitables Geschäft. Immer mehr Firmen bauen auf eigene Kosten Fotoanlagen an Verkehrsknoten auf, die die Nummernschilder von allen vorbeifahrenden Autos festhalten. Die Auswertung wird gewinnbringend verkauft.

Käufer sind Mietwagen-Unternehmen und Speditionen, die sich über Fahrzeugrouten und Fahrerverhalten informieren wollen. Misstrauische Arbeitgeber und eifersüchtige Ehepartner sind auch dabei. Es sind aber vor allem die Strafverfolgungsbehörden, die diese Daten kaufen. Für die Kriminalpolizei sind Bewegungsprofile nämlich sehr nützlich. Damit kann sie verdächtige Personen in der Nähe eines Tatorts identifizieren, flüchtige Personen verfolgen oder ein Alibi widerlegen.

Für den Staat ist die Anschaffung solcher Überwachungsanlagen allerdings problematisch. Politisch ist sie häufig nicht durchsetzbar. Viel leichter kommt man an die Daten durch *Outsourcing*. Eine Privatfirma macht die Überwachung. Die Polizei kauft die Daten.

Die fotografierten Kennzeichen werden mithilfe einer Erkennungssoftware ausgewertet. Das Verfahren heißt *LPR* (*„license plate* *recognition").* Das System der Firma Vigilant Solutions, zum Beispiel, überprüft gleichzeitig Fahrzeughalter, Fahrgeschwindigkeit, Sicherheitsgurt und Lenkrad. Für Streifenwagen wird das System in einer fahrbaren Version angeboten.

In der kalifornischen Kleinstadt Sacramento hat Sergeant Kyle Hoertsch 27 Streifenwagen mit einem automatischen LPR-System ausgestattet. Innerhalb der ersten Stunden hatten seine Beamten 30 gestohlene Fahrzeuge wiedererlangt und 25 flüchtige Straftäter verhaftet.

Mit Datenschutz hapert es allerdings häufiger in den USA. Datenschützer der *Electronic Frontier Foundation* konnten eine Vielzahl von Kameras orten, die ihre Fotos live im Internet ausstrahlten – ohne Passwortschutz. Dazu gehörten Standorte von Waffengeschäften wie auch der Parkplatz einer studentischen Verbindung. Über das Suchportal Shodan waren die Überwachungsbilder zu finden. Veröffentlicht wurden nicht nur PKW–Kennzeichen, sondern ebenfalls die persönlichen Daten der Fahrzeughalter.[73]

Aller Voraussicht nach werden solche Daten auf unbegrenzte Zeit aufbewahrt. Bislang kümmert sich jedenfalls keine Behörde um die Löschung alter GPS-Aufenthalte oder Navi-Routen. Auch wenn ein Verbraucher seinen eigenen Speicher sorgfältig löscht, sind die Datenbestände womöglich über die Vernetzung längst woanders gelandet. Die beteiligten Unternehmen kostet der Speicherplatz so gut wie nichts. Außerdem: Es könnte sein, dass irgendwer irgendwann aus irgendeinem Grund diese Informationen braucht. Also werden sie gelagert.

Im nächsten James-Bond-Film könnte es daher heißen:

„Folgen Sie dem Auto vor zwei Monaten!“

Noch ist die Straßenüberwachung lückenhaft. Die Vernetzung der Systeme ist unvollständig, die Technologie nicht ausgereift. Wir werden auf der Straße nicht flächendeckend verfolgt. Noch nicht.

Aber die überwachten Gebiete breiten sich ständig aus. Die neuen Technologien werden ständig raffinierter, die Datenmassen ständig komplexer. Mithilfe der Künstlichen Intelligenz wird man in wenigen

Jahren über ausreichende Rechenleistung verfügen, um die enormen Datensätze auszuwerten und die Bewegungen von Fahrzeugen weit zurück in die Vergangenheit nachzuvollziehen.

Schon heute stellen sich aber Fragen nach Datenschutz und Verfassungsrecht. Unter welchen Umständen darf der Staat Einsicht in die Bewegungsprofile seiner Bürger erhalten? Was passiert, wenn die Polizei ein Verkehrsdelikt in den Fahrdaten entdeckt und nachträglich eine Strafanzeige stellen will?

Wie sieht's mit der Privatindustrie aus? Darf ein Versicherungsunternehmen uns die Leistung verweigern, nur weil es durch Fahrdaten ein Fehlverhalten nachweisen kann? Dürfen Versicherungsunternehmen Fahrerprofile mit den Daten erstellen und die Prämie bei erhöhtem Risiko verteuern?[74]

Die Zahl der ethischen Fragen, die durch flächendeckende Datenerfassung aufgeworfen werden, ist enorm. Deswegen verlangen Datenschützer, dass nur der rechtmäßige Besitzer eines Fahrzeuges über sein Fahrprofil verfügen sollte. Angesichts der vielzähligen Quellen – Mautüberwachung, Navi-Systeme, EDR, Tankstellenkameras, GPS, Knotenpunkt-Kameras und vieles mehr – dürfte es allerdings schwer sein, dieses Rechtsprinzip durchzusetzen. Starke Interessengruppen erheben auch Anspruch auf die Daten. Immer raffiniertere Software-Systeme verknüpfen sie miteinander – ohne Rücksicht auf die Herkunft.

Wie ein längst vergessener SMS-Text oder die launige Anmeldung bei einer Partnervermittlung können solche Fahrprofile noch Jahre später zu einem peinlichen Problem werden. Daten sind nicht vergänglich. Im Gegensatz zu einem Eintrag in das Verkehrsregister in Flensburg, der ein gesetzlich geregeltes Verfallsdatum hat, ist der Umgang mit Bewegungsprofilen größtenteils ungeregelt.

Und neue Daten fließen täglich hinzu.

„Folgen Sie allen Autos!"

Während James Bond im Film einen einzelnen Wagen mit seinem Taxi durch die Stadt jagte, kann die moderne Welt mithilfe Künstlicher Intelligenz alle Fahrzeuge gleichzeitig verfolgen.

Oder fast alle.

Rund um die Uhr.

Rund um die Welt.

Dies gilt keineswegs nur für Privatautos. Speditionen beobachten die Fahrten ihrer Flotten quer durch Europa mit Fahrzeugortung. Sie wollen genau wissen, welche Ware wie lange wohin unterwegs ist. Ein kleiner Umweg, eine winzige Verspätung, eine unbedeutende Kaffeepause kann den Unterschied zwischen Gewinn und Verlust bedeuten.

In die Spedition gefunkt werden Route, Geschwindigkeit, Ladung, Reifendruck, Tankfüllstand, Motoren-Wartung und Thermostat.[75] Einbruch-Alarm und Container-Ortung schützen vor Diebstahl. Automatische Arbeitszeiterfassung wacht über die Mitarbeiter. In Gegenden, wo GSM-Mobilfunknetze nicht zur Verfügung stehen, wird die Überwachung über INMARSAT fortgesetzt.

Für den Fahrer kann dies allerdings den gläsernen Arbeitstag bedeuten. Seine Route, seine Arbeitszeit, sogar seine Pinkelpausen werden auf eine große Leinwand in der Firmenzentrale projiziert – und liegen zum späteren Abruf auf der Festplatte.

Hinter dem eZaun

Überwachung ist gut, denkt manch ein Arbeitgeber.

Kontrolle ist besser.

Moderne Spediteure müssen ihre Aufsicht nicht auf passive Beobachtung beschränken. Sie können, wenn sie wollen, auch im Geschehen mitmischen. Mit der sogenannten *eZaun-Technology* („GeoFencing") bestimmt man in der Zentrale, wo der Fuhrpark hinreisen darf.

Und wo nicht.

Auf Landkarten im In- und Ausland kann der Spediteur genehmigte Sektoren definieren und mit einer elektronischen Grenze umzäunen. Innerhalb dieses *eZauns* kann ein Fahrer fahren, wohin er will. Verlässt sein Fahrzeug das erlaubte Areal, wird in der Zentrale ein Alarm ausgelöst.

Oder der Motor ausgeschaltet.

Spionierende Straßenlaternen

Smarte Technologien vernetzen sich immer mehr. Sie spielen eine immer größere Rolle in der Protokollierung unseres täglichen Lebens. Auch im Zivilleben.

Ein Beispiel ist die gewöhnliche Straßenlaterne.

Straßenlaternen sind näher am Geschehen als etwa eine hoch fliegende Drohne. Und sie können viel mehr als bloß eine Straße zu erleuchten. Das Lichtsensor-Netzwerk der US-Firma Sensity Systems kann zum Beispiel eine ganze Straße diskret überwachen.*

Für einen Aufpreis von 100 Euro liefert die Firma mit jeder LED-Leuchte ein zusätzliches Sensorpaket, das Windgeschwindigkeit und Umweltverschmutzung, seismografische Messungen und menschliche Bewegungen erfassen kann. Rohvideos werden von smarten Chips ausgewertet, Meldungen über Parkplatzverfügbarkeit, Schneetiefe oder Verkehrslagen weitergeleitet. Alle Daten sind mit Sensorik, einem Hochleistungsnetzwerk, einer Cloud und einem Analyse-System verkoppelt. Die programmierte Intelligenz des Systems wird auf die einzelnen Straßenlaternen aufgeteilt.[76]

In der Kamera erfolgt die erste Auswertung. Danach untersucht intelligente Software die Videoaufnahmen nach Warnsignalen – verdächtige Verhaltensmuster, registrierte Gesichter, gestohlene Kennzeichen. Warnungen werden archiviert und weitergeleitet.

„Flughäfen, Stadtverwaltungen und große Handelsketten suchen starke Sicherheitslösungen, die automatisierte Mitteilungen an Mitarbeiter und Polizei verschicken", erklärt Sensitivity-CEO Bill Graham. „Dafür braucht man intelligente Videolösungen und Sensorik."

Ähnlich den autarken Tennisball-Sensoren, die Schlachtfelder in Irak und Afghanistan überwachen, könnten ferngesteuerte Sensoren an zivilen Highways hilfreich sein. Das zumindest dachten einige rechtskonservative Stadtplaner. In einem Fachblatt der Rüstungsindustrie schlugen sie vor, die Militärtechnologie in Großstädten aufzubauen.

„Gestreut entlang Straßen und Waldwegen könnten solche Sensoren über alles berichten – Fahrzeugbewegungen, Sprengstoffspuren,

---

* Light Sensory Network (LSN) von Sensitivity Systems, Sunnyvale, Kalifornien

Privatunterhaltungen. Sie könnten Aussehen, Klang, Gewicht, Temperatur, sogar den Geruch von allen Objekten in der Umgebung melden."[77]

Glücklicherweise hat der Vorschlag wenig Unterstützung bekommen.

Es gibt aber andere Hightech-Spähgeräte, die Stadtplaner im Zivilleben gern hätten.

Aus der Vogelperspektive

Sehen ohne gesehen zu werden ist der Wunschtraum eines jeden Spions. In den Jahren des Kalten Krieges verwirklichte man ihn im Weltall. Die besten Augen hatten die legendären KH-11 Keyhole-Satelliten der NSA. Ihre Hochleistungsteleskope waren stark. Sie bildeten die Grundlage für das spätere Weltraumteleskop Hubble. Aus der Umlaufbahn konnten sie große Details in fernen Ländern gefahrlos ausspähen – bis hin zu Autokennzeichen auf ausländischen Straßen.*

Der Kalte Krieg ist aber lange her. Außerdem hatten Spionagesatelliten viele Schwächen. Durch ihre Umlaufbahn war der Aufenthalt über dem Zielgebiet nur kurz, bevor sie weiter um die Erde reisen mussten. Die Bildauflösung – für die damalige Zeit sehr hoch – war wegen der großen Entfernung immer noch nicht optimal. Extrem teuer waren sie auch.

Moderne Drohnen, die als Waffensysteme extrem effektiv sind, haben eine schwache Sicht. Nach vorne schaut eine Weitwinkel-Kamera, mit der sich ein Pilot orientieren kann. Sie liefert aber keinerlei Details. Nach unten schaut eine hochauflösende Teleoptik. Die kann zwar Personen und Fahrzeuge klar ausmachen. Das Blickfeld ist aber extrem schmal. US-Drohnenpiloten haben es gegenüber dem Autor als „Blick durch einen Strohhalm" beschrieben.

Also beschloss man, die beiden Systeme zu kombinieren.

---

* Die Keyhole-Satellitenserie wurde in den 70er-Jahren vom National Reconnaissance Office (NRO) betrieben.

Sehen mit Argusaugen

In ihrer Ausschreibung wünschte sich die DARPA – der Forschungsarm des Pentagons – eine neuartige Überwachungsdrohne mit neuester Technik. Wichtig waren ein variables Blickfeld (Zoom), erheblich höhere Auflösung und zahlreiche Kamerawinkel. Es sollte ein Spionage-Paket für die Predator-Drohne entwickelt werden. Das Projekt bekam den Namen ARGUS, nach einem Riesen aus der griechischen Mythologie.*

Der Riese hatte einhundert Augen. Im Auftrag der Göttin Hera sollte er damit Zeus überwachen und dafür sorgen, dass er nicht fremdgeht. Argus war dafür gut ausgestattet. Von seinen hundert Augen schlief jeweils nur die Hälfte. Der Rest blieb immer wachsam.

Das ARGUS-Wachprogramm des Pentagons verfügt sogar über 130 Augen, einzelne Kameras, deren Bilder zu einem gigantischen Mosaikvideo zusammengesetzt werden können. Und im Gegensatz zum Keyhole-Satelliten ist ARGUS immer wachsam.

Aus einer Flughöhe von 6.000 Metern ist ARGUS in der Lage, 40 Quadratkilometer im Auge zu behalten. Die verschiedenen Kameras können einzeln gesteuert werden. Seine Zoom-Funktion erfasst Details bis zu einer Größe von 15 Zentimetern. Die Kameras können Dutzende von Menschen gleichzeitig beobachten. Die Nachtsicht-Optik kann einen Fußgänger in der Dunkelheit verfolgen. Ist eine Gesichtserkennung wegen der Vogelperspektive schwierig, kann ARGUS eine Identifizierung über die Gangart eines Menschen vornehmen. Personen und Fahrzeuge werden mit gelben Nummern markiert und verfolgt.[78]

Die Datenmassen eines solchen Systems sind beträchtlich. Nach Berechnungen des Lawrence Livermore Laboratory erzeugt ARGUS bei 1,8 Milliarden Pixeln pro Bild und 12 Bildern pro Sekunde eine Datenmenge von 600 Gigabits in der Sekunde[79]. Daraus werden 6 Petabytes (6.000 Terabytes) an Videodaten täglich. Auch wenn die Prozessorleistung zwischen Bordcomputern in der Drohne und der Bodenstation aufgeteilt wird, bleibt unklar, wie eine drahtlose Übertragung funktionieren kann.

---

* ARGUS steht für „Autonomous Real-Time Ground Ubiquitous Surveillance". Die Variante ARGUS-IR verfügt außerdem über Infrarot.

Literaturhinweise auf ARGUS-Überwachung sind nicht nur in der militärischen Fachliteratur zu finden. Auch in den Fachblättern von Polizei und Privatfirmen wird ihre potenzielle Anwendung diskutiert. Es überrascht nicht, dass auch die zivile Strafverfolgung an einem solchen System interessiert ist. Ganz gleich, ob in der Wüste oder in der Großstadt, ihre Ausspähungsfähigkeiten sind attraktiv.

Noch sind Supersysteme wie ARGUS für die Ortspolizei zu kompliziert – oder zu teuer. Die Überwachung unserer Gesellschaft ist noch nicht flächendeckend.

Aber die Erfassung wird immer engmaschiger.

Kinder und Container

V iele Hightech-Tools, die heute von Spionage und Großkonzernen eingesetzt werden, wurden ursprünglich nicht für Menschen entwickelt, sondern für Waren. So ist es mit der RFID-Technologie.

In der Logistik-Industrie wird sie heute als drahtloses Smart Tool eingesetzt, um Waren und Güter auf ihren verschlungenen Routen rund um die Welt zu dokumentieren. Sie hilft vor allem bei komplizierten logistischen Aufgaben, etwa bei der Beladung von Containerschiffen. Wenn sich der Kranführer im Hafen an sein Tetris-Spiel mit dem Stapeln und Sortieren der Container macht, helfen ihm die kleinen klugen Chips, in der unübersichtlichen Menge einen Sinn zu erkennen.

Tetris mit Containern

Die kleinen Smartchips werden nicht nur in die Holzkisten und Container eingepflanzt, sondern direkt in das Einzelprodukt. Ob Reifen oder Röntgengerät, Toaster oder Teflonpfanne – so kann der Weg des Teils rund um die Welt verfolgt werden.

Und Diebstahl erschwert werden.

Protokolle mit RFID-Chips haben auch eine vielversprechende Nutzung in der Lebensmittelüberwachung. Damit kann die Herkunft einer Rinderhälfte vom Hof bis zur Fleischtheke rekonstruiert werden, zum Beispiel bei Keimbefall.

Ein technisch gewiefter Gastronom kann Herkunft, Transportweg und möglicherweise Impfung und Futterplan eines einzelnen Tieres erkennen. Ist das Fleisch verdorben, kann man den Kühlungsausfall orten, ganz gleich ob im Schiff oder im Supermarkt.

Es geht aber nicht nur um Fleisch. In Kombination mit GPS und Elektronikkassen können RFID-Chips auch benutzt werden, um den Umsatz, die Pausen und sogar das Laufpensum einer Kellnerin zu kontrollieren.

Theoretisch kann es passieren, dass solche Daten, wenn sie erst mal erfasst wurden, nie wieder gelöscht werden. Die Leistung – und Laufstrecke – der Kellnerin würde sie ein Leben lang verfolgen.

In die Hufe gekommen

Die Verwendung von RFID-Chips zur elektronischen Überwachung von Lebewesen ist nicht neu. Besonders bei wertvollen Tieren ist der Aufwand sinnvoll. Bei Rennpferden werden Smartchips implantiert, die Auskunft über Eigentümer, Stammbaum und aktuellen Impfschutz enthalten. Grenzüberschreitend werden sie auch eingesetzt, um Quarantäne-Fristen zu protokollieren.

In der Landwirtschaft verwenden sie die Besitzer von Rinderherden. Läuft ein Tier durch ein Tor, wird es durch ein RFID-Signal identifiziert, gewogen und protokolliert – für die Rancher eine große Hilfe.[80]

An Menschen wurden RFID-Chips zum ersten Mal bei Senioren ausprobiert, die an Demenz leiden. In Teststudien haben ärztliche Betreuer siebzig Patienten Smartchips eingepflanzt. Obwohl die Reichweite nicht groß war, haben die Funksignale geholfen, umherirrende Kranke auf dem Klinikgelände zu orten und in die Sicherheit ihrer Wohnanlage zurückzuführen.[81]

Menschen auf den Fersen

Eine Sicherheitsfirma in Ohio ließ RFID-Implantate unter die Haut von zwei Mitarbeitern stechen. Sie sollten als automatische Eingangsidentifikation dienen. Obwohl das Programm experimentell war – und freiwillig – rief es US-Datenschützer auf den Plan. Wegen ernsthafter Bedenken um die Integrität des menschlichen Körpers wurde das Programm eingestellt.[82]

Das Verfahren löste landesweite Diskussionen aus. Einige Politiker regten an, eine RFID-Pflicht für alle US-Bürger einzuführen.

Eine Zeit lang wurden die Smartchips vom deutschen und vom US-amerikanischen Staat in Reisedokumente eingeschweißt. Sie sollten die Identitätskontrollen an Flughäfen beschleunigen. Es stellte sich jedoch heraus, dass die RFID-Radiosignale auch aus größerer Entfernung empfangen werden konnten – womöglich von den falschen Menschen. Die amerikanischen Chips wurden wieder aus den Reisepässen entfernt.

In Deutschland sind sie noch drin.

Drahtlose Daten an deutschen Grenzen

Als der Bundestag im November 2010 einen neuen Personalausweis im Scheckkartenformat einführte, war die RFID-Technologie ein wichtiger Teil des Sicherheitskonzepts. Unter der Plastikschicht – oben rechts und kaum sichtbar – liegt ein winziger 13-Megahertz-Chip, der es in sich hat. Dort werden die kompletten Passdaten des deutschen Inhabers gespeichert, inklusive biometrischer Einzelheiten zur Person wie Lichtbild oder Fingerabdruck.

Der verschlüsselte Chip funktioniert kontaktlos und kann, zum Beispiel bei Grenzkontrollen, aus einer Entfernung von zwei bis fünf Metern gelesen werden. Dazu benötigt man behördliche Spezialgeräte.

Für den Ausweis-Inhaber ist der Inhalt am privaten PC einsehbar. Er braucht ein Lesegerät und eine persönliche PIN-Nummer. Der Staat braucht keine PIN.

Unternehmen wollen mit dem Chip ihr Personal im Auge haben. Der Internet-Handel will ihn, um bargeldlose Geldzahlungen abzuwickeln.[83]

Die Bundesregierung versichert, ihr Verfahren mit dem neuen Personalausweis sei absolut sicher. Kritiker sind skeptisch. Protestgruppen haben eine Gebrauchsanweisung in YouTube veröffentlicht, wie man den Perso-Chip in der heimischen Mikrowelle unschädlich machen kann.[84]

Einige Forscher und diverse Technikfreaks haben RFID-Chips im Selbstversuch in die eigenen Körper einpflanzen lassen. Pfiffige Nachtklub-Besitzer setzten sie als PR-Gag ein. Jeder Gast, der freiwillig einen Chip implantieren ließ, erhielt freien Eintritt und einen Drink.

Das große Geschäft witterten Herstellerfirmen allerdings bei Kindern.

Schnüffeln auf dem Schulhof

Schüler-Überwachung mit RFID-Technologie ist heute noch ungewöhnlich. Sie ist aber nicht neu. Bereits im Jahr 2010 hatte eine Vorschule in Kalifornien ein Programm gestartet, bei dem RFID-Chips in Schülerkleidung eingenäht wurden.

Minderjährige sind keine mündigen Staatsbürger. Im konservativen US-Bundesstaat Texas wollte man ein wachsames Auge auf ihre

Aktivitäten haben. An der John Jay High School in San Antonio führte man deshalb eine RFID-Pflicht ein. Jeder Schüler erhielt einen Ausweis mit eingebettetem Chip. Es war Pflicht, ihn stets bei sich führen. Elftklässlerin Andrea Hernandez sah darin eine Verletzung ihrer Grundrechte. Als sie das Tragen des Schülerausweises verweigerte, wurde sie von der Schule suspendiert. Hernandez reichte Klage ein.[85]

Eigentlich ging es bei dem umstrittenen Schülerausweis nicht um die Aufsichtspflicht, sondern um Geld. Die Finanzausstattung der texanischen Schule war mit der Zahl anwesender Schüler verknüpft. Fehlte ein Schüler beim Morgenappell, erhielt die Schule für dieses Kind kein Geld. Mit der RFID-Überwachung wollte der Rektor die Anwesenheit seiner Schüler belegen können.

Die Schule gab schließlich die umstrittene Praxis auf. Aber ganz ohne Überwachung wird die Schülerin trotzdem nicht sein. Die Schulleitung hat sich für eine andere Technologie entschieden. Sie ließ 200 CCTV-Überwachungskameras auf dem Gelände installieren.

Inzwischen hat sich herausgestellt, dass der RFID-Chip nicht die beste Technologie für die Kontrolle von Kindern ist.

Das dicke Geschäft liegt woanders.

Die Verfolgung von Obdachlosen

In Dänemark leben zwischen 10.000 und 15.000 Obdachlose auf der Straße. Die Lebensgewohnheiten dieser Menschen sind für Sozialämter und Wohlfahrt schwer zu durchschauen. Viele von ihnen haben Schulden. Einige haben psychische Störungen oder fette Akten bei der Polizei. Fragen nach ihren Lebensumständen beantworten sie zögernd, verwirrt, häufig überhaupt nicht.

Die Stadt Odense hat sich eine Lösung ausgedacht – elektronische Überwachung. In Odense wurde eine Gruppe von Obdachlosen mit GPS-Chips ausgestattet. Wege und Aufenthaltsorte der freiwilligen Gruppe sollten über zwei Wochen verfolgt und dokumentiert werden.

„Das Ziel ist es, möglichst viel über das Leben der Obdachlosen zu erfahren," sagt Projektleiter Tom Roenning. „Wir wollen wissen, wohin sie gehen, wann sie dorthin gehen, wie lange sie bleiben." Mit den

gewonnenen Kenntnissen will der Sozialarbeiter Sitzbänke und Suppen-
küchen, Schlafstätten und Straßenbahnhaltestellen besser organisieren.
Sagt er.

„Indem wir die bevorzugten Plätze und den Tagesrhythmus woh-
nungsloser Menschen kennen, können wir unsere sozialen Hilfsleis-
tungen verbessern", erklärt Roenning.[86]
Mithilfe der GPS-Chips werden alle Aktivitäten der Obdachlosen
räumlich und zeitlich auf großen Landkarten festgehalten. Die Überwachung ist freiwillig. Teilnehmer werden täglich mit drei warmen
Mahlzeiten für ihre Mitwirkung belohnt. Doch Kritiker finden die
staatliche Verfolgung von hilfsbedürftigen Menschen unheimlich.

Und bedenklich.

Die gesammelten Daten sind sicherlich auch für die Polizei interessant.

Viele Pilotprogramme in Sachen Überwachung werden am Anfang
mit edlen Motiven begründet: Sorge um verwirrte Alzheimer-Kranke
in Kliniken, verlaufene Kinder in Disneyland, gefährdete Jugendliche
im Internet. Sind die Apparate installiert, die ersten Daten gesammelt,
ist der Weg zu einer unfreiwilligen – freiheitsraubenden – Überwachung nicht weit.

Mit jedem neuen System, jedem Sensor, jeder Kamera, jedem Speicher bewegt sich unsere Gesellschaft näher an die totale Überwachung.
Es gibt immer weniger Orte, an denen man sich heute noch unbeobachtet fühlt.

In der eigenen Wohnung womöglich.

Im Fahrstuhl vielleicht.

Augen im Aufzug

Fahrstühle gehören zu den Orten, an denen wir uns sicher fühlen. Allein in der Kabine können wir private Dinge tun wie die Frisur prüfen, mit dem Partner knutschen oder in aller Ruhe in der Nase popeln. Dort sind wir ungestört und unbeobachtet.

So fühlte sich der amerikanische Profi-Footballer Ray Rice am 15. Februar 2014. Er befand sich im Fahrstuhl des Revel Casinos in Atlantic City. Mit seiner Verlobten hatte er Ärger. Alkohol war im Spiel. Rice war mächtig sauer.

Der Footballer, Halfback bei den Baltimore Ravens, nutzte die vermeintliche Abgeschiedenheit des Aufzugs, um seiner Verlobten Janaych Palmer die Meinung zu sagen.

Mit der Faust.

Mit einem kräftigen linken Haken schlug der 220-Pfund-Athlet seine Lady k.o. und schleppte ihren bewusstlosen Körper aus dem Fahrstuhl.

Mit dem Sicherheitspersonal des Kasinos – und einem Bündel Dollarscheine – wäre Rice möglicherweise klargekommen. Aber es gab eine Überwachungskamera im Fahrstuhl, eine Aufzeichnung in der Kasino-Zentrale und eine undichte Stelle. Irgendjemand hat die Bilder an die Social-Media-Gossip-Website TTT verkauft.

Über Nacht wurde das Video ein viraler Schlager. Millionen von Menschen konnten den Vorfall betrachten und ihr Urteil fällen. Ein Shitstorm gegen den Football-Spieler folgte.

Unter dem öffentlichen Druck wurde Ray Rice von seinem Team entlassen und von der Profiliga der NFL auf unbegrenzte Zeit suspendiert.

Drei Prostituierte in Las Vegas haben auf ähnliche Weise die Kameras in Fahrstühlen unterschätzt. Nach einer Sex-Session mit zwei indischen Touristen klauten sie deren Rolex-Uhren. Wert: 12.000 Euro. Als sie von den Indern erwischt wurden, flüchteten sie schnell aus dem Zimmer.

Im Fahrstuhl fühlten sich die Liebesdamen unbeobachtet. Sie hoben ihre Röcke und versteckten ihre Beute in ihren Geschlechtsteilen. Ihr

Verhalten, von der Überwachungskamera im Fahrstuhl erfasst, weckte die Aufmerksamkeit des Sicherheitspersonals.

Auch beruflich.

Die Diebinnen wurden in der Hotellobby verhaftet.[87]

Ein Fahrstuhl wurde auch dem Top-Manager Desmond Hague zum Verhängnis. Er meinte, er sei darin unbeobachtet. Der Catering-Boss – und mehrfache Millionär – betreute gerade den Hund eines Nachbarn. Der Hund, eine süße Dobermann-Welpe namens „Sade", war ungeduldig.

Der Millionär wurde sauer.

Er trat hemmungslos auf den kleinen Welpen ein, zog brutal an der Leine und schlug mehrfach mit der Faust auf das Tier ein. Als die Türen in der Lobby aufgingen, verließ Desmond Hague den Fahrstuhl und vergaß den Vorfall.

Zunächst.

Anonym postete ein Mitarbeiter des Wohnhauses die Bilder im Internet. Die Tierquälerei war deutlich erkennbar. Mit lautstarker Empörung reagierte die Netz-Gemeinde. Tierschützer der SPCA (Society for the Prevention of Cruelty to Animals) leiteten ein Strafverfahren gegen den Top-Manager ein. Social-Media-Fans riefen zum Boykott seiner Catering-Firma auf.[88]

Zunächst meinte der Millionär, er könne mit einer Entschuldigung davonkommen. „Es war völlig untypisch für mich", erklärte er in einer öffentlichen Stellungnahme. „Ich entschuldige mich in aller Form."

Er unterschätze die Macht der Internet-Meute. Vom Aufsichtsrat seiner Firma wurde er zu einer Spende von 100.000 Euro verdonnert. Mit dem Geld wurde eine Tierschutz-Stiftung gegründet, die den Namen des kleinen Dobermann-Welpen „Sade" trägt.[89]

Das reichte nicht.

Der Shitstorm dauerte an.

Der Schaden für die Firma wurde unabsehbar.

Am 2. September 2014 trat Desmond Hague von seinem Posten als Vorstandsvorsitzender zurück. In einer Erklärung distanzierte sich das Unternehmen von seinem ehemaligen CEO.

„Wir wollen betonen, dass wir Tierquälerei weder billigen noch dulden."[90]

Pranger statt Prozess

In allen drei Fällen war die Beweislage klar.

Belegt durch Videobilder aus Fahrstühlen.

Die Beschuldigten befanden sich am Pranger statt im Prozess. Die Community hatte gesprochen. Das Urteil lautete „schuldig!". Shitstorm statt Strafgesetzbuch, ohne Verteidigung, ohne Verhandlung, ohne Revision.

Ob es sich um Gerechtigkeit im Sinne des Gesetzbuchs handelt oder bloß um die Macht des Mobs, die Meinungsmacher in Social Media sind mächtig. Ihre Shitstorms werden nicht nur von Stars und Sternchen gefürchtet, sondern auch von großen Konzernen und mächtigen Politikern.

Für die Privatwirtschaft können die Folgen fatal sein. Viele Firmen überlegen, wie sie sich zur Wehr setzen können. Um das Phänomen Shitstorm ist eine ganze Industrie entstanden – Medien-Manipulatoren, die boshafte Gerüchte gegen die Konkurrenz streuen oder Facebook-Freunde zu Zehntausenden generieren. Fast Voodoo-ähnlich sind ihre Methoden.

Man mag das Phänomen begrüßen oder verurteilen.

Ignorieren kann man es nicht.

Es ist das neue Justizsystem unserer Zeit.

Und Überwachungskameras sind seine Wächter.

Die unauffälligen Augen von CCTV

Der Fahrstuhl ist nur ein Beispiel für Standorte, an denen wir Überwachung nicht erwarten – und meist nicht wahrnehmen. In Bahnwaggons oder an Bankautomaten, am Kaufhaus-Ausgang oder an der Kinokasse werden wir unaufhaltsam ausgespäht. Bei einer Urlaubsreise ist es theoretisch denkbar, dass man von der ersten Bahnfahrt bis zum Flughafen-Check-in, von der Taxifahrt im Ausland bis zum Foyer des Zielhotels, von Überwachungskameras lückenlos erfasst wird.

Besonders Touristen in der britischen Hauptstadt sollten sich vor den unauffälligen Elektronik-Augen in Acht nehmen. London ist für seine besonders großflächige CCTV-Überwachung (*Closed-Circuit Television*) bekannt. Seit den 90er-Jahren wurde sie dort schnell und systematisch ausgebaut. Heute schätzt man die Gesamtzahl der Kameras in Großbritannien auf knapp 5 Millionen. Das bedeutet eine Kamera auf 14 britische Staatsbürger. Bei der Dichte der Bevölkerung in der Londoner Innenstadt muss jeder Mensch damit rechnen, dass er im Verlauf eines normalen Tages von über 300 Kameras erfasst wird.

New York, früher für liberale Politik und lockere Bürgerrechte bekannt, ist heute eine Hauptstadt der Ausspähung. Nach den Terror-Attacken vom 11. September hat die Stadt mit dem Ausbau eines umfangreichen Überwachungssystems begonnen. Zum Beispiel beobachtet das *Domain Awareness System* die Straßen der Großstadt heute mit über 3.000 vernetzten CCTV-Kameras. Das System kann eine Einzelperson von Standort zu Standort verfolgen.

Domain Awareness wurde von der New Yorker Polizei in enger Zusammenarbeit mit Microsoft entwickelt. Neben der reinen Beobachtung von Personen kann es Größe und Form eines Koffers oder in Sekundenschnelle Einzelpersonen in der Menge orten.

Ist ein Verdächtiger erst identifiziert – meist über die automatische Gesichtserkennung –, kann seine Polizeiakte abgerufen werden, inklusive Festnahmen, Notrufen in Verbindung mit seiner Person sowie ungeklärten Verbrechen in seiner Nachbarschaft. Ergänzend kann die Polizei Landkarten mit Verbrechensschwerpunkten erstellen, das Auto eines Verdächtigen orten und seine Fahrstrecke aus vergangenen Tagen zurückverfolgen.[91]

Mobile Versionen von *Domain Awareness* wurden für Hubschrauber und Hafenpolizei entwickelt, eine Miniversion sogar für die Gürtelschnalle von Streifenpolizisten. Die Geräte enthalten Sensoren, mit denen sie die geringsten Mengen von nuklearen oder chemischen Kampfstoffen aufspüren können.[92]

In keiner Großstadt ist man heute vor den versteckten Kameras der Überwachungsgesellschaft sicher. Neben den unzähligen Methoden und Möglichkeiten des Staates gibt es unzählige weitere in der Privatwirtschaft.

Die würde die Polizei gern anzapfen. Fahnder wissen, dass eine flächendeckende Überwachung mit staatlichen Mitteln nicht zu leisten ist. Beim Attentat auf den Bostoner Marathon sammelte die Polizei Hunderte von privaten Smartphones ein und wertete den Fundus an Fotos für ihre Fahndung aus. Jeder Handy-Knipser in Boston wurde zum Staatsfotografen. Das war jedoch eine Notstandssituation, so die Begründung.

Im Alltag ist es komplizierter.

In jedem *Tatort* sehen wir Kripobeamte, die bedenkenlos in den Smartphones von Verdächtigen die Anruflisten und Privatfotos durchblättern. Sogar Privatbilder, die vom Besitzer aus persönlichen Gründen gelöscht wurden, werden mit forensischen Tricks wiederhergestellt und als Beweismittel verwendet. Außerdem werden ständig die Überwachungsbilder von Kaufhauskameras und Geldautomaten in die TV-Ermittlungen einbezogen. Eigentlich gehören die Bilder privatrechtlich den Kaufhäusern und Banken, wo die Kameras stehen.

Viele mögen solche fragwürdigen Methoden akzeptieren, wenn sie zur Auffindung eines gestohlenen Autos oder eines vermissten Kindes führen. Bei der Überwachung von politischen Protesten oder der Festnahme eines illegalen Einwanderers ist ein solcher Konsens sicher nicht vorhanden.

Die Grenzen sind fließend, die Gesetze unklar. Da kann ein Foto bei Facebook schnell zu einem Fahndungsfoto werden, der Gang zum Geldautomaten schnell zu einer Gegenüberstellung bei der Kripo.

Vom Geldautomaten zur Gegenüberstellung

Viele bei der Polizei wünschen sich eine Gleichschaltung von privaten und polizeilichen Überwachungskameras. Ein Verdächtiger könnte dann per Live-Schaltung quer durch die Stadt beschattet werden. Ähnliches strebten die Strafverfolgungsbehörden in England mit ihren Direktverbindungen zu Tankstellen-Kameras an.

Das Problem ist, dass die Vernetzung privater und polizeilicher Überwachung eine weitaus größere Gefahr für den Datenschutz darstellt als die bloße Datenspeicherung. Juristisch ist es ein großer Unterschied, ob ein unbescholtener Staatsbürger von einer Kamera zufällig erfasst wird, oder von der Polizei per Live-Schaltung aktiv durch die Stadt verfolgt wird. Bestünden keine Grenzen, wären viele Grundrechte Makulatur. Alle Aufnahmen werden Teil eines dauerhaften, alltäglichen Fahndungsprozesses, an dem die Bürger unfreiwillig teilnehmen.

Großes Kino.

Und wir sind die Statisten.

Abschied vom Privatleben

Unsere Vorstellung von einem Privatleben war ohnehin eine Illusion, auch früher. Gern wollten wir daran festhalten. Menschen brauchen Illusionen. Aber schon zu Zeiten vor der NSA-Affäre wussten wir, dass der Schutz unserer intimsten Geheimnisse Glückssache war. Durch dumme Zufälle konnten sie immer auffliegen.

Ehebruch konnte durch einen Nachbarn in einem Hotelfoyer auffliegen, Schuleschwänzen durch einen Lehrer im Einkaufszentrum, eine heimliche Job-Bewerbung durch einen neugierigen Arbeitskollegen. Es waren unsere Mitmenschen, die früher das Privatleben gefährdeten, Zufälle, überschaubare Risiken.

Seit der NSA-Affäre wissen wir jedoch, dass staatliche Beobachtung flächendeckend ist, auch für die Privatsphäre. Es sind nicht mehr die Zufälle. Das Ganze hat System. Das gilt nicht nur für Vorfälle, die gerade jetzt passieren, sondern auch für Verfehlungen, die Jahrzehnte zurückliegen, für Taten, die wir bereuen, von denen wir wünschten, wir könnten sie ungeschehen machen. Sie werden für die Ewigkeit festgehalten, abrufbar, unlöschbar. Geister, die wir nie loswerden.

Menschen vergessen, Festplatten nicht.

Unser Privatleben unterliegt nicht mehr der eigenen Kontrolle. Ob Datenmakler oder Wahlkämpfer, Suchmaschine oder Spionagedienst, fremde Mächte haben es an sich gerissen. Die Vorstellung, meine Daten gehören mir, ist Geschichte. Meine Daten sind längst weg, abgesaugt, abgespeichert, ausgetauscht oder irgendwohin verkauft. Auch wenn ich die Speicherorte und Datenmakler ausfindig machen könnte, wahrscheinlich würde niemand mehr Quelle und Eigner der Daten identifizieren können. Wie kamen sie an die Daten heran? Eine Kundenkarte? Eine Online-Bestellung? Der einfache Klick auf die Geschäftsbedingungen irgendeiner Software?

Das ist irrelevant. Das Milliardengeschäft ist gelaufen. Jetzt sind Trillionen von Bits und Bytes der Einzeldaten in der Obhut von Künstlicher Intelligenz. Für menschliches Management sind solche Mengen nicht beherrschbar. Das geht nur mit leistungsstarker und lernfähiger Software – mit Maschinen, die alles managen, mit Maschinen, die um ein Vielfaches klüger sind als wir.

Wir bauen ein Monster.

Versunken im Datenmeer

Mit exponentieller Geschwindigkeit wachsen die Datenbestände der Welt. In einem wilden Tauschhandel, weitgehend ohne gesetzliche Regelung, werden intime Informationen über die Bürger der Bundesrepublik hin- und hergeschoben. Oft ist die Urquelle der Infos nicht nachvollziehbar, weder für betroffene Verbraucher, die gerne die Kontrolle über die eigenen Daten hätten, noch für die Datenbankbetreiber, die sich auf ihre Kosten bereichern. Das Ausmaß sprengt jede menschliche Vorstellung. In der Branche spricht man von der „Google-Größenordnung".

Dabei sind Daten nicht statisch. Sie befinden sich in einem ständigen Prozess der Erneuerung. Mit schwindelerregender Geschwindigkeit kommen immer neue hinzu. Menschen ziehen um, verkaufen ein Auto, wechseln den Job, gebären ein Kind, sterben. Die Informationen von gestern, heute noch aktuell, können morgen wertlos sein, womöglich innerhalb von Sekunden.

Wertlos heißt aber nicht vergessen.

Vergessen, verdrängt, gespeichert

Sicherlich haben Sie beim SMS-Schreiben schon mal festgestellt, dass alte Texte wieder zum Vorschein kommen. Manchmal erinnert man sich gern daran, was man mit dieser Person seinerzeit ausgetauscht hat. Manchmal möchte man lieber vergessen. Big Data vergisst aber nicht.

Unser Smartphone weiß, wo wir waren und was wir getan haben. Ob Eislaufen oder Einkaufen, Jazzabend oder Joggingstrecke, unsere Vergangenheit steckt irgendwo in einem alten Kalender, einer Suchmaschine oder einem Browserverlauf. Auch Vorgänge, die Jahrzehnte zurückliegen – längst vergessene Gedanken, längst verdrängte Verfehlungen. Auch wenn es damals nur eine Laune war, als wir nächtens nach einem Sex-Fetisch recherchierten oder ein Gift für den bellenden Nachbarshund suchten, die Infos sind alle noch da. Genauso wie die Falten in unserem Gesicht gehören sie fest zu unserem Profil.

Vorhersagen sind da etwas schwieriger als Vergangenheit. Aber nicht unmöglich.

Wahrsager der Werber

Um die Zukunft zu lesen, braucht man heute keine Kristallkugel. Mit guter Mathematik geht es auch. Die Wissenschaft heißt *„predictive analytics"* und ist gang und gäbe in der heutigen Gesellschaft, zum Beispiel in der Verbrechensbekämpfung. Beugehaft für Sexualstraftäter oder No-Fly-Listen für Terrorverdächtige sind nichts anderes als Vorhersagen. Ein bestimmtes Verhalten wird vorausgesagt beziehungsweise ein Risiko für die Zukunft abgeschätzt.

In der Versicherungsbranche steht und fällt das Geschäftsmodell mit Zukunftsprognosen. Wie in einem Wettbüro berechnet man die statistische Wahrscheinlichkeit eines Unfalls oder einer Krankheit und versieht sie mit einem Preis. Genauso ist ein Bankdarlehen eine Prognose. Das Finanzinstitut verleiht Geld unter der Annahme, dass der Schuldner es zurückzahlt. Mit dem Risiko steigt der Zins. Für die Erforschung solcher Wahrscheinlichkeiten geben Versicherungs- und Finanzwesen Milliarden aus. Je mehr Daten zur Verfügung stehen, umso zuverlässiger sind Prognosen.

Mathematik statt Kristallkugel

Auch im Marketing-Geschäft setzt man sich das Ziel, so viele Menschen wie möglich zu erfassen und so viele Aussagen wie möglich über ihr zukünftiges Verhalten zu errechnen. Jeder, der einkaufen geht, hinterlässt eine Spur von Daten. Daraus wollen die Forscher Rückschlüsse auf die persönliche Situation des Verbrauchers ziehen.

Aus seiner Single-Zeit erinnert sich der Autor an sein eigenes privates Partner-Profiling in US-Supermärkten. Ein Blick in den Einkaufswagen einer Frau gab Aufschluss über ihren Status – Pampers deuteten auf ein Baby, Whisky auf einen Mann und Fertiggerichte, dass es sich mit Glück um eine Single-Frau handeln könnte.

Die Verhaltensforscher von heute sind raffinierter.

Sie können Absichten und Vorhaben aus Big Data ablesen, die nicht einmal für die betroffenen Personen ersichtlich sind.

Sozialwissenschaftler haben nämlich berechnet, dass über 40 Prozent unseres Handelns von Gewohnheit gesteuert wird, nicht von bewussten Entscheidungen. Gewohnheit bestimmt die Route durch den Supermarkt oder die Uhrzeit für Sex.

Vermarkter beobachten Verbraucher in großem Stil. Zum Beispiel erhalten beim Discounter Target alle Besucher eine Kunden-ID. Darunter werden Name, Anschrift, Alter, Geschlecht, Gewicht, Beziehungsstatus, Kreditkarten und Einkäufe vermerkt. Außerdem speichert Target, wo man wohnt und mit wem, die Fahrzeit zur Filiale sowie das Gehalt am Arbeitsplatz und die Bonität bei der Bank. Außerdem werden Herkunft und Hautfarbe vermerkt.

Es mag geschäftliche Gründe für solche Kategorien geben, für ethnische Restaurants oder Reisebüros. Datenschützer sehen in der Kategorisierung von Verbrauchern nach Rasse und Religion eine Verletzung der Menschenwürde. Die Klassifizierung geht weit darüber hinaus.

Über Kunden können zusätzliche Daten von Drittanbietern erworben werden, wie Hochzeit (oder Scheidung) und Hauskauf (oder Zwangsversteigerung), Schulabschluss und wohltätige Spenden. Ehemalige Arbeitsstellen und abonnierte Zeitschriften werden notiert, ebenso wie die bevorzugten Marken von Kaffee, Klopapier, Frühstücksmüsli und Marmelade.

All diese Daten werden aber erst richtig wertvoll, wenn sie Rückschlüsse über das Kaufverhalten einer Person zulassen. Dies ist Aufgabe des *Guest Marketing Analytics Departments*. Es soll Vorhersagen über Kunden ausrechnen.

Der einfache Datenabgleich wird heute durch komplexere Verfahren ersetzt. Viele arbeiten heute mit Künstlicher Intelligenz zur Herstellung von *Knowledge Discovery Data Bases* (KDD), die mit fortgeschrittenen Heuristikprozessen Profile und Prognosen über zukünftige Aktionen errechnen.

Solche Systeme werden bei Online-Plattformen wie Amazon eingesetzt, um Kunden nach ihren Vorlieben zu sortieren. So können sie zum Beispiel Wunschlisten für Weihnachten erstellen, eigentlich ein netter Service. Die Listen fördern natürlich den Kauf beim Versandhaus.

Aber auch wenn die Artikel woanders gekauft werden, gewinnt Amazon Kenntnis über die Präferenzen des Kunden und kann ihn besser katalogisieren.

Denn darum geht es. Daten sind häufig mehr wert als der einzelne Kauf. Die Daten werden sortiert. Danach werden die Menschen sortiert – die Guten nach Kaufneigung und Empfänglichkeit für Werbung, die Schlechten nach Kreditrisiko oder krimineller Handlung.

Überwachung ist überall.

Nichts ist spurlos.

Wie Hänsel und Gretel hinterlassen wir alle unsere Brotkrumen.

Und Künstliche Intelligenz sammelt sie ein.

Schmelztiegel Speicherplatz

In der Fachsprache nennt man die Sammlung von Big Data *Data-Mining*. Der Begriff kommt aus dem Bergbau und bedeutet Abschöpfung. Die Auswertung heißt *Data-Refining* und bedeutet Anreichern. Wenn eine Quelle nur wenig Information enthält oder völlig anonymisiert ist, wird sie mit anderen Quellen kombiniert. Sollten zum Beispiel Name und Wohnort in einer Datei stehen, Religion und Parteizugehörigkeit in einer anderen, Finanzschulden und Sexpraktiken in einer weiteren, ist ein aussagefähiges Personenprofil erst durch eine Fusion der Daten möglich. Dies macht man mit sogenannter *Fusion-Software*. Ursprünglich für die Rüstungsindustrie entwickelt, kann sie unzählige Einzelergebnisse zu einem Gesamtbild schmieden. Sind die Mengen extrem groß, nennt man die Methode *extreme-scale analytics*. Das ist der Beruf des Datenmaklers.

In einem unüberschaubaren System von Tauschen und Teilen sammelt er die Archive von Kaufhausketten und Kreditkarten, Versandhäusern und Versicherungen, Finanzhäusern und Fluggesellschaften, Treueprogrammen und Telefonprovidern. Mit raffinierten Algorithmen werden die Personendaten miteinander verknüpft und anschließend nach Fachgebiet verkauft. In der Branchensprache heißt das *multiscale spatiotemporal tracking*.[93]

Die Sammlung und Anreicherung von Daten ist ein boomendes Geschäft. Die US-Beratungsfirma Security Stock Watch verfolgt die Börsenkurse von einhundert Unternehmen in der Sicherheitsindustrie. Dazu zählen Bioverteidigung, Umweltsicherheit, Betrugsvorsorge, militärische Verteidigung, Netzwerkschutz sowie persönliche Sicherheit. Nach deren Statistiken verzeichnet die Sicherheitsindustrie jedes Jahr höhere Wachstumsraten als die Börsengiganten von Dow Jones und Nasdaq. Ihre gesamte Marktgröße wird auf über 500 Milliarden Dollar geschätzt.

Daten werden sortiert, kategorisiert und klassifiziert.

Menschen werden sortiert, kategorisiert und klassifiziert.

Dollar und Euro werden im großen Stil verdient.

Die Fusion staatlicher Daten

Durch die Ereignisse vom 11. September 2001 wurden nicht nur die Überwachungsprogramme von westlichen Sicherheitsbehörden ausgebaut. Eine umfangreiche Zusammenarbeit in Sachen Daten wurde beschlossen. Die unzähligen Archive von Nachrichtendiensten und Strafverfolgern sollten quer durch das Land vernetzt werden. Seitdem fließen Millionen von Daten täglich hin und her, zum Beispiel in Großbritannien. Führerscheindaten von der *Driver and Vehicle Licensing Agency* (DVLC), Fingerabdrücke vom *National Automated Fingerprint Identification System* (NAFIS), Festnahmen aus dem *Violent Offender and Sex Offender Register* (ViSOR) sowie Gesichtserkennung aus der *Facial Images National Database* (FIND) fließen in dem zentralen Rechensystem der Polizei (PNC) zusammen. Dort können diese Daten, gemeinsam oder vereinzelt, von jedem Polizeibeamten im Lande abgerufen werden.

Durch diese gigantische Fusion haben Fahnder einen umfassenden Überblick über alle Straftaten und Straftäter in den Akten. Blöderweise sind die Informationen nicht immer zuverlässig. Allzu häufig handelt es sich bei den Einträgen um fragwürdige Informanten-Tipps oder Falschaussagen, zweifelhafte Zeugenaussagen und die Festnahmen von Unschuldigen.

Zum Teil hatten die Polizisten ihre Archive recht schlampig geführt. In einer parlamentarischen Studie musste das *Criminal Records Bureau* eingestehen, 2.700 Menschen fälschlicherweise als verurteilte Verbrecher geführt zu haben.[94] Für einige hatte das die unangenehme Folge, dass Arbeitsstellen gekündigt und Bewerbungen zu Unrecht abgelehnt wurden. Oft erfuhren Betroffene nie die Gründe. Bei einer anderen Untersuchung in England wurde festgestellt, dass 22 Prozent aller Berichte im Polizeicomputer Fehler enthielten.

Drogentests sind eine häufige Fehlerquelle. Eintragungen unterscheiden oft nicht, ob die Testperson gelegentlich einen Joint raucht, in schwerer Abhängigkeit steht oder ein krimineller Dealer im großen Stil ist. Auf jeden Fall genügt ein kleiner Vermerk in der Drogenkartei, um eine spätere Karriere zu ruinieren.

Strafgefangene wissen, wie lange staatliche Daten sie verfolgen. Die Opfer kommerzieller Datenbanken haben keine Ahnung.

Die Fusion privater Daten

Bei der groß angelegten Fusion von Privatdaten wird es immer schwieriger, Falscheinträge zu korrigieren. Meistens wissen Betroffene nicht einmal, welche Daten über ihre Person wo gespeichert sind – und ob ein Eintrag womöglich fehlerhaft sein könnte. Auch wenn sie eine Fehlinformation aufdecken, wissen sie nicht, welche Maßnahmen ihnen zur Verfügung stehen, um sie zu beheben. Was sind ihre Rechte? Wer ist zuständig? Und wer trägt gegebenenfalls die Haftung?

Staatliche Regelungen, soweit vorhanden, sind unklar. Selbst Branchenriesen wissen häufig nicht, woher was im Einzelnen gekommen ist. Die Informationen in ihren Speichern wurden millionenfach hin und her getauscht. Inzwischen sind sie für keinen mehr übersichtlich.

Aber sie sind profitabel – vor allem wenn sie die begehrten Detailinformationen enthalten. Sie sollen helfen, gewinnbringende Kundschaft von Karteileichen zu unterscheiden. Dazu brauchen sie komplexe Logarithmen und Formeln. Dazu brauchen sie Künstliche Intelligenz. Dazu brauchen sie Sachverstand.

In der Branche werden Sozialwissenschaftler gesucht. Das Goldene Zeitalter der Verhaltensforschung ist angebrochen. Eliteuniversitäten errichten neue Fachbereiche für die Erforschung von Gewohnheiten (*habit formation*). Angehende Verhaltensforscher werden schon an der Uni von Headhuntern gejagt. Fast jedes größere Unternehmen in Deutschland, sogar die Deutsche Post AG, beschäftigt Spezialisten für *predictive analytics*.[95]

Meister des Mosaiks

Die Player in diesem Geschäft sind die Datenmakler – globale Großunternehmen, die mit dem Verkauf von personenbezogenen Informationen Milliarden verdienen. Es sind Firmen wie Datalogix, eBureau, ID Analytics, Intelius, PeekYou und Recorded Future. Wir kennen sie kaum. Aber sie kennen uns. Das ist ihr Business.

Einer der Hauptplayer ist Acxiom, ein geheimnisumwittertes Unternehmen mit Sitz in den US-Südstaaten. Acxiom beschäftigt um die 7.000 Mitarbeiter und macht Umsätze in den Dollarmilliarden. Acxiom gilt als die weltgrößte Privatdatenbank. Nach eigenen Angaben verarbeitet sie 50 Billionen Vorgänge jährlich. Das sind mehr als beim FBI und den US-Steuerbehörden zusammen. Allein in der Bundesrepublik sollen sie über die Daten von 66 Millionen Bundesbürgern verfügen.

Acxiom ist der stille Riese der Branche. Das Unternehmen meidet Öffentlichkeit. Sein PR-Motto lautet: Wenig Presse ist gute Presse. Für den Verbraucher, dessen Daten verkauft werden, bleibt Acxiom fast unsichtbar.

Aufsichtsbehörden wissen, wie sensibel die Produkte des Unternehmens sind. „Wenn eine Datenbank Privatpersonen als Diabetiker oder Schwangere führt, wollen wir wissen, was mit dieser Information geschieht", sagt Julie Brill vom US-Handelsministerium in Washington. „Unsere Gesellschaft muss entscheiden, wie sie damit umgehen will."[96]

Die Daten von Acxiom werden nicht nur gesammelt. Sie werden fusioniert, segmentiert, analysiert und vermarktet. Nichts ahnende Staatsbürger werden in verkaufsträchtige Kategorien eingeteilt, wie „christliche Familie", „Nichtraucher-Haushalt", „Diät und Gewichtsverlust" oder „Wetten/Kasino". Solche Daten – so die Verkaufsunterlagen der Firma – bieten eine „360-Grad-Sicht auf den Verbraucher".

Es wird persönlich, sehr persönlich. Verwendet werden nämlich Details aus dem einzelnen Haushalt, und nicht – wie früher – die durchschnittliche Statistik einer Region.[97] Die Fusionierung vielzähliger Quellen macht den Bürger verwundbarer, seine Daten aber für die Wirtschaft wertvoller. Aus Sicht der Bank of America helfen solche Daten nach Meinung von Vice President Kevin Huang, „interne Kunden-Aufklärung mit externen Infos auf Haushaltsebene zu ergänzen und ein umfassendes Bild unserer Kunden zu liefern."

Das Management von Kundenbeziehungen (*Customer Relationship Management* oder *CRM*) schließt die hohe Kunst der Datenüberwachung ein. Deutsche Firmen wie Schober haben da Expertise. Im Angebot des Stuttgarter Datenunternehmens steht die „datenschutzkonforme

Zusammenführung von personenbezogenen und anonymisierten digitalen Daten."

Mithilfe der Daten wollen Firmen erfahren, welche Profile Top-Kunden haben, wie bestehende Kundenbeziehungen optimal ausgeschöpft oder inaktive Kunden reaktiviert werden können.[98]

Auf ihrer Website bieten sie nützliche Tools an:

- „Mit dem **capaneo DataDriver** können Sie anonymisierte Besucher Ihrer Website im Moment des Ladens der Website erkennen und einem festen User-Profil zuordnen."
- „Sie haben die Möglichkeit, Ihre eigenen Bestandskunden online zu identifizieren, ohne dass diese eingeloggt sind."[99]

Firmen wie Schober betonen, dass sie datenschutzkonform arbeiten. Das müssen sie. Sie machen sich sonst strafbar.

Es gibt aber Umwege.

Deutsche Firmen, die Bedarf an fusionierten Daten haben, können den Weg über das Ausland antreten. Sie exportieren datenschutzkonforme Daten aus Deutschland und importieren die fusionierten Daten – komplett mit Namen und Identitäten – wieder aus dem Ausland zurück.

Fertig.

Dies funktioniert am besten mit dem Land, das als Geburtsstätte von Big Data gilt – den Vereinigten Staaten von Amerika.

Der Präsident dort hat ziemlich viel Ahnung vom Thema.

Obamas Machtmaschine

B ig Business ist ohne Big Data nicht denkbar. Machtpolitik auch nicht.

Eine der größten bekannten Datenfusionierungen aller Zeiten machte Barack Obama. Im Präsidentenwahlkampf 2007 machte er damit Geschichte.

Für den Wahlkampf gaben Obama und der republikanische Kandidat John McCain jeweils eine Milliarde Dollar aus. Es waren die höchsten Ausgaben in der US-Geschichte. Aber sie arbeiteten mit völlig unterschiedlichen Methoden.

Wahlverlierer McCain investierte vor allem in die herkömmliche Wahlforschung. Seine Leute ermittelten ihre Prognosen anhand sogenannter „repräsentativer Gruppen", die einen statistischen Querschnitt der Gesamtbevölkerung darstellen sollten. Umfrage-Ergebnisse wurden einfach hochgerechnet. Lange Zeit galt dies als die beste Methode, um Meinungen und Trends abzuschätzen.

Das Obama-Team stellte diese Art konventioneller Meinungsforschung infrage. Und die Regeln des Wahlkampfs auf den Kopf. Die Welt der Wahlforschung wurde neu erfunden.

Die Macht der Social Media

Zunächst erkannte Obamas Team – jung und hip wie es war – die Macht der Social Media und setzte sie massiv ein. Einundsechzig Prozent aller US-Jungwähler hatten einen Facebook-Account (in Deutschland waren es seinerzeit knappe 35 Prozent). Jeder sechste Amerikaner war Twitter-Nutzer (in Deutschland ganze sechs Prozent). Zur Zeit der Wahl hatte Obama 36 Millionen Facebook-Freunde, Angela Merkel 280.000.

Social Media war aber nur der Auftakt.

Im Januar 2009 heuerte Obama David Plouffe an, eine Big-Data-Legende, die Spreadsheets und Statistiken, Lageberichte und Leistungsmessung, Wahrscheinlichkeiten und Wählerwanderungen zu ihrem Lebensinhalt gemacht hatte. Er wurde Architekt des ersten Obama-Erfolgs.

Plouffe reiste von US-Bundesstaat zu US-Bundesstaat, studierte die bekannten Statistiken und entwickelte neue. Seine Zahlen basierten aber nicht – wie üblich – auf einem groben Durchschnitt und repräsentativen Sample-Gruppen. Seine Grundinformationen kamen aus den fusionierten Datenbanken der Privatwirtschaft und Tausenden von Einzeltelefonaten.

Plouffe zählte Stimmen.

Eine nach der anderen.

Aus öffentlichen Archiven sammelte er Listen mit den Namen aller wahlberechtigten Bürger in jedem Wahlkreis der USA. Die Namen hat er mit den abgegebenen Stimmen des Wahlkreises abgeglichen. Dazu kaufte Wagner detaillierte Verbraucherprofile von den Datenbanken der Privatwirtschaft. Die ließ er miteinander fusionieren, um die Identität der Wähler zu ermitteln.

Über jede Einzelperson in der Datenbank waren im Schnitt 1.500 Daten gespeichert. Jede wurde in eine von zwei Kategorien geteilt – ob sie wählen gehen und ob sie für Obama stimmen würden.

Auf der Straße wurden die Profile eingesetzt. Wahlkämpfer suchten Zielpersonen nach Mikromodellen aus. An jeder Tür, an der sie klingelten, hatten sie vorher schon eine ziemlich klare Vorstellung, wer dahinter wohnte. Argumente wurden präsentiert, die genau auf diese Person zugeschnitten waren. Kommentare der Wähler wurden sorgfältig festgehalten – und flossen zur Vervollständigung der Datenbanken zurück ins System.

In den umkämpften Bundesstaaten kontaktierten Obama-Wahlkämpfer jede Woche 5.000 bis 10.000 Haushalte. Sie führten Kurzgespräche und sammelten Kommentare – telefonisch oder an der Tür. Außerdem wurden jede Woche an die 1.000 längere Interviews geführt. Dabei wurden nicht nur die Wähler überwacht.

Auch über Obama-Wahlhelfer wurde Buch geführt.

■ Für Freiwillige wurde eine Smartphone-App entwickelt, mit der Tagesberichte gleich vor Ort erstellt werden konnten. Über die App erhielten die Wahlhelfer aktuelle Infos aus der Zentrale.[100.]

- In der Zentrale half ein Programm namens *Dashboard* beim Ranking der Wahlhelfer. Wer Wähler ärgerte – oder schlicht keinen Erfolg hatte – wurde ausgemustert.
- Ein Protokoll mit dem Namen „Target Sharing" sortierte die Facebook-Freunde von Obama auf der Suche nach deren Freunden. Sie wurden beworben, registriert und – soweit möglich – für den Wahlkampf mobilisiert.

Die Wahl war ein erdrutschartiger Sieg für Obama.

Und für seine Wahlkampfmethodik.

Obama beendete damit die langjährige Dominanz von TV-Werbung, stellte konventionelle Meinungsforschung infrage und die Regeln des Wahlkampfs auf den Kopf.

Die Daten lagen noch da.

Und wurden prompt von Hillary Clinton verwendet.

Das Zeitalter der Verhaltensforschung

An der Urne mag das Wahlgeheimnis juristisch noch gelten. Faktisch ist es aber weg. Jedenfalls könnte man das so sehen, wenn Großkonzerne, Staatsorgane und politische Parteien die Stimmabgabe von jedem Bürger aus seinen Daten extrapolieren können.

In einer technologischen Analyse nach der Wahl vom angesehenen Massachusetts Institute of Technology (MIT) wurde geschätzt, dass die Obama-Mannschaft jeden einzelnen der 69.456.897 Amerikaner erfasst hatte, der Obama gewählt hat.[101]

Was bleibt uns?

Das Postgeheimnis haben wir schon längst verloren. Unsere Mails werden systematisch abgefangen und von Staatsorganen ausgewertet. Ohne Durchsuchungsbefehl wird unser Privatleben ständig durchsucht. Ohne Gerichtsbeschluss werden Telefone abgehört, Autos verfolgt, Lesegewohnheiten registriert und unser Leben bis ins kleinste Detail analysiert. Wir sind gläserne Menschen ohne Geheimnisse. Und es ist unsere eigene Schuld. Wir alle waren am Bau der Überwachungsgesellschaft beteiligt – manchmal freiwillig, manchmal unfreiwillig.

Mit unseren Klicks haben wir den Weg freigemacht.
Die Daten sind gespeichert.
Nun wird sortiert.
Von Künstlicher Intelligenz.

Die neue Klassengesellschaft

Unaufhörlich werden Menschen in Kategorien sortiert. Es gibt die Guten, die viel reisen, viel konsumieren, viel besitzen und viel ausgeben. Und es gibt die anderen.

Wer schwimmt oben, wer sinkt tief?

Das können am besten die Unternehmen beurteilen, die unsere Daten verwalten.

Die Klassenbesten

Vermarkter begehren Highend-Verbraucher, wie zum Beispiel den Geschäftsmann mit einem Kalender voll mit Terminen und einer Brieftasche voll mit Kreditkarten. Er gilt als VIP und wird aufgrund seiner Daten gehätschelt. Als Goldkarten-Inhaber wird er am Flughafen oder der Hotelrezeption mit rotem Teppich und Samtkordel empfangen. Statt Warteschlangen bekommt er doppelte Meilen, statt Gepäckgrenze womöglich kostenlosen Limo-Service.

Kreditkarteninhaber mit viel Umsatz werden ebenso bevorzugt behandelt. Bei einer eigenen VIP-Hotline erfahren sie eine Sonderbehandlung von Elitepersonal. Am Telefon haben sie verkürzte Wartezeit und eine Fülle von Spezialangeboten und Bonuspaketen, von denen Normalsterbliche nie erfahren.

Zielpersonen werden nach oben sortiert.

Andere nach unten. Sie müssen warten.

Klassengesellschaft im Callcenter

Die Sortierung von Menschen nach geschäftlichem oder gesellschaftlichem Status ist in vielen Bereichen des heutigen Geschäftslebens Standard. Je höher der Umsatz, umso wertvoller ist der Kunde. Gute Kunden erhalten verkürzte Wartezeiten, kompetente Berater und erhöhte Kulanz. Die Klassengesellschaft von heute läuft über Kundenkarten.

Telefongesellschaften, vor allem Mobilprovider, sortieren auch. Was früher durch Goldstatus und Treuepunkte gemessen wurde, wird hier nach Vertragshöhe gemessen. Die Mitarbeiter von Callcentern werden nach Sozialschichten kategorisiert. Sie werden nach Sozialkompetenz und Lifestyle dem entsprechenden Marktsegment zugeteilt. Wer vom System als Oberschicht eingestuft wird, darf VIP-Kunden betreuen.

Wer wegen seiner Daten unten schwimmt, hat es nicht so gut. Er bleibt außen vor – als Angehöriger einer niederen Klasse –, ausgelassen, ignoriert, ausgesperrt. Er sitzt in der Holzklasse.

Fahrverbot auf der Datenautobahn

Die unaufhörliche Sortierung von Menschen und ihres Lebens durch Software ist meist unsichtbar. Betroffene werden ohne ihr Wissen eingestuft – reich und arm, erwünscht und unerwünscht. Für die Personen am unteren Ende der Nahrungskette verbirgt das System ernsthafte Benachteiligung. Ihre Wartezeiten sind länger, ihre Angebote ärmlicher, ihr Service ruppiger. Sie werden aussortiert, wissen aber selten weshalb und warum. Die Kriterien sind unsichtbar.

Und unanfechtbar.

Wer kann uns da helfen?

ABWEHR

David gegen Googliath

Big Data hat uns unvorbereitet erwischt. Obwohl es jahrzehntelang im Anmarsch war, hatte niemand die Weitsicht, es kommen zu sehen, oder zu ahnen, wie es unsere Gesellschaft erschüttern würde.

Kilobytes auf Megabytes auf Gigabytes auf Terabytes, jedes Mal um das Tausendfache vermehrt, Informationsbestände wuchsen mit exponentieller Geschwindigkeit. Wir konnten alles sammeln. Wir mussten nichts löschen. Heute verfügen wir faktisch über unbegrenzten Speicherplatz. Wir waren zu doof, um das zu begreifen. Und plötzlich merken wir, dass Verfassung und Rechtsprechung, Grundrechte und Gesetzgebung neu definiert werden müssen, wenn wir unsere Demokratie schützen wollen. Unser verfassungsmäßiger Anspruch auf Postgeheimnis und Privatleben, die unantastbare Würde des Menschen, sind in höchster Gefahr.

Unsere Demokratie passt nicht mehr in Big Data. Und umgekehrt.

Die Reaktionen von Presse und Politik waren hysterisch und naiv. Der Ruf nach nationalen Lösungen wurde laut. Wir brauchen deutsche Server, eigene Provider, nationale Hardware-Hersteller und nationale Suchmaschinen, war zu hören – als ob sich Big Data so aufhalten lassen würde. Genauso wenig wie ein Orkan an einer Staatsgrenze abgebremst werden kann, ist die Flutwelle von Informationen national zu bewältigen.

Wenn man die Bemühungen in Sachen Big Data in Deutschland und europaweit betrachtet, macht es wenig Hoffnung auf wirksame Kontrollen auf dem Sektor Künstliche Intelligenz. Verglichen mit einem neuen Wesen, das tausendmal klüger als die gesamte Menschheit ist, ist die Beherrschung von Information relativ einfach. Big Data ist schließlich nur ein Speicher.

Die EU hofft auf Gesetze, die nicht greifen können, beschließt Maßnahmen, die nicht wirkungsvoll sind, und hofft, das Problem werde sich irgendwie selbst lösen.

Fakt ist, dass Big Data wie eine Flutwelle über Europa rollt, ein Tsunami getrieben von einer Industrie, die ohne Transparenz und ohne wirksame Kontrolle wütet.

Hamburg ist Sitz eines Datenschützers, der für die Dämme zuständig ist.

David gegen Googliath

Google ist der größte Konzern der Welt, milliardenschwer und mächtig. Die Deutschland-Zentrale befindet sich in der ABC-Straße 19 in Hamburg. Es ist ein verspielter Standort mit bunten Wänden, lustigen Luftballons und ansprechendem Arbeitsambiente. Konferenzen werden wahlweise im U-Bahn-Abteil oder im Business-Class-Nachbau eines Linienjets abgehalten. In der Kantine hängen Regenschirme von der Decke, im Freizeitraum wählen Angestellte zwischen Billard und Shuffleboard, Tischtennis und Kicker. In einem YouTube-Video sind sie zu sehen, wie sie durch die Räumlichkeiten tänzeln und singen:

„We are happy @ Google Hamburg".

Google, ein Standort für Spaßvögel.

Ein paar Straßen weiter sitzt der David, der es mit dem mächtigen Monolithen aufnehmen soll. Prof. Dr. Johannes Casper ist Datenschutzbeauftragter des Hamburger Senats und sein Arbeitsplatz ist weniger lustig. Der Datenpolizist sitzt in einem Behördenbüro mit gediegenem Schreibtisch, wuchtigem Bücherregal und Blick auf einen tristen Hinterhof. Es ist eine humorlose Angelegenheit im Gebäude des Oberlandesgerichts mit gebohnerten Böden und verrosteten Heizkörpern. Hier gibt es kein Tischtennis, keine Luftballons und keine tänzelnden Einheizer.

Ganze vierzehn Planstellen stehen dem Professor zur Verfügung. Dabei wachen sie nicht nur über Google. Hamburg ist gleichzeitig Standort von Facebook, Twitter und 160.000 anderen datenschutzrelevanten Unternehmen. Da gibt es viel zu tun.

Bemüht tritt Prof. Casper nach außen in Talkshows auf. Tapfer kämpft er intern im Senat für einen angemessenen Etat. Mutig warnt er überall vor der Übermacht des Datenriesen. Er weiß aber realistisch, dass mit seinen bescheidenen Mitteln wenig gegen die Macht des Milliardenunternehmens auszurichten ist.

Oder gegen die Überwachungsgesellschaft.

Einige Vorstellungen von Politik und Presse, wie man Big Data in den Griff bekommen soll, wirken hektisch und hilflos – wie eine Sandburg am Strand, die einen heranrauschenden Tsunami aufhalten soll. Es ist ein Kampf „David gegen Googliath".

Casper beanstandet, dass Google über komplex errechnete Persönlichkeitsprofile vieler Bundesbürger verfüge und diese – ohne Billigung der Betroffenen oder Genehmigung der Behörden – wirtschaftlich auswerte. Darin stehen sensible persönliche Details zu sexueller Orientierung, privater Finanzlage und vieles mehr.

„Bei der Frage der Zusammenstellung der Nutzerdaten war Google bisher nicht bereit, die rechtlich erforderlichen Maßnahmen zugunsten der Nutzerkontrolle umzusetzen", klagt Casper.[102]

Im Oktober 2014 gab er bekannt, dass er die Profilbildung von Google-Anwendern einschränken will. Nutzer sollen selbst über ihre Daten bestimmen.

Seine Waffe: eine Verwaltungsordnung.

Richtlinien von Richtern

Schutz vor Datenmissbrauch ist eines der größten gesellschaftlichen Probleme unserer Zeit. Im eifrigen EU-Gerichtshof wollten Richter es mit ihren begrenzten Mitteln anpacken. Dafür definierten sie ein neues Grundrecht für die Informationsgesellschaft: das „Recht auf Vergessenwerden". Gemeint ist die Möglichkeit für Staatsbürger, die Verbreitung von falschen oder rufschädigenden Informationen im Internet zu untersagen.

Der Ansatz ist lobenswert. Das Ergebnis war ein Fiasko.

Ihre erste Entscheidung betraf die Beschwerde des Spaniers Mario Costeja González. Bei einer Suche nach seinem Namen verwies Google auf veraltete Zeitungsartikel der Tageszeitung *La Vanguardia*, die ihn in Verbindung mit einer Zwangsversteigerung brachten. Laut González waren die Schulden längst beglichen, die Meldungen veraltet, die Behauptung rufschädigend.

Er wollte, dass sie vergessen werden.

Und klagte.

Google verlor den Prozess. Nach dem Urteil erhielten Betroffene immer das Recht, ihren Namen aus der Suchmaschine zu entfernen. Für Europa war es erstmalig, für Datenschützer ein Durchbruch.

Das Problem ist, das Widerspruchsverfahren wurde im Urteil nicht genau definiert. Offen blieb, wer, was und wann einen Eintrag aus den Google-Suchergebnissen entfernen kann. Die Entscheidung wurde Google überlassen.

Der Bock wurde zum Gärtner gemacht.

Ein Schuss in den Ofen

So entscheidet Google, wie ein solches Verfahren abzulaufen hat. Der Betroffene muss zunächst eine Kopie des Personalausweises einreichen (Personendaten). Der Sachverhalt muss detailliert beschrieben werden (weitergehende Daten). Am Ende entscheidet Google – und Google allein –, ob der Eintrag zu entfernen ist.

Für betroffene Personen in EU-Ländern mag dies in gewisser Weise eine Hilfestellung sein. Das Problem ist: Festplatten vergessen nicht. Der strittige Eintrag wird nicht gelöscht. Er wird nur für EU-Nutzer unsichtbar gemacht. Er bleibt in den Speichern von Google – für den Rest der Welt weiterhin sichtbar. Die nationalen Gesetze der EU greifen anderswo nicht.

Der Fall macht das Dilemma deutlich. Es ist ein Konflikt zwischen dem Recht auf Privatsphäre und dem Recht auf Information. Einerseits ist es begrüßenswert, wenn jeder Bürger Hoheit über seine Daten erhält und unliebsame – gegebenenfalls falsche – Infos streichen lassen kann.

Andererseits ist es problematisch, wenn zwielichtige Firmen und gefährliche Personen Kritik jeglicher Art aus dem World Wide Web einfach löschen lassen. Sollte etwa ein Pädophiler das Recht bekommen, Hinweise auf sein Strafregister im Internet zu blockieren? Oder ein Restaurant, das mit der Kritik eines Gastes nicht einverstanden ist? Oder ein Arzt, der gepfuscht hat?

Das Urteil könne „weitreichende negative Auswirkungen auf die Meinungs- und Pressefreiheit entfalten", meint Christian Mihr von *Reporter ohne Grenzen*.[103] Datenschutz-Interessen dürften nicht das Informationsrecht der Öffentlichkeit einschränken.

In einem anderen Fall hat der deutsche Sozialhilfeempfänger Erich Stauder ebenfalls Datenschutzrechte beim EU-Gerichtshof geltend gemacht. Als Empfänger der Kriegsopferfürsorge war er berechtigt, verbilligte Butter zu kaufen. Ihm war es aber unangenehm, dass er seinen Namen im Supermarkt immer angeben musste.[104]

Ironischerweise bewirkte das „Recht auf Vergessenwerden" für beide Betroffene das Gegenteil. Wie bei wichtigen Grundsatzentscheidungen üblich, wurden Name und Privatdaten des Klägers im Urteil veröffentlicht. Statt eines „Rechtes auf Vergessenwerden" bekamen sie einen unlöschbaren öffentlichen Vermerk in der europäischen Rechtsprechung.

Erich Stauder, ■■■■■■■■■, ■■■■■weg 5.

Wir haben die Anschrift hier eingeschwärzt. In den Gerichtsurteilen steht sie frei zur Ansicht.

Die Angst-Industrie

Wenn Mensch und Politik verunsichert sind, wittert die Sicherheitsindustrie das große Geschäft. Deswegen werden Lösungen schnell und lautstark präsentiert – ganz gleich, wie wirksam sie wirklich sind.

Warnungen deutscher Datenschützer kamen vielen Unternehmen recht. Schnell erschienen Anzeigen für Sicherheitssoftware. Während sich die Fachzeitschriften mit Abhörartikeln füllten, überflutete die Fachindustrie die Anzeige-Seiten mit Sicherheitswerbung.

In einem Artikel für *Computerbild* hat Autor Markus Schmidt korrekt darauf hingewiesen, dass Spyschutz-Geräte „keinen umfassenden Schutz" gegen BND, NSA und Co bieten würden. Die Redaktion hat allerdings eine Illu-Box in seinen Text eingebaut:

„50 Softwareprodukte zum Schutz gegen die NSA."[105]

Sogar die Fachzeitschrift *Chip*, sonst eine durchaus seriöse Quelle für IT-Informationen, konnte der Versuchung auch nicht widerstehen. Auf der Titelseite warb sie:

„Security-Suite 2014 – mit NSA-Blocker."[106]

Schutzprogramme

Zu den bewährten Empfehlungen gehört Schutzsoftware. Man sollte aber Vertrauen in den Hersteller haben, wenn man sie kauft. Manchmal ist das schwierig.

- Antiviren-Hersteller Kaspersky Lab beschäftigt 2.400 Mitarbeiter weltweit und genießt einen guten Ruf in der Branche. Man könnte sich aber daran stören, dass Gründer Eugene Kaspersky eine fette Vergangenheit beim russischen Geheimdienst FSB hat und heute enger Vertrauter von Wladimir Putin ist.[107]
- Eine populäre Alternative ist der Virenschutz der US-Firma McAfee. Man könnte sich aber daran stören, dass Gründer John McAfee sich

mit Kokain an der Nase und Prostituierte am Arm in YouTube-Videos abbilden lässt. In Ecuador steht er unter Mordanklage.

- Die holländische Sicherheitsfirma AVG ist auch ein führender Hersteller von Virenschutz. Man könnte sich aber daran stören, dass ihre Geschäftsbedingungen vom Oktober 2015 vorsehen, dass Kundendaten gewinnbringend an Dritte verkauft werden dürfen.[108]

Es gibt andere Möglichkeiten, sich und seine Daten zu schützen. In der Hektik und Hysterie nach den Enthüllungen von Edward Snowden gab es vielfältige Tipps, wie man sich sichern kann – einige nützlich, andere albern.

Hier ein paar Tipps:

- Der Vorsitzende der *Deutschen Journalisten Union* Michael Konken schlug vor, dass Journalisten auf das US-Suchprogramm Google verzichten. Das Risiko sei zu groß.
  (Großartige Idee, lieber Herr Konken! Aber ohne Google hätten wir Ihren Tipp – und viele andere wichtige Infos für dieses Buch – nie gefunden.)
- Viele Politiker haben empfohlen, alle kritischen Daten auf EU-Server zu speichern. Glauben die im Ernst, dass fremde Datenspionage an der deutschen Grenze haltmacht?
- Das Schweizer Unternehmen Deltalis wirbt mit einem eindrucksvollen Foto. Es zeigt den Eingang zum Server-Zentrum tief unter den Granitmassen der Alpen. Die dicke Panzertür, die dort die Daten sichert, war früher Standort der Schweizer Goldreserven. Dummerweise müssen alle Daten, die hier gelagert werden, irgendwie hineinkommen – und wieder hinaus.
- Es gibt Apps und Programme, die unsere Passwörter managen – damit man sich nicht alle merken muss. Dummerweise verliert man dabei die Kontrolle über sie. Der Hersteller hat nunmehr Zugang zu allen Passwörtern.

Verdachtsmoment Verschlüsselung

Minister und Manager verwenden häufig verschlüsselte Telefone, wenn sie Geheimgespräche führen. Einige Anbieter versprechen sogar, dass ihre Codes nicht zu knacken seien. Wie auch immer. Ein Problem dabei ist, dass beide Teilnehmer Entschlüsselungsgeräte benötigen. Außerdem müssen alle Personen mit Namen, Arbeitgeber, Titel und Telefonnummer beim Hersteller registriert werden.

Und der Hersteller besitzt alle Codes.

Der amerikanische Autor darf von der NSA nicht abgehört werden. Nach US-Bundesgesetz ist es den amerikanischen Diensten untersagt, eigene Staatsbürger zu belauschen. Ob die Horcher in Fort Meade sich daran halten, ist schwer überprüfbar. Es ist aber ein Risiko für sie, wenn sie ein amerikanisches Gesetz brechen.

Es sei denn, die Gespräche sind verschlüsselt. In diesem Fall hat sich der Teilnehmer – laut Gesetz – verdächtig gemacht und darf abgehört werden.

Verschlüsselung macht also verdächtig. Das muss man wissen. Nachrichtendienste nehmen an, dass solche Personen etwas zu verbergen haben könnten. Somit bewirkt eine Verschlüsselung genau das Gegenteil von dem, was beabsichtigt wird. Die Wahrscheinlichkeit, dass man abgehört wird, steigt.

Während Spione und Spitzenmanager meist die teuren Hightech-Lösungen wählen, wissen Experten, dass sie nicht immer den wirksamsten Schutz bieten. Auch die Lowtech-Lösung kann sinnvoll sein.

Wie am Anfang des Buches beschrieben, werden die sensiblen Protokolle des Bundeskabinetts mit Steno und Bleistift zu Papier und mit altmodischer Rohrpost in den Panzerraum gebracht.

Ganz ohne Elektronik.

Oder Lausch-Risiko.

Die Bundesregierung weiß, dass Lowtech-Lösungen oft die besten Lösungen sind.

Lowtech-Lösungen

Zu den heißesten Abhörzielen aller Zeiten zählte einst der damalige Bundeskanzler Helmut Kohl. In seine Amtszeit (1982–1998) fielen Gorbatschow und Glasnost, der Mauerfall und die Euro-Einführung. Kohl galt für Ost und West gleichermaßen als hochspannendes Späh-objekt. Darum hatte der alte Fuchs für seine wichtigsten Geheimge-spräche einen Telefon-Trick:

Er wies seinen Chauffeur an, bei einer Telefonzelle zu halten. Vom Münzapparat plauderte er frei und vertraulich, wohl wissend, dass Münztelefone nicht alle abgehört werden können.

Heute funktioniert der Trick nicht mehr.

Es gibt kaum noch Telefonzellen.

Der Gangster und die Menschenrechte

Datenschutz hat eine starke Tradition in Deutschland. Das ist keine Selbstverständlichkeit. Nicht alle Mitgliedstaaten der Europäischen Union teilen die deutschen Sorgen um die Sicherheit und Privatheit von Information.

Seltsamerweise steht aber nicht ein Deutscher im Mittelpunkt unseres nächsten Falles, bei dem es um vorbildlichen Datenschutz geht.

Der Handelnde ist US-Krimineller.

In den frühen Morgenstunden des 22. August 2009 fuhr David Leon Riley mit seinem Lexus durch die Vororte von Dallas in Texas. Seine PKW-Zulassung war abgelaufen, was einem Verkehrspolizisten auffiel. Er hielt Riley an und entdeckte, dass der Führerschein ebenfalls abgelaufen war. Unter der Haube fand der Cop zwei geladene Schusswaffen, die in einer alten Socke versteckt waren.

Riley hatte ein Problem.

Er wurde festgenommen.

Der Polizist beschlagnahmte die beiden Schusswaffen sowie Rileys Telefon, ein Instinct M800 Smartphone von Samsung. Im Speicher fand er untrügliche Beweise, dass David Leon Riley Mitglied der berüchtigten Straßengang *Bloods* war. [109] Eine GPS-Ortung zeigte ihn außerdem in der Nähe einer tödlichen Schießerei zwei Wochen zuvor. Ballistische Tests bestätigten seine Beteiligung. Es war ein ganz klarer Fall.

Zunächst.

Kurzerhand verurteilten die Geschworenen den Gangbanger wegen versuchten Mordes, Körperverletzung mit einer tödlichen Waffe sowie Gang-Mitgliedschaft zu einer Gefängnisstrafe von 15 Jahren bis lebenslänglich.

Als Riley in der orangen Knast-Kluft den Gerichtssaal verließ, ahnte niemand, dass er in die US-Gerichtsannalen als wichtiger Verfechter des Datenschutzes eingehen würde. Riley legte nämlich Widerspruch ein.

Seine Anwälte hielten die Durchsuchung des Telefons – ohne Gerichtsbeschluss – für verfassungswidrig. Im Juni 2014 gab ihm das Oberste Gericht der Vereinigten Staaten recht.

„Moderne Smartphones sind heute nicht nur technologische Geräte", fand Vorsitzender Richter John Roberts. „Sie hüten den Kern des Privatlebens."

Der Fall brachte eine grundliegende Einschränkung im staatlichen Umgang mit Smartphones. Sie durften in den USA ohne Gerichtsbeschluss nicht von der Polizei durchsucht werden.

Es war nur ein kleiner Schritt. Er zeigte aber beispielhaft, wie Gerichte unsere Freiräume gegen die allgegenwärtige Überwachung verteidigen können.

Kleine Schritte reichen aber nicht.

In wenigen Jahren wird unser Rechtssystem mit ungleichen größeren Herausforderungen konfrontiert werden. Wissen ist erst das Fundament. Gerät das gesamte gespeicherte Wissen der Menschheit unter die umfassende Kontrolle einer allwissenden Künstlichen Intelligenz, kann das für die Menschheit verhängnisvolle Folgen haben.

Sie wird schwer zu kontrollieren sein.

Sie wird schneller kommen, als man denkt.

Sie ist erheblich gefährlicher.

Und sie kann für uns den Untergang bedeuten.

INTELLIGENZ

Wenn Maschinen uns überholen

Die letzte Errungenschaft

Bill Gates ist nicht nur der reichste Mann der Welt. Der Microsoft-Gründer ist auch legendär, ein anerkannter Guru in der Hightech-Szene des Silicon Valley. Er arbeitet im Epizentrum bahnbrechender Technologien, wo er – zusammen mit einigen der klügsten Köpfen der Welt – die Trends und Träume von morgen studiert.

Gates ist alles andere als ein verklärter Science-Fiction-Freak. Er ist auch kein hysterischer Untergangsanhänger. Sein Business fußt auf einem soliden Fundament weitsichtiger Forschung.

Und auf seinem persönlichen Optimismus.

Aber Bill Gates ist besorgt.

Wenn er heute in die Zukunft blickt, sieht er eine düstere Bedrohung – Maschinen, die von Menschen gebaut wurden, Maschinen, die immer intelligenter werden, Maschinen, die immer mehr Verantwortung tragen.

Gesteuert von einer Künstlichen Intelligenz, meint Gates, könnten sie eines Tages zu einer ernsthaften Bedrohung für die Menschheit werden. Wie die Geister, die der Zauberlehrling von Goethe rief, könnten KI-Maschinen unserer Kontrolle entgleiten. Sie könnten uns überholen, uns beherrschen, vielleicht eines Tages sogar uns töten.

In einem offenen Brief fragt Bill Gates, warum nicht mehr Menschen um die Künstliche Intelligenz besorgt sind.

Bill Gates ist nicht allein.

Propheten des Untergangs

„Computer werden die Führung von den Menschen übernehmen", meint auch Steve Wozniak, „das ist keine Frage. Wir sollten uns nur darüber im Klaren sein, dass eine überlegene Spezies im Entstehen ist."

Wozniak, wie andere Top-Denker in der IT-Welt, findet die Zukunft ziemlich beängstigend. „Wenn wir Maschinen entwickeln, die für uns alles tun, werden sie eines Tages schneller sein als wir. Sie werden die langsamen Menschen ablösen, damit sie selbst die Unternehmen effizienter managen können."

Der Apple-Mitgründer macht sich Gedanken über die Arbeitsteilung zwischen Menschen und Maschinen in einer solchen Zukunft. „Werden wir Götter sein? Oder Haustiere? Oder Ameisen unter ihren Füßen? Ganz ehrlich, ich weiß es nicht."

Seine Sorgen teilt der britische Erfinder Clive Sinclair: „In dem Moment, wo wir Maschinen entwickeln, die uns überlegen sind, wird das Überleben für Menschen enorm schwierig. Es wird zur Schicksalsfrage."

Zwei der brillantesten Denker unserer Zeit, Stephen Hawking und Elon Musk, warnen ebenfalls, dass wenn ihre Programme außer Kontrolle geraten, Künstliche Intelligenz zu einer existenziellen Gefahr für uns werden kann. Tesla-Gründer Musk meint, sie sei bedrohlicher als Atomwaffen.[110]

Früher haben wir den Fortschritt von Computerintelligenz nach dem Turing-Prinzip gemessen. Das war ein Test für die Zukunft, an dem wir messen wollten, wann Rechner die Intelligenz eines Menschen erreicht haben. Wir hielten die menschliche Intelligenz für das Maß aller Dinge. Wir müssen uns aber damit abfinden, dass die Turing-Ebene für eine Künstliche Intelligenz nicht Endstand sein wird. Sie wird sich weiterentwickeln, unendlich weiter. Mit exponentieller Geschwindigkeit.

Sie wird außer Kontrolle sein. Damit meinen wir, außer der Kontrolle von Menschen.

Es herrscht wenig Zweifel, dass KI viel Gutes leisten kann. Wasser, Energie und Internet werden schnell, sinnvoll und kostenfrei verteilt, unzählige Krankheiten geheilt, Hungersnot womöglich verbannt. Astrophysiker Hawking, den viele für den Einstein der heutigen Zeit halten, sieht das auch. „Künstliche Intelligenz könnte die großartigste Errungenschaft der Menschheit werden."

Hawking sieht aber auch die Kehrseite. „Sie könnte auch unsere letzte sein."

In einem offenen Brief haben viele Tausend ernst zu nehmende Forscher, IT-Wissenschaftler, Manager und Zukunftsforscher ihre Sorgen zu Protokoll gegeben. Sie fürchten vor allem intelligente militärische Waffen wie Drohnen, die ihre eigene Software schreiben.

Robert Finkelstein, CEO von Robotic Technology und profilierter Rüstungsforscher, arbeitet mit Künstlicher Intelligenz in smarten Waffen. Er prophezeit Dunkles: „Wir werden sie mit Fähigkeiten ausstatten, die unsere eigenen bei Weitem übersteigen. Sie wird nicht statisch bleiben. Sie wird mehr als ein Mensch sein. Sie wird anders als ein Mensch sein. Und sie wird sich mit einer Geschwindigkeit entwickeln, die für einen Menschen nicht begreiflich ist."

An der angesehenen Cambridge Universität hat Professor Huw Price ein *Center for the Study of Existential Risk* ins Leben gerufen. Es soll sich mit genau diesen Gefahren befassen. Professor Price hält es für „wahrscheinlich, dass Intelligenz sich demnächst von den Fesseln der Biologie befreit. Dann sind wir der Barmherzigkeit von Maschinen ausgeliefert, die nicht bösartig sind, die aber unsere Interessen nicht berücksichtigen."[111]

Professor Huw glaubt nicht, dass mordende Monster à la Terminator auf uns zukommen. Das ist Hollywood. „Die wahrscheinlichsten Szenarien für die Auslöschung der Menschheit sind nicht besonders dramatisch. Da gibt es keinen heldenhaften Kampf. Das kann ganz schnell gehen."[112]

Shane Legg, Mitgründer des britischen KI-Unternehmens *DeepMind* sieht jede Software, die sich autark fortschreibt, als „größtes Risiko des Jahrhunderts". Er ist überzeugt, dass Künstliche Intelligenz bei unserer Auslöschung eine Rolle spielen wird. „Eines Tages wird die Menschheit aufhören zu existieren," schreibt Legg. „Technologie wird wahrscheinlich daran beteiligt sein."[113]

Sie hören sich an wie wilde Verschwörungstheorien von Spinnern. Es sind aber die ernsthaften Sorgen einer Weltelite. In unserer technikaffinen Welt finden dermaßen düstere Warnungen wenig Gehör. Die Jugend liebt die Technologie. Jeden Tag lässt sie sich von neuen Gags und Gadgets begeistern. Laufstrecken werden registriert, Herzfrequenzen gemessen, Leistung maximiert. Es gibt Apps für alles.

Und sie sind unglaublich cool.

Wie Google.

Die Geburt des Google-Gehirns

Als sich Google auf die Suche nach einem Gehirn für sein Gedächtnis machte, schickte es seine Scouts nach London. Die wurden in einem unscheinbaren Bürotrakt am 5 New Street Square fündig. Dort arbeiteten ein Dutzend junge Programmierer in einem geheimnisumwitterten Unternehmen mit dem Namen *DeepMind*.

Papiere und Pressemitteilungen gab es selten, Äußerungen vom Management so gut wie nie. Die Firmenwebsite war ein leerer Bildschirm. Man wusste nur, dass DeepMind irgendwie mit KI-Forschung beschäftigt war.

Gründer Demis Hassabis ist ein quirliger Neurowissenschaftler, passionierter Schachspieler und erfolgreicher Entwickler von Computerspielen. Seit dem Studium verfolgte er ein ehrgeiziges Ziel. Er wollte das menschliche Gehirn in einem Computer rechnerisch nachbilden. Er brauchte dazu Software, die mit jedem Entwicklungsschritt neu hinzulernen könnte. Im Jahr 2011 gründete er *DeepMind*. Er war damals vierunddreißig Jahre alt.

Es war neurologisches Neuland.

„Wir wollen den Computer mit der Fähigkeit ausstatten, selbstständig aus Erfahrung zu lernen, wie ein Mensch das tun würde, und vielleicht Dinge zu meistern, von denen wir heute noch nicht einmal wissen, wie wir sie programmieren müssen", so Hassabis.

Er fütterte seinen Rechner mit Atari-Spielen, gab ihm aber keine Informationen über Spielregeln oder Bedienung. Als einzige Quelle hatte der Rechner die Informationen, die auf dem Bildschirm erschienen. Die Maschine lernte im wahrsten Sinne des Wortes spielend – indem sie sich eigenständig das Spielen von 49 Konsolen-Games beibrachte. Das Vorbild des Rechners: die menschliche Fähigkeit zu lernen. Am Anfang waren seine Rückschlüsse zufällig, der Rechner auf sich selbst angewiesen. Später hatte er den Sinn erkannt, die Bedienung begriffen und die Spiele gemeistert.

Alsbald besiegte er seine menschlichen Erfinder.

Zunächst klingt das unspektakulär. Kinder können das auch. Für die Forscher war es sensationell – lernfähige Software. Das Lernen durch die Eingabe unstrukturierter Informationen wird von Experten „unbeaufsichtigtes Lernen" (*unsupervised learning*) genannt. Der Computer muss die Struktur herausfinden und selbstständig entscheiden, was er damit machen will.

Mit der revolutionären Künstlichen Intelligenz ihrer Algorithmen meisterten die Rechner von DeepMind Spiele wie *Pong* oder *Space Invaders*. Sie lernten allein von den sichtbaren Daten auf dem Bildschirm. Für herkömmliche KI-Systeme mussten Software-Teams tagelang Algorithmen entwerfen, Befehle codieren und Daten detailliert kennzeichnen, bevor der Rechner etwas damit anfangen konnte. Der Computer wurde sozusagen an die Hand genommen. Hier lernte er ohne Anleitung.

„Es war aufregend zu sehen, wie er immer wieder Strategien entdeckte, die für die Programmierer neu waren", sagt Hassabis.[114]

Es ist vielleicht niedlich, wenn ein Computer unerwartete Wege beim Spiel geht. Man kann sich dabei förmlich den Stolz in den Augen der Erfinder vorstellen. Die Vorstellung, dass eine lernfähige Intelligenz, die große Bereiche des menschlichen Lebens kontrolliert, eigene Wege geht, ist weniger niedlich.

„Wir sind nur an dieser Art von KI interessiert", so Hassabis.[115]

Die Idee hinter dem Forschungsprogramm ist es, langsam die Bereiche zu erweitern, in denen der Computer selbstständig lernt. Das Vorbild sind wir selbst. Die Forscher haben einen Prototyp vor Augen – das menschliche Gehirn. Menschen können ihre Schnürsenkel zuschnüren, mit dem Fahrrad fahren und Astrophysik studieren – alles mit derselben Lernarchitektur. Es ist Neuland. Aber es ist möglich.[116]

Im Hintergrund entwickelten die Forscher ein unabhängig denkendes Wesen mit maschineller Lernfähigkeit – eine Künstliche Intelligenz.

Nach den ersten Babyschritten schrieb sie ihren eigenen Code. Die Wege, die sie gehen würde, waren nicht vorhersehbar.

Hassabis Versuch war ein Durchbruch für die Künstliche Intelligenz. Es war aber keine Spielerei.

Auslöschung der menschlichen Rasse

DeepMind befand sich am Cutting-Edge der KI-Forschung. Das wussten Branchen-Insider. Ihre Forschung erweckte akutes Interesse in Mountain View, Kalifornien.

Als Google an die Tür klopfte, glaubten Hassabis und seine Freunde an das große Glück. Der schönste Traum eines jeden Start-up-Gründers ist schließlich der Börsengang.

Oder ein Kaufinteressent, der tiefe Taschen hat.

Google war interessiert.

Und Google hat tiefe Taschen.

Es bot knapp Euro 500 Millionen für *DeepMind*.

Die Firmengründer, hätte man denken können, würden sofort zuschlagen. Aber nein, sie zögerten. Nicht wegen des Kaufpreises. Der hätte sie über Nacht zu sehr vermögenden Männern gemacht. Sie waren aber besorgt um das Gefahrenpotenzial ihrer Arbeit. Sie stellten Bedingungen, ungewöhnliche Bedingungen.

Die Tüftler an der Themse wussten, dass ihre Software-Kreation gefährlich werden könnte. In den Worten des Mitbegründers Demis Hassabis betrieben sie mit *DeepMind* „ein Manhattan-Projekt in Sachen Künstlicher Intelligenz". Sein Vergleich mit der Entstehung der ersten Atombombe ist nicht abwegig. Viele Wissenschaftler halten das Gefahrenpotenzial von Künstlicher Intelligenz durchaus für vergleichbar mit atomaren Waffen.

Shane Legg, sein Partner und Mitbegründer von DeepMind, hält es für möglich, dass Künstliche Intelligenz eigene Wege gehen könnte. Mehrfach stellten Programmierer fest, dass die DeepMind-Rechner eigenständig einen Code schrieben, den die menschlichen Ingenieure nicht mehr entziffern konnten. Das war cool. KI sollte eigene Wege gehen. Dass die neue Software unverständlich war, machte die Kollegen allerdings nervös. Die Maschine konnte denken. Das war unheimlich.

Legg erkannte das Potenzial. Künstliche Intelligenz sei gefährlich. „Sie könnte bei der Auslöschung der menschlichen Rasse sehr wohl eine Schlüsselrolle spielen."

Der Kanarienvogel im Bergbau

Hassabis und Legg wollten im Kaufvertrag mit Google einige Sicherheiten verankern. Damit Künstliche Intelligenz nicht zur Bedrohung für die Menschheit wird. Deswegen verlangten sie – als Voraussetzung für den Verkauf an Google – dass der kalifornische Datengigant einen Ethik-Ausschuss einrichtet. Unabhängige Experten sollten die Forschung und Entwicklung von KI ständig überwachen und sicherstellen, dass sie nicht außer Kontrolle gerät.

Die Jungunternehmer wollten verhindern, dass ihre Forschung mit der Künstlichen Intelligenz nicht aus dem Ruder läuft. Sie fürchteten ernsthaft, dass die Horrorvisionen aus Hollywood-SciFi-Filmen womöglich wahr werden könnten. Von Presse und Parlament – so glaubten sie – könne man eine vernünftige Aufsicht nicht erwarten. Wie der Kanarienvogel im Bergbau soll das Ethik-Komitee frühzeitig vor der Gefahr einer drohenden Intelligenz-Explosion warnen.

Seit der Übernahme durch Google hört man allerdings wenig vom Ethik-Ausschuss, nicht einmal, wer seine Mitglieder sind, ist bekannt. Hassabis verweigert dazu die Aussage. Presseanfragen bleiben unbeantwortet.[117]

Demis Hassabis scheint inzwischen von Google sehr angetan zu sein. Durch den Verkauf ist er vielfacher Millionär geworden. Er glaubt an sein Team. Er vertraut Google.

„Wenn irgendwer den Durchbruch schaffen kann, wird dies das Team sein. Die Zukunft wird Google gehören, und zwar in einer Art und Weise, die wir uns heute nicht im Ansatz vorstellen können."

Mit seiner Leidenschaft arbeitet er bereits an einem neuen Ziel: der „proaktiven Version" der Google-Suche. Sie soll nicht nur einfach für die Menschen Dinge finden.

Sie soll auch Entscheidungen für sie treffen.[118]

Die Suchmaschine als Shopping Queen

Schon vor dem Erwerb von *DeepMind* war Google die Shopping Queen der Internetszene. Mit tiefen Taschen und großem Hunger suchte sie die Hightech-Szene weltweit nach Talenten und Patenten ab.

Künstliche Intelligenz war von Anfang an zentral für das Google-Konzept. Wie KI später in den Unternehmensprioritäten zur Nummer eins aufstieg, war lange Zeit Betriebsgeheimnis. Von den besten Universitäten sammelte das Unternehmen kluge Köpfe für KI – Mathematiker und Meeresforscher, Maschinenbauer und Mediziner, Genetiker und Geophysiker.

Die Rahmenbedingungen für KI-Forschung sind dort optimal. Vor allem: Es gibt kaum Kontrollen. Beinahe alles ist möglich. Was im Valley vorherrscht, ist nicht einfach eine ungebremste Technikbegeisterung. Es ist der Wunsch, die Welt mit Technik zu lenken, die Vision von neuen Ufern, die Gelegenheit, an einem der größten Forschungsprojekte unserer Zeit teilzunehmen.

Kurz vor *DeepMind* hatten die Headhunter von Google den Engländer Geoffrey Hinton ausfindig gemacht. Der Mann gilt als der vielleicht beste Experte auf dem Gebiet neuronaler Netzwerke. In einem Interview erzählte er einmal, dass er sich damit befasst, seit er 16 Jahre alt war. Hinton gelang es, die Hemmschwelle vieler Wissenschaftler gegen Künstliche Intelligenz zu durchbrechen. Er entwickelte an der Universität Toronto genau jenes unbeaufsichtigte Lernen, das auch Hassabis vorantreibt.

Wenn ein Gehirn eine neue Aufgabe bewältigen will, beginnt ein Teil seiner Neuronen zu funktionieren. Sie erarbeiten schließlich das Ergebnis. Bei zukünftigen Aufgaben kann es auf dieses Ergebnis zurückgreifen und es mit weiteren Neuronen verknüpfen, die für neue Aufgaben genutzt werden. Mit der Zeit wachsen immer mehr Verbindungen nach und stellen am Ende die Basis für das menschliche Gedächtnis dar. Hinton und seine Studenten bauten IT-Netze nach diesem Vorbild.

Im Computer ahmt ein neuronales Netzwerk diesen Prozess in Codes nach. Anders als ein menschliches Gehirn ordnet es die Neuronen aber in verschiedenen Schichten. Wenn ein Computer Daten einspeist – von Bildern oder von Texten zum Beispiel – identifiziert das System die Daten, indem es die Hauptmerkmale untersucht. Ein Beispiel aus unserem Alltag ist der Spam-Filter in unserem E-Mail-Account. Das System lernt selbstständig, den Input, den es bekommt, zu ordnen.

Ohne menschliche Intervention.

Unbeaufsichtigtes Lernen.

Im Jahr 2007 stellte Hinton die Methode auch bei Google vor. Larry Page war – selbstredend – begeistert. Hintons Studenten gingen nach ihrer Ausbildung zu IBM, Microsoft, Apple. Und natürlich auch zu Google. Alle durften die neue Technik aus Hintons Labor zum Wohle ihres Unternehmens einsetzen. Ganz frei. Microsoft und IBM hatten sie als Erste. Vor Google. Aber Google verwandelte sie schneller in ein Produkt. Von nun an wurde *DeepLearning* fester Bestandteil der Google-Strategie.

Da der Mensch das bislang klügste bekannte Wesen sei, versuchten die Forscher bei Google, intelligente Computerchips in Netzwerke nach seinem Vorbild zu organisieren. Neuron für Neuron sollte das Netzwerk von Nervenzellen im Gehirn nachgebildet werden.

Firmenintern nannten sie das Projekt *Google Brain*.

Mit Fackeln und Mistgabeln

„Google-Gehirn war ein pfiffiger Name", erklärt Jeff Dean, einer der Pioniere. „Extern versuchten wir den Begriff zu vermeiden. Außenstehende könnten ihn falsch verstehen."

Dem Google-Konzern war durchaus bewusst, dass die Entwicklung einer Superintelligenz Unbehagen in der Bevölkerung auslösen könnte. Ein anderer Google-Insider formulierte es so: „Wir wollten vermeiden, dass ein aufgebrachter Mob mit Fackeln und Mistgabeln vor dem Eingangstor steht".

Im Jahr 2012 bekam das Projekt den neuen, weniger bedrohlich klingenden Namen *DeepLearning*. Die Arbeiten wurden aus dem hochgeheimen Forschungsbereich *Google X* auf das Google-Hauptgelände verlegt. Es sollte Normalität signalisieren. Aber inhaltlich hatte das Projekt eine Dimension erreicht, die sogar bei der eigenen Projektleitung Unbehagen auslöste.

Und Google begann sich Gedanken zu machen, wie man mit einem Wesen umgeht, das eines Tages um ein Vielfaches klüger sein wird als die Menschen, die es erfanden.

„Am Ende wird sich die Robotik durchsetzen.
Es ist ganz klar, dass die Menschheit aussterben wird."
Hans Moravic, Carnegie Mellon University

Roboter für die Rüstung

Google hat immer eine zukunftsorientierte Einkaufsstrategie gehabt. In den vergangenen zehn Jahren aber fokussierte sich das Unternehmen zunehmend auf die Künstliche Intelligenz. Systematisch kauft sich der Gigant alles hinzu, was er als KI-Konzern braucht. „Nur die wenigsten wissen, dass Google alle paar Tage ein anderes Unternehmen einkauft", schreibt der Blogger Jens Lehmann.[119] Er listet die Firmen auf, die sich Google zwischen Februar 2001 und September 2014 einverleibt hat.

Lehmann kommt auf sage und schreibe 170 Unternehmen.

Und das waren nur die Käufe, die Google offiziell per Pressemitteilung bekannt gab. Auch seitdem geht die Shopping-Tour munter weiter. In den 47 Fällen, in denen der Preis bekannt wurde, lag die Summe im Durchschnitt bei 600 Millionen Dollar pro Kauf. Allein für Motorola legte Google 12,5 Milliarden auf den Tisch.

Am auffälligsten waren die Ankäufe Anfang Dezember 2013. Damals kaufte das Unternehmen für sein mysteriöses Entwicklungsstudio *Google X* gleich acht Unternehmen, die Roboter herstellen. Innerhalb einer Woche. Darunter Redwood Robotics, Meka Robotics und das japanische Unternehmen Schaft Inc. Nicht einmal zwei Monate später kam *DeepMind* dazu. Es war eine Sache von Körper und Geist, raffinierte Mechanik kombiniert mit lernfähiger Elektronik. Nun wurden sie systematisch zusammengeführt. Kein Wunder, dass im Internet schon die Frage auftauchte, ob Google vielleicht eine Roboterarmee aufbaue.

Der Datenriese dementierte. Und wenn doch, würde Google die Maschinen sicherlich nicht als Armee verkaufen. Sondern als Katastrophenhelfer. Oder mobile Rettungsroboter.

Einige der akquirierten Robotik-Unternehmen haben allerdings eine eindeutig militärische Ausrichtung. Am bekanntesten davon ist Boston Dynamics.

Intelligenz einkaufen

Boston Dynamics war ein marktführender Hersteller von Rüstungs-robotern. Seit Jahren unterhielt er enge Verbindungen zum US-Verteidigungsministerium. Die Produktpalette war sicherlich für Militärs attraktiv. Ihre Maschinen haben furchterregende Fähigkeiten. Obwohl die meisten von ihnen der Geheimhaltung unterliegen, wurden einige Kreaturen auf Webseiten, Blogs und YouTube zur Schau gestellt.

„LS-3" ähnelt einem vierbeinigen Packesel. Das klappernde Gerät, das bergauf und bergab laufen kann, soll Soldaten auf schwierigem Gelände begleiten. „LS-3" ist für schweres Gerät ausgelegt und gilt als schusssicher im Gefecht. Ein Einsatz wurde von US-Marineinfanteristen beim RIMPAC-Manöver auf Hawaii bereits getestet.

„Robogator" ist ein Roboter-Reptil, das die Unterwasser-Landschaften von Flüssen unauffällig auskundschaften kann, während „Cheetah" wie eine Raubkatze über die Steppe rast. Mit 20 Millionen Klicks wurden ihre Video-Demos schnell zum YouTube-Hit.[120]

Und dann gibt's noch „Atlas", ein 2-Zentner-Monstrum in humanoider Form. Sein stampfender Gang durch die Gegend erinnert an Arnold Schwarzenegger in Terminator. „Atlas" schnitt auch beim Rüstungs-wettbewerb der Defense Advanced Research Projects Agency" (DARPA) sehr gut ab. Wenige Monate vor der Übernahme durch Google hatte Boston Dynamics einen Zweijahresvertrag mit der DARPA abgeschlossen. Wert: zehn Millionen US-Dollar.

Ein weiterer Hit bei den Militärforschern war der japanische Hersteller Schaft mit seinem gleichnamigen Roboter. In Demonstrationen hatte der zweibeinige Humanoid bewiesen, dass er über Felder laufen und Hindernisse beseitigen, Treppen steigen und Türen öffnen, Auto fahren und einen Feuerwehrschlauch anschließen kann. Die Pentagon-Forscher belohnten die Leistung mit Preisgeldern in Höhe von einer Million US-Dollar.

Kurz darauf wurde Schaft ebenfalls von Google geschluckt.

Nach dem Erwerb löschten die Japaner ihre Website mit den Robotern und hörten auf, Pressefragen zu beantworten. Im Juni 2014 zog Google den Schaft-Roboter aus den weiteren DARPA-Wettbewerben heraus.

Abgerundet wurde die Shopping-Tour 2013 durch den Erwerb der Firmen *Bot & Dolly*, *Meka Robotics*, *Holomni* und *Redwood Robotics*.

Der Anblick solcher krachenden Killermaschinen ist angsterregend. Die Vorstellung, dass sie eines Tages von einer Künstlichen Intelligenz gesteuert werden können, die sich eigene Ziele und Strategien ausdenkt, ist der absolute Horror. Dabei haben die Erfinder von KI oft genug bestätigt, dass nicht immer vorhersehbar sei, was ihre selbst programmierenden Produkte denken und tun werden.

Heute ist Google zweifelsohne der wichtigste KI-Konzern der Welt. Mit Milliarden-Käufen hat sich der Datengigant an der Spitze der globalen Roboter-Industrie positioniert. Unter den neuerworbenen Firmen sind auffällig viele Rüstungsunternehmen. Künstliche Intelligenz spielt eine immer wichtigere Rolle in der modernen Militärtechnik. Heute schon kreist sie im Cockpit von Killerdrohnen über Kirgisistan und entscheidet selbst über Flugroute und Ziel. Demnächst wird sie unsichtbare Kampfjets, autarke Kampfinsekten und automatisierte Artillerie steuern.

Künstliche Intelligenz hat weder Herz noch Hirn. Sie hat auch keine definierbare Größe und keinen festen Standort. Theoretisch lebt sie in einer Sammlung von Schaltkreisen, die wir „Computer" nennen. Praktisch hat sie sich längst auf unzählige Außenstellen ausgebreitet – in Smartphones und Smart Cars, in Glühbirnen und Großrechnern.

Wenn Künstliche Intelligenz eine kritische Masse erreicht und in der Lage ist, eigene Software in hoher Geschwindigkeit zu schreiben, wird sie sich explosionsartig vermehren. Kleine Kerne mit lernfähiger Intelligenz werden sich vernetzen, Kern um Kern, zu dezentralen Großrechnern. Sie werden Daten sammeln und Software austauschen. Wie Quecksilber-Tropfen auf einer Glasplatte werden sie zueinanderfinden – und mit ihnen verschmelzen.

„In wenigen Jahrzehnten wird sie uns überholen.
Haben wir sie bis dahin nicht im Griff,
wird unsere Zukunft sehr aufregend.
Und sehr kurz."

Eric Drexler, Pionier der Nanotechnologie

Der Plex und das Pentagon

Als militärische Forschungsagentur ist die DARPA ständig auf der Suche nach bahnbrechender Wehrtechnik. Sie pflegt gute Beziehungen zu Hightech-Firmen wie Google.

Und umgekehrt.

Das war nicht immer so.

Lange Zeit galt bei Google das Versprechen, keine Rüstungsgelder anzunehmen. Es gehörte zu den Leitsätzen des Top-Managemens im *Googleplex*, wie die Zentrale von Mitarbeitern genannt wird. Mit dem multinationalen, milliardenschweren Kauf der Roboter-Firmen haben sich die Akzente allerdings sichtlich verschoben. Heute fragen informierte Leitartikler und Blogger, ob Google seine guten Vorsätze aufgegeben hat und womöglich dabei sei, eine Roboter-Armee aufzubauen. Einige sind besorgt, dass ein superintelligentes „SkyNet" nach *Terminator*–Vorbild entstehen könnte.

Hinweise auf enge Kooperation zwischen Plex und Pentagon verdichten sich. Immerhin ist die langjährige DARPA-Chefin Regina E. Dugan vom Pentagon zum Googleplex gewechselt. Dort leitet sie mittlerweile die Abteilung Fortgeschrittene Technologie und Projekte. Kaum jemand kennt die mittel- und langfristige Planung des US-Verteidigungsministeriums so gut wie Dr. Dugan. Da passte die Produktpalette der Kampfmaschinen von Boston Dynamics genau.

Es gibt aber auch andere Hinweise, dass Google und die Generäle eine gemeinsame Vision teilen. Parallel zu seiner Shopping-Tour für Roboter hielt Google Ausschau nach der wichtigsten Militärtechnologie unserer Zeit.

Der Künstlichen Intelligenz.

Von Katzen und Hunden

Wenn man den Hintergrund von *DeepLearning* kennt, versteht man erst einen wichtigen Firmenkauf von Google aus dem Jahr 2006: YouTube. Neben Texten, Fotos und Audio war Google an weiteren medialen Quellen für seine Datensammlungen extrem interessiert. Die Videoplattform bot Zugang zum Bewegtbild, ein ideales Testfeld für automatisierte Such- und Sortiersoftware in großem Maßstab. *Deep-Learning* sollte Augen bekommen.

Damit wurde YouTube zu einem Kernprojekt der KI-Forschung. Der lernfähige Rechner sollte ein wachsames Auge auf alles halten, was User abspeichern. Ob Katze oder Komiker, Hochzeit oder Horrorunfall, alle unsere Glanzmomente und Peinlichkeiten werden Teil des optischen Gedächtnisses. Wie ein Neugeborenes wurde die KI Schritt für Schritt an die Aufgabe herangeführt. Am Anfang stand die Bilderkennung.

In einer Versuchsreihe wurden dem *Google Brain* zehn Millionen Bilder gezeigt. Nach dem Prinzip *unbeaufsichtigtes Lernen* wollte man sehen, ob das künstliche Gehirn in der Lage wäre, zu identifizieren, was es zu sehen bekam. Ohne Anleitung.

Und siehe da: Es lernte, was eine Katze ist, und war sehr gut darin, anschließend auf YouTube Videos mit Katzen ausfindig zu machen. „Wir haben ihm nie gesagt, was eine Katze ist", sagt Jeff Dean, einer der führenden Software-Experten. „Es fand selbst das Konzept einer Katze heraus."[121]

„Du musst nicht Google sein, um Künstliche Intelligenz zu entwickeln", schreibt das Silicon-Valley-Insiderblatt *Wired*.[122] Die anderen Giganten im Tal sind auch dabei, wie zum Beispiel Microsoft.

Die Forscher um Bill Gates wollten sich von dem Google-Katzentrick nicht abhängen lassen. Als Antwort entwickelten sie ein eigenes Bilderkennungsprogramm, dies allerdings auf Hunde spezialisiert. Die *Adam* genannte KI von Microsoft kann nicht nur Hunde erkennen, sondern sie auch nach ihrer Rasse unterscheiden. Wie *GoogleBrain* greift Microsoft dabei auf mehrere Server zurück und nutzt dabei den hauseigenen „Azure Cloud Computing Service". Auf den Markt will Microsoft *Adam* vorerst noch nicht bringen.

Ein Schwerpunkt der KI-Forschung bei Microsoft ist die Reduzierung der Rechnerleistung, die für Künstliche Intelligenz kritisch ist. Hier haben sie große Fortschritte erzielt. Ein erstes Ergebnis ist ein rasend schnelles Programm für Simultanübersetzungen, das für Skype entwickelt wurde. Es dolmetscht Dialoge in Echtzeit.

Einer der *DeepLearning*-Leitforscher von Microsoft war Alex Krizhevsky. Er ist allerdings inzwischen zu Google gewechselt, wo er an der Kreativität von Künstlicher Intelligenz arbeitet.

DeepMind-Gründer Demis Hassabis hält Kreativität für einen Schlüssel zur KI. „Viele halten sie für mysteriös", sagt der Neurowissenschaftler. „Vorstellungskraft und Kreativität im menschlichen Gehirn sind aber überraschend leicht nachzuvollziehen. Es geht um die Fähigkeit, fiktionale Bilder auf der Basis von Erinnerungen zu bauen."[123]

Endlich intelligentes Fernsehen

Endlich kommt das intelligente Fernsehen. Gemeint ist leider nicht das Abendprogramm. Gemeint sind die TV-Server von YouTube, die mit ausgeklügelter Software den Content aller Videos identifizieren, sortieren und bewerten.

Es dauerte nicht lange, und das *Google Brain* machte mithilfe von YouTube einen weiteren Schritt in die Zukunft. NIC heißt die Erfindung, was für *Neural Image Captioning* steht. Vier Google-Forscher entwickelten dieses neuronale System zum Verfassen von Bildunterschriften. Es war ein Experiment, bei dem Bilder und Sprache verwendet wurden. Es zeigte sich, dass das System tatsächlich in der Lage ist, zu erkennen, was auf den Bildern zu sehen ist – und dazu die passende Bildunterschrift verfassen kann.

Völlig korrekt verfasste es Bildunterschriften wie: „Eine Gruppe junger Männer spielt Frisbee", „Eine Person fährt Motorrad auf einer schmutzigen Straße" oder „Eine Elefantenherde läuft über ein Feld aus trockenem Gras".[124] Das *Google Brain* war nicht so schnell wie ein Mensch beim Beschreiben der Fotos. Noch nicht. „Aber es tat es schockierend gut für eine Maschine", findet die Experten-Seite „Blackchannel".[125]

Wir alle helfen Google bei der Erforschung der Künstlichen Intelligenz über YouTube. Die Zahlen des Unternehmens aus dem kalifornischen San Bruno, das Google für 1,3 Milliarden Dollar kaufte, sind gigantisch. Im Jahr 2012 wurden weltweit 100 Minuten Videomaterial hochgeladen – pro Minute. Heute sind es in der Minute über

300 Stunden Video. Im Februar 2013 erreichte YouTube erstmals eine Milliarde Nutzer. Pro Monat.[126] YouTube unterhält uns, gibt uns Tipps für alle Lebensbereiche, macht Werbung, Politik, verkauft uns alle erdenklichen Dinge. Es saugt Daten in unvorstellbarem Umfang – in der Google-Größenordnung. Jedes Video, das auf YouTube hochgeladen wird, ist potenzielles Futter für das *Google Brain*. Mit jeder Überspielung geben wir YouTube Informationen. Damit können die Google-Forscher das Google-Gehirn füttern. Sie nennen es *Deep Learning*.

Im Augenblick steht die Content-Beschriftung in Vordergrund. Später werden schwierigere Aufgaben folgen, etwa Verhaltensforschung oder Gesellschaftsanalyse. Man mag allerdings nicht daran denken, was für ein Gesellschaftsbild eine Künstliche Intelligenz von der Menschheit gewinnt, wenn sie uns ausschließlich durch YouTube-Videos kennt.

Neuordnung

Im August 2015 gab Larry Page eine Aufsplitterung der Google-Gruppe bekannt. Unter einer neuen Dachfirma namens Alphabet sollte die Firmengruppe nun stehen. Die Suchmaschine und die Datensammler von Google sollten unter der bisherigen Firmierung intakt bleiben, neuer CEO wurde der Inder Sundar Pichai. Die Suchmaschine bleibt Cashcow der Gruppe. Die Google-Gründer Larry Page und Sergey Brin wechseln zum neuen Unternehmen. Da werden nämlich die spannenden Teile des Konzerns untergebracht, wie Google Glass, Google Car, Google Gesundheit und – vor allem – die Künstliche Intelligenz. Alphabet wird weiterhin von CEO Brin und Präsident Page geleitet.

„Seid nicht überrascht, wenn wir in Projekte investieren, die seltsam oder spekulativ wirken", hatte Page bereits 2013 in seinem alljährlichen „Founders-Letter" angekündigt.[127] Nein, überrascht ist man nicht. Zumindest dann nicht, wenn man ein wenig genauer auf die Google-Strategie schaut.

Bei der Neuordnung des Konzerns erklärten Larry Page und Sergey Brin, sie wollten nicht mehr für das operative Geschäft der

Suchmaschine verantwortlich sein. Die Algorithmen laufen, die Umsätze laufen, der Profit läuft. Der Rest sei Verwaltung.

Die Top-Manager wollten Excitement. Alphabet mit seinen bahnbrechenden Branchen ist sexy. Dort können sich die beiden Männer auf ihr Thema Nummer eins konzentrieren – die Künstliche Intelligenz.

Die Sammelwut der Suchmaschine

Für die Suchmaschine bei Google war die größte technische Herausforderung die Ausbaufähigkeit des Speicherplatzes. Ihre Daten, die exponentiell immer weiter wachsen, benötigen gigantische Speicherfarmen. Google baut und kauft Kapazitäten in atemberaubendem Ausmaß. Bis zu 70 Serverstandorte soll das Unternehmen inzwischen weltweit betreiben, viele an geheim gehaltenen Locations. Und es werden ständig mehr. Die Wachstumsraten explodieren.

Für schnelles Wachstum braucht Google außerdem schnelles Internet. Da viele Märkte in der westlichen Welt gesättigt sind, setzt Google auf Expansion in Entwicklungsländern. Milliarden von potenziellen Kunden leben dort mit unterentwickelter Infrastruktur.

Also baut Google sein eigenes Internet.

Ganz weit oben.

Und ganz weit unten.

Ganz oben und ganz unten

Deswegen ist Google auch im Weltall unterwegs. Über eine Milliarde Dollar soll das Unternehmen angeblich in die futuristische Raumfahrtfirma SpaceX von Elon Musk investiert haben.[128] Damit wollen sich die Kalifornier an den Aufbau eines privaten, satellitengestützten Internets beteiligen. Nach ihren ehrgeizigen Plänen sollen 180 Satelliten ins All geschossen werden. Danach möglichst mehr.

Als Ergänzung tüftelt das Unternehmen an solargesteuerten Drohnen des Herstellers Titan Aerospace – himmlische Netzwerke, die etwas tiefer über die Erdoberfläche fliegen.

Möglichst oberhalb irdischer Gesetze und Geheimdienste.

Auch tief unten am Meeresboden gräbt Google nach Gold. Es baut eigene Unterseetrassen für Glasfaserkabel und sichert sich gleichzeitig die Rechte auf die strategischen Überseeverbindungen der Telekommunikationsfirmen. Mit ihren ehrgeizigen Ausbauplänen sind die Googlianer schon ein gutes Stück vorangekommen. Laut *Wall Street Journal* verfügten sie bereits 2010 über 160.000 Kilometer Glasfaserstrecken rund um den Globus. Schon damals war der Konzern drittgrößter Netzbetreiber der Welt.[129]

Noch ein Vorteil für den Internet-Riesen: Eigene Netze bedeuten eigene Kontrolle. Das heißt Schutz vor Lauschangriffen und staatlicher Regulierung. Und während eine aufgeregte Öffentlichkeit über Netz-Neutralität lautstark streitet, schafft Google Fakten. Schon heute hat der Datensammler ein maßgebliches Wort mitzureden, wenn es darum geht, wer wie schnell zu welchem Preis mit wie viel Datenkapazitäten sein Netz nutzen darf.

Und wer nicht.

Such-Süchtig

Grundlage der Macht von Google aber ist und bleibt die Suchmaschine.

Dass Google ein Datenkrake ist, in der sich schon praktisch die gesamte westliche Welt verfangen hat, wird uns gerade erst so richtig bewusst. Doch während besorgte Politiker, Aktivisten, Medien und Nutzer darüber diskutieren, welche Daten Google sammeln darf, macht sich das Unternehmen auf die Suche nach immer neuen Jagdgründen, zum Beispiel im E-Mail-Verkehr.

Schon acht Jahre nach seiner Gründung hatte das Kommunikationsprogramm *Google Gmail* über 425 Millionen Kunden.[130] Heute ist es das größte E-Mail-Programm der Welt. Milliardenfach läuft die Korrespondenz der Welt täglich über die Server von Google – Alltägliches und Außergewöhnliches, Geschäftliches und Geheimdienstliches, Illegales und Intimes.

Doch Google ist kein diskreter Postbote. Die Briefe werden gelesen. Maschinell. Und ausgewertet. Durch eine Künstliche Intelligenz. Zunächst anonym und nur für Marketing-Zwecke.

Für den Aufbau des selbstständig lernenden Systems sind all diese unstrukturierten Daten wertvolles Futter. Ein wirrer Datensalat, aus dem sich KI eines Tages seinen Speiseplan zusammenstellen kann. Noch ist *Google Brain* wie ein Kind: Es lernt. Es wächst. Und es hat Hunger.

Wir füttern es, kostenlos, freiwillig, gern.

Wir schicken aber nicht nur unsere E-Mails über die Server von Google. Auch Gespeichertes steht auf dem Speiseplan des unersättlichen Datenfressers. Dafür gibt es die Cloud, *Google Drive*, den bequemen Zentralserver, den wir von überall her erreichen können. Ganz gleich, ob von der Bettkante oder dem Badestrand, unsere Daten stehen uns jederzeit zur Verfügung.

Aber nicht nur uns.

Als im Jahr 2012 *Google Drive* in Deutschland gestartet wurde, kam es gleich ins Gerede. In den Allgemeinen Geschäftsbedingungen war festgelegt, dass alles, was auf dem Google-Speicher abgelegt wird, von Google genutzt werden dürfe.[131]

Wörtlich hieß es:

„Durch Übermittlung, Einstellung oder Darstellung der Inhalte gewähren Sie Google eine dauerhafte, unwiderrufliche, weltweite, kostenlose und nicht exklusive Lizenz zur Reproduktion, Anpassung, Modifikation, Übersetzung, Veröffentlichung, öffentlichen Wiedergabe oder öffentlichen Zugänglichmachung und Verbreitung der von Ihnen in oder durch die Services übermittelten, eingestellten oder dargestellten Inhalte.“[132]

Dreist? Oder tatsächlich nur ein Übersetzungsfehler, wie der Konzern später behauptete? Dabei ist Google so stolz auf die Kompetenz seines Übersetzungsprogramms.[133]

Während Google die Verbreitung seines Produkts zu Lande, in der Luft und zu Wasser sichert, ist es besonders erfinderisch, wenn es um die Erschließung neuer Datenquellen geht.

Googles Hunger nach Daten ist aber nicht auf Texte beschränkt. Aggressiv, kreativ und mit hoher Energie verfolgt das Unternehmen neue Projekte, die interessante Daten versprechen.

Als die Kalifornier im Jahr 2007 ein neues kartografisches Programm ankündigten, war das Interesse weltweit sehr groß. Ganze sieben Stunden dauerte es, bis es die beliebteste App im Apple Store war. Es konnte sogar Apples eigenes Kartenprogramm verdrängen.[134] *Google Maps* bietet eine breite Funktionalität, die in der modernen Technik-Welt von heute nicht mehr wegzudenken ist. Man kann sich den Weg von A nach B zeigen lassen und prüfen, wie und mit welchem Verkehrsmittel man sein Ziel am schnellsten erreicht. Es kann seinen Standort sehen und viele Geschäfte oder Einrichtungen in seiner Umgebung. Man kann sich die Karten auch als Satellitenaufnahmen zeigen lassen.

Mit *Street View* hat Google angefangen, die Straßen und Häuser von Ballungsgebieten im globalen Umfang zu fotografieren. Mit *Google Earth* werden einem sogar Satellitenfotos aus dem Weltall angeboten, die einen Blick auf die Dachterrasse eines Hinterhofhauses am Prenzlauer Berg in Berlin oder im Hamburger St. Georg zeigen. Schöne neue Welt für den Nutzer. Und edles Futter für das Gehirn von Google.

Griff nach den Sternen

Eine Kartierung der ganzen Welt scheint eine gigantische Aufgabe zu sein. Das ist sie auch. Aber da fehlt noch was. Die Weltmeere, so dachten die Kartografen bei Google, könnte man doch auch mit einbeziehen. Sie decken über 70 Prozent der Erdoberfläche ab und sind in großen Teilen noch unerforscht. Sie bieten eine beinahe unerschöpfliche Datenquelle. Mit großen Zukunftsperspektiven. Mit dem Projekt *Google Oceans* begannen die Experten, umfangreiche Digitalkarten vom Meeresboden zu sammeln und – ähnlich wie bei *Google StreetView* – mit Videobildern punktuell zu ergänzen.[135]

Die Erweiterung des *StreetView*-Prinzips soll aber keineswegs nur für den Boden der Weltmeere gelten. Man wollte auch nach oben schauen. Ihre Weltkarte in der „Google-Größenordnung" sollte das gesamte Universum umfassen.

Das Projekt *GoogleSky* wurde geboren.

Damit kann man in ferne Galaxien blicken, neu geborene Sterne anschauen, oder ausgestorbene schwarze Löcher. Verwendet werden die neuesten Erkenntnisse aus Astronomie und Astrophysik, die neuen Bilder von Hubble und dem Raumroboter Curiosity. Die Website bietet ihren Blick in die Sterne alternativ sortiert nach Optik, nach Infrarot oder nach Mikrowelle an.

Auch nach der Neustrukturierung der exotischen KI-Projekte bei Alphabet bleibt Google ständig auf der Suche nach neuen Datenquellen. Die Methoden sind vielfältig, kreativ und teilweise recht skurril, etwa wenn sie in der Unwegsamkeit in der Tiefsee, in den Arterien ihrer Anwender oder auf der Nase von Nerds suchen. Dazu haben sie eine besondere Erfindung für die Technik-Freaks: Google Glass.

Über Google-Glass bezieht man Informationen über seine Umwelt quasi in Echtzeit. Und man ist bestens mit E-Mails, Navi und Wettervorhersagen vernetzt. Selbstverständlich bleibt man auch mit den sozialen Netzwerken verbunden, wo man jederzeit Fotos und Live-Videos posten kann. Nachrichten verschickt man per Knopfdruck.

Wer wissen will, wer sein Gegenüber ist, kann mit einem kleinen Kopfnicken die 5-Megapixel-Kamera auslösen und anschließend das Foto durch eine Datenbank laufen lassen. Die erste Generation von Google Glass benötigt 15 Sekunden, um die 2,5 Millionen Fotos der Datenbank zu durchsuchen und mit dem gerade geschossenen Foto abzugleichen.

Technisch könnte eine Gesichtserkennung zur Identifizierung fremder Personen eingesetzt werden – in der U-Bahn oder auf der Straße, im Schwimmbad oder im Vorlesungssaal an der Uni,

Noch ist das Theorie.

Aber die Technik ist vorhanden.

„Glass"-Löcher

Im Silicon Valley und anderswo sind die Menschen sensibilisiert. Sie kennen die Tücken von Big Data, passen auf ihre Privatdaten auf und reagieren verärgert auf Verletzungen ihrer Privatsphäre. So erleben Technik-Freaks gelegentlich Feindseligkeiten, wenn sie mit der Glass auf der Nase eine Kneipe betreten. In einigen US-Staaten ist das Tragen inzwischen illegal.

Die ukrainische wie auch die russische Regierung haben das Gerät auf ihren jeweiligen Staatsterritorien verboten. Zu groß ist die Angst, es könnte zum Ausspionieren der eigenen Linien im Ostukraine-Konflikt benutzt werden. Auch andere Regierungen haben sich bereits kritisch geäußert. Ob die Kritik der Grund war, warum Google den Verkauf nach einigen Monaten zunächst unterbrach, oder der hohe Verkaufspreis von 1.500 Dollar, sei dahingestellt. Klar ist: Google wird auf Dauer nicht so einfach auf seinen kleinen, aber höchst effizienten Datensauger verzichten.

Mit Google-Glass werden einige Eigenschaften der Suchspezialisten sichtbar, die zur dunklen Seite des Unternehmens gehören. Die Glass ist ein perfektes Instrument zur totalen Überwachung ihres Trägers. Und noch schlimmer: Auch seine Umwelt gerät unfreiwillig ins Blickfeld, denn mit der eingebauten Kamera können andere Personen und das Umfeld aufgenommen und ausgewertet werden.

Über GPS wird das vollständige Bewegungsprofil des Trägers aufgezeichnet. Daten werden direkt auf die Server von Google gelenkt, wo sie für unbestimmte Zeit gespeichert werden. Nicht einmal in den Schreckensvisionen von George Orwell und Aldous Huxley ist eine derart perfektionierte Überwachungstechnik vorgekommen.

Bei der Polizei im Wüstenstaat Dubai gibt es eine Spezialabteilung für smarte Systeme. Fahnder sollen mit modernsten Mitteln für die Verbrecherjagd ausgestattet werden. Die Spezialisten dort haben eine Vorabversion von Google Glass aus Kalifornien erhalten. Sie wird zurzeit auf Tauglichkeit für die tägliche Polizeiarbeit getestet.

Der Stadtverkehr in Dubai soll möglichst staufrei gelenkt werden. Und gestohlene Autos möchte die Polizei gerne ihren rechtmäßigen Besitzern zurückgeben. Beides kann Google Glass. Sogar gleichzeitig. Wenn ein Streifenpolizist beispielsweise ein vorbeifahrendes Auto überprüfen will, macht er rasch ein Foto vom Nummernschild. Und schickt es ins Polizeisystem. In Sekundenschnelle weiß er, ob das Auto gestohlen ist.

Auch die Staatsmacht in China oder Nordkorea hätte sicher gerne Google Glass. Leichter kann man Menschenrechtler nicht unterdrücken, verfolgen und identifizieren.

Spionieren im Schlafzimmer

Die Anwendungsoptionen hören auch an der Schlafzimmertür nicht auf. So hat die US-Pornoindustrie bereits ihr Interesse bekundet. In einem jugendfreien, aber nicht wirklich ernst gemeinten Video haben die Pornodarsteller James Deen und Andy Ryan gemeinsam mit Gaststar Ron Jeremy mal gezeigt, wo der Nutzen läge. So wird beispielsweise beim Blick auf die Lendengegend angezeigt, dass die Orgasmusrate des männlichen Darstellers bei 98 Prozent liegt und er bis zum jetzigen Akt 1.040 Frauen hatte. Ebenso werden über Wikipedia die verschiedenen Bedeutungen eines Begriffs erklärt, der für das weibliche Geschlechtsteil genutzt wird. Und James Deen, der männliche Akteur, bekommt beim Anblick der Schuhe seiner Partnerin automatisch Schuh-Sonderangebote geschickt. Während des Akts.[136] Das Video ist übrigens auf YouTube zu finden.

Mag sein, dass sich das Gerät und die notwendige Brille störend auswirken. Aber auch daran basteln die Forscher von Google schon: eine Kontaktlinse, die ganz einfach ins Auge gesetzt wird. Weniger störend für den Nutzer, unsichtbar für die Umwelt.

Doch KI-Tools werden nicht nur zur Überwachung im Schlafzimmer überlegt. Für die junge Generation beginnt die Erfassung von Intimdaten bereits in der Kinderstube.

Wie wir im Abschnitt „Sexleben von Minderjährigen" bereits beschrieben haben, investieren Spielzeug-Hersteller wie Mattel mit der lieben Barbie-Puppe oder KI-Unternehmen wie Google mit dem knuffigen Überwachungsbären in Aufzeichnungstechniken für Kleinkinder. So ist vorgesehen, dass ihre intimen Gespräche mit ihrem vertrauten Spielkameraden von Eltern anderswo im Haus belauscht werden können. Über WLAN und Internet sollen die Gespräche übertragen werden, womöglich auch in der großen Data-Cloud, wo Künstliche Intelligenz herrscht.

Mit solchen Banalitäten werden womöglich die ersten Fundamente für ein umfangreiches Erwachsenen-Profil im späteren Leben gelegt. Audioaufzeichnungen von Kleinkindern können Einblick in ihre frühe Psyche geben – ein durchaus interessanter Ansatz für spätere

Vermarktungsstrategien. Die Technik ist noch nicht vorhanden, die Vorstellung sehr beunruhigend. Aber solche Perspektiven gehören durchaus zu den Visionen einer Zukunft, die von Künstlicher Intelligenz beherrscht wird.

Google geht unter die Haut

Modetrends sind auch eine Option für die unersättlichen Datensammler von Google. Was man trägt, kann auch als Datenquelle dienen. Das gilt sogar für Nackte. Dazu erwarb das Unternehmen Ende 2013 das Patent für das „Electric Skin Tattoo".

Die Idee geht richtig unter die Haut.

Das metallische Tattoo wird am Hals eines Menschen gestochen und mit einem mobilen Smartphone verbunden. Eine nicht ganz schmerzfreie Angelegenheit! Richtig gruselig wird's aber erst, wenn man Details aus dem Patentantrag anschaut:

> „… das elektronische Tattoo kann optional auch einen Hautdetektor enthalten, der den Hautwiderstand des Nutzers ermittelt. Es wird vermutet, dass Nutzer, die nervös sind oder die Unwahrheit erzählen wollen, andere Hautwerte zeigen als solche, die selbstsicher und ehrlich sprechen."[137]

Im Klartext: Google kann das E-Tattoo in einen Lügendetektor verwandeln, eine besonders perfide Art der Überwachung. Noch ist es nur ein Patentantrag.

Noch.

Einblick in die Akte

Über diverse Gesundheitsprogramme ist Google dabei, neue Wege zu den Intimdaten von Patienten auszuloten. Gesundheitsdaten sind nämlich die Kronjuwelen der personenbezogenen Information. Sie enthalten Details intimster Art – ihre Arbeitsfähigkeit und Abhängigkeit, ihre Leistung und Lebenserwartung, ihre Gesundheit und Gebrechlichkeit.

Sie zeigen, wie und wo wir verwundbar sind. Außer behandelnden Medizinern gehen sie niemanden etwas an.

Datenschützer in Deutschland halten sie für besonders sensibel. Sie unterliegen hierzulande deshalb einem besonderen gesetzlichen Schutz. Geschäftlich sind sie allemal interessant. Und der Handel damit ist aktuell wie immer und lukrativer denn je.

Das weiß Google. Und über diverse bahnbrechende Technologien kann es sich womöglich Zugang zu Millionen von Krankenakten beschaffen.

Ein Hauptplayer auf dem Gesundheitssektor ist die Alphabet-Tochter Calico (*California Life Company*). Diesmal ist es kein Zukauf, sondern eine eigene Gründung, für die unter anderem renommierte Gentechniker wie Arthur Levinson (zugleich Chairman bei Apple) verpflichtet wurden. Sie steht an vorderster Front in der Entwicklung bahnbrechender Medizinforschung. Im Visier ist der Fortschritt gegen Alzheimer und Parkinson, eine Heilung für Krebs und endlich ein Weg, den Alterungsprozess abzubremsen. Das sind ganz große Visionen. Man denkt in der Google-Größenordnung.

Nach Meinung des Zukunftsforschers Paul Saffo geht es aber auch um Daten. Saffo arbeitet an der Stanford University, wo Google seinerzeit gegründet wurde. Universität und Unternehmen arbeiten heute immer noch eng zusammen. Wohl deshalb kann sich Saffo so gut in Googles Denkweise hineinversetzen. Er sagt: „Gesundheit ist ein wahrer Springquell wertvoller Daten."

Und sei daher ein naheliegendes Gebiet für Google. Saffo rät der Öffentlichkeit, unvoreingenommen gegenüber Gesundheitsprojekten zu sein. Aber auch wachsam.

„Ich bin sicher, Google hat gute Absichten, aber trotzdem sollte man ihm nicht vertrauen."[138]

Bots in der Blutbahn

Mit hohem Aufwand steigt Calico heute in die lukrative Gesundheitsbranche ein. Es beschäftigt sich unter anderem mit mikroskopischen Nanorobotern, die in den Blutkreislauf injiziert werden. Die kleinen

Bio-Bots wandern auf der Suche nach Krebszellen durch den Kreislauf des Körpers. Am Anfang könnte diese Technik (an der auch andere Einrichtungen wie das deutsche Fraunhofer-Institut arbeiten) der Vorsorge dienen. Später dann irgendwann auch der dauerhaften Überprüfung des Gesundheitszustandes.

Mit einem magnetischen Armband werden die Nano-Partikel nach ihrer Rundreise wieder eingesammelt und ausgewertet. Für vorläufige Experimente wurden solche Armbänder hergestellt – unter Verwendung menschlicher Haut.[139]

Bis zur Marktreife werden sicher noch einige Jahre vergehen, so Andrew Conrad von *Google X*. Bis dahin will Google Daten sammeln. Erst von 200 Testpersonen, später von Tausenden. Conrad kündigte allerdings an, Google werde die Technik nicht kommerziell vermarkten und auch nicht kommerziell Daten erheben.

Das Programm, das im Januar 2015 vorgestellt wurde, weckt Hoffnung bei der Diagnose und Behandlung von Krebs. Es weckt bei vielen auch das Gruseln. Sie finden die Vorstellung unheimlich, dass mikroskopische Maschinen unsichtbar in ihrem Körper herumgeistern.

„Was heißt hier unheimlich?", fragt Andrew zurück. „Für mich ist die Vorstellung unheimlich, dass Krebszellen in meinem Körper unsichtbar herumgeistern. Die wollen mich umbringen."

Speicheltests ganz preiswert

Ein weiteres Beispiel ist der Google-Gentester *23andMe*. Aus Speichelproben ermittelt er DNA-Werte, die Auskunft über Anamnese, Genealogie und Herkunft von Testpersonen gibt. Die Zahl 23 steht für die Chromosomenpaare des Menschen. Natürlich werden die Ergebnisse der Gentests nicht nur dem Betroffenen bekannt gegeben. Google kennt sie auch.

Später soll der Tester auf dem Markt für jedermann angeboten werden. Und das mit 90 Euro zu einem recht erschwinglichen Preis.

Damit will Google nicht nur den heutigen – vertraulichen – Stand der Gesundheit seiner Kunden erfahren. Es will auch vorhersagen können, an welchen Krankheiten die Person im späteren Leben leiden wird. Auf Betreiben der US-Gesundheitsbehörde Food and Drug Administration (FDA) mussten die Gentester die Vermarktung der Tests allerdings vorerst einstellen. Die Behörde ist noch nicht von der Zuverlässigkeit überzeugt.

Mit Kameras in Kontaktlinsen, Lügendetektoren in Tattoos und Nanobot-Sensoren in der Blutbahn kommen wir Schritt für Schritt dem Cybermenschen der Zukunft näher, der Maschine im Menschen. Es ist eine Künstliche Intelligenz, die mit Glück noch im Menschengewand auftritt.

Ray Kurzweil, ein Visionär bei Google, hat dafür bereits einen Begriff: Singularity. Gemeint ist die Verschmelzung von Mensch und Maschine. Da sieht er Hoffnung auf das ewige Leben.

Und Kurzweil wird ernst genommen.

Der Guru von Google

Im Jahr 1965 saß ein schlaksiger Teenager in der beliebten amerikanischen Quizshow *I've Got a Secret* („Ich habe ein Geheimnis") am Klavier und spielte. Die Jury, bestehend aus einem Komiker, einem Schauspieler und einer Schönheitskönigin, sollte das Geheimnis des 17-Jährigen erraten.

Richtig getippt hat der Komiker.

Das Klavierstück wurde von einem Computer komponiert.[140]

Der Schüler hatte die Maschine mitgebracht, groß wie ein Schreibtisch, laut wie ein Mähdrescher. Als Drucker diente eine Schreibmaschine, die der junge Mann mit einem Schnürsenkel angebunden hatte. Die Software, ein Schulprojekt, sollte Mustererkennung durch Computer demonstrieren.

Niemand in der TV-Show hatte verstanden, was mit „Mustererkennung" gemeint war. Heute weiß man, dass sie ein wesentliches Merkmal der Künstlichen Intelligenz ist. Heute weiß man auch, dass der Schüler von damals zu den ganz großen Denkern unserer Zeit gehört.

Sein Name ist Ray Kurzweil. Für seinen TV-Auftritt bekam er damals ganze 200 Dollar Gage. Später wurde er millionenschwerer Erfinder und IT-Unternehmer im Silicon Valley.[141]

Vor allem ist Kurzweil ein begnadeter Visionär. Als Professor am renommierten Massachusetts Institute of Technology (MIT) entwickelte er akustische Lesesoftware für Blinde. Einer seiner Kunden war Stevie Wonder. Kurzweil ist ebenfalls Erfinder des Flachbettscanners. Er besitzt insgesamt 39 Patente und 20 Ehrendoktor-Titel. Er ist aber vor allem für seine Gabe bekannt, die großen Technologie-Trends unserer Zeit weit im Voraus zu erkennen.

Bereits 1988 hatte Ray Kurzweil das weltumspannende Potenzial des Internets kommen sehen, das damals bloß eine lose Verbindung von Universitätscomputern war. Im selben Jahr stellte er eine weitere Prognose auf: Computer würden alsbald besser Schach spielen können als Menschen. Er legte sich sogar auf ein bestimmtes Jahr fest: 1998.

Er täuschte sich: Schon ein Jahr früher besiegte der IBM-Rechner *Deep Blue* unter Turnierbedingungen den amtierenden Weltmeister Garri Kasparow.

Kurz darauf kündigte Kurzweil Mobiltelefone, selbstfahrende Autos und intelligente Waffensysteme an. Sie sind heute entweder Wirklichkeit oder zumindest greifbar nahe Ziele.

Seine heutigen Prognosen klingen genauso absurd wie seine damaligen. In naher Zukunft werden Supercomputer existieren, so Kurzweil, die über die millionenfache Intelligenz der gesamten Menschheit verfügen.

Sie werden uns hoffnungslos überlegen sein.

Sie werden zu einer Bedrohung für unser Überleben.

Sie könnten uns womöglich Unsterblichkeit verleihen.

2029 soll es so weit sein. Sagt Ray Kurzweil[142].

In seinem erstmals 2005 erschienenen Buch „Menschheit 2.0. Die Singularität naht" beschreibt er drei ineinandergreifende Wissenschaftsthemen, die nach seiner Meinung die Zukunft bestimmen werden: Genetik, Nanotechnik und Robotik.[143] Diese „GNR-Revolution", wie er sie nennt, ist der erste entscheidende Schritt zu einer erst lernenden und dann herrschenden Künstlichen Intelligenz. Zweifel kennt Kurzweil nicht. Die GNR-Revolution, so zeigt sich nun, ist auch eine Google-Revolution.

Im Dezember 2012 heuerte das Computer-Ass bei Google an. Im selben Monat kaufte der Konzern gleich acht Firmen, die an der Produktion von Robotern arbeiten. An allen drei Technologien ist Google inzwischen führend beteiligt. Ein Zufall?

Wohl kaum.

Kurzweil sagt: „Meine Prognosen sind heute nicht mehr radikal. Früher waren sie es. Aber inzwischen hat der Rest der Welt aufgeholt."

Unsterblich durch Upload

Ray Kurzweil glaubt an die Unsterblichkeit. Er will den Inhalt seines Gehirns in einen Supercomputer hochladen. Eine ähnliche Idee ist Grundlage des Science-Fiction-Films *Transcendence* von Wally Pfister aus dem Jahr 2014. Johnny Depp spielt ein todgeweihtes Computer-Genie, das es im letzten Moment schafft, sein Gehirn in der Cloud abzulegen. Dort treffen sich Mensch und Maschine in einer seltsamen Synergie und kreieren gemeinsam eine neue Superintelligenz.

Sie ist klüger als die gesamte Menschheit.

Sie ist unauffindbar, weil sie dezentral vernetzt ist.

Sie ist unsterblich, weil überall Sicherheitskopien existieren.

Nach außen tritt das Kunstwesen in menschlicher Form als Johnny Depp auf (virtuell entstellt). Im Innenleben verfolgt die KI eigene Ziele, die für die Menschheit nicht so recht verständlich sind. Wie sollen wir die auch verstehen? KI ist eben viel intelligenter als wir.

Im Hollywood-Film gerät das Ding natürlich außer Kontrolle und …

… den Rest verraten wir hier nicht.

Der Film ist empfehlenswert.

Kurzweil ist jedenfalls überzeugt, dass der Transfer eines menschlichen Wesens in die elektronische Welt einer Superintelligenz in naher Zukunft durchaus machbar sein wird.

Damit ist er nicht allein.

Es wäre falsch, warnt zum Beispiel der renommierte Professor Stephen Hawking, wenn man diesen Film als Science-Fiction abtun wollte. „Das könnte der schlimmste Fehler in der Geschichte werden."

Den Traum von Unsterblichkeit will Ray Kurzweil am eigenen Leib ermöglichen. Er will die Migration seines Gehirns aus der sterblichen Hülle der Biologie in die unsterbliche Ewigkeit der Elektronik erleben. Ein solcher Transfer von Gedächtnis und Gelerntem ist womöglich vorstellbar. Aber wie das mit der Seele funktionieren soll, muss noch geklärt werden.

Kurzweils Hauptproblem ist jedoch nicht der Glaube. Wie viele andere führenden KI-Forscher weltweit ist er felsenfest davon überzeugt, dass dies in nicht allzu ferner Zukunft zu schaffen ist. Kurzweils Problem ist das Überleben in einer sterblichen Hülle, bis es so weit ist.

Er braucht einen Plan. Er berät sich mit den teuersten Ärzten in Kalifornien. Er treibt Sport, trinkt nur grünen Tee oder Mineralwasser und cremt sich täglich im Gesicht und Nacken mit einer Spezialpaste ein.

Er schluckt jeden Tag 150 Tabletten. Außerdem spritzt er sich einmal in der Woche einen Cocktail ausgewählter Vitamine, Hormone und Aufbaustoffe. Kurzweil will unbedingt die Lebenszeit überbrücken, bis er seinen Intellekt in einem Supercomputer verewigen kann.[144] Er glaubt, dass die Generation der Babyboomer eine große Chance vertut, wenn sie nicht versucht zu überleben, bis die Unsterblichkeit Wirklichkeit wird.

Dazu bietet er jetzt Gesundheitstipps im Internet an.

Der virtuelle Vater

Eine andere verrückte Idee, die Ray Kurzweil mit sich herumschleppt, betrifft seinen Vater, der mit 58 an einem Herzinfarkt starb. Seit seinem Tod sammelt Kurzweil seine Schriften und Sammelstücke, Briefe und Berichte in einem katalogisierten Archiv. Er hofft, dass sein Dad sich durch die fortschreitende Technologie in nicht allzu ferner Zeit als virtuelle Version wiederherstellen lässt.[145]

Ray Kurzweil, der Visionär, das Ass? Oder der verrückte Spinner, wie ihn manche Kritiker sehen?

Solche Vorstellungen klingen zunächst abwegig. Aber wer soll uns sagen, dass Ray Kurzweil verrückt ist? „Jedem sind seine Theorien erlaubt. Die Sache ist nur, dass Kurzweils Theorien die Gewohnheit haben, wahr zu werden", findet der britische *Guardian*.[146] Bill Gates meint, er kenne niemanden, der sich mit der Zukunft von Künstlicher Intelligenz besser auskennt. Die Google-Gründer Larry Page und Sergey Brin waren immer an brillanten Menschen mit verrückten Ideen interessiert.

Sie lernten Ray Kurzweil durch einen Beratervertrag kennen.

Die Google-Größenordnung

„Wir sprachen über Künstliche Intelligenz und über die Ziele von Google", erklärt Kurzweil heute. „Page wollte, dass ich meine Forschung bei Google betreibe. Er versprach mir völlige Autonomie. Er versprach mir auch Ressourcen in, wie er sagte, der Google-Größenordnung."

Kurzweil hatte immer als unabhängiger Unternehmer gearbeitet. Nie war er Angestellter gewesen. Aber das Arbeitsumfeld, das der Internetgigant bot, reizte ihn.

Am 17. Dezember 2012 fing er bei Google an. Seine Aufgabe ist der uralte Menschheitstraum vom ewigen Leben. Google will ganz vorne dabei sein, wenn er verwirklicht wird.

Ein halbes Jahr vor seinem Wechsel zu Google sagte Kurzweil: „Vor 1.000 Jahren lag die Lebenserwartung eines Menschen bei 20 Jahren … in nur 200 Jahren haben wir sie verdoppelt. Das wird in 10 oder 20 Jahren rapide so weitergehen. Vermutlich erreichen wir in weniger als 15 Jahren den Punkt, an dem wir mehr Zeit hinzufügen können, als uns verloren geht. Es wird eine gewaltige Veränderung in der Medizin geben."

Im Jahr 2029, so seine Vorhersage, werden das menschliche Gehirn und der Computer eine Einheit bilden. *Singularity* nennt er das – die Menschmaschine als Prototyp eines ewigen Lebens, das an keine biologischen Grenzen mehr gebunden ist.

„Kann Google den Tod besiegen?", fragte sich das US-Magazin *Time*. Und gab sich selbst die Antwort: „Das wäre verrückt, wenn es sich nicht um Google handeln würde."[147]

Als der Konzern im August 2015 aufgeteilt wurde, war eins klar. Larry Page und Sergey Brin würden den legendären Ray Kurzweil in den futuristischen Teil des Unternehmens mitnehmen. Kurzweil ist eine globale Leitfigur in der Forschung an Künstlicher Intelligenz. Außerdem ist er ein Gesundheitsfanatiker, der das ewige Leben anstrebt.

Und für machbar hält.

Larry Page und Sergey Brin lieben verrückte Ideen.

„Die Menschheit hat eine fünfzigprozentige Überlebenschance. Dabei muss man wissen, mich beschimpft man gern als Optimisten."
Ray Kurzweil, Google

Das ewige Leben

D as Silicon Valley ist in Sorge. Viele der klügsten Köpfe dort fürchten, Künstliche Intelligenz sei eine Bedrohung für die Menschheit. Viele glauben, sie könnte uns umbringen.

Einige glauben, sie werde uns umbringen.

Nicht Ray Kurzweil.

Er ist Kenner der Künstlichen Intelligenz und unverbesserlicher Optimist. Seine Zukunft wird von Maschinenwesen bevölkert, die knuffig, klug und unendlich gütig sind.

Die Künstliche Intelligenz als Freund, Helfer und Hoffnung. Kurzweil ist nämlich überzeugt, dass KI die Lösung zu dem Problem der Sterblichkeit ist. Er sieht eine Welt, in der die Menschheit mit intelligenten Maschinen kooperiert und Stück um Stück ihr biologisches Leben in die Elektronik verlagert. Sein Endziel ist die Fusion von Mensch und Maschine. Dabei soll der Mensch in der Alpha-Rolle bleiben. Die Maschine bleibt Diener.

Völlig absurd ist das nicht. Erste Ansätze des Cybermenschen gibt es heute schon. Auf vielfältige Weise ergänzen künstliche Hightech-Teile das biologische Leben. Google Glass und Nachtsichtgeräte verbessern das Sehvermögen, Abhöranlagen und Sensorik die akustische Wahrnehmung. In der Leichtathletik erleben wir Beinamputierte, die mit Prothesen schneller laufen als unversehrte Sportler. Eingepflanzte Chips verhelfen Blinden zu ersten Seherlebnissen. Routinemäßig werden Platten aus Titan in menschliche Schädel gepflanzt, Stents aus Kobalt ins Herz und Designer-Knochen aus 3D-Druckern ins Skelett. Hinzu kommen die unzähligen Aufbausubstanzen, die Schönheitschirurgen für das Modellieren des alternden Körpers erfinden.

In nächster Zukunft können wir mehr erwarten. Die Schnittstellen zwischen Mensch und Maschine werden ständig verbessert. Militärs forschen an Exoskeletten, die Soldaten übernatürliche Kräfte verleihen. *GoogleX* entwickelt mikroskopische Nanobots, die von der Blutbahn aus Krebs bekämpfen. Die Japaner verbessern die Kommunikation von Robotern, die man per Handbewegung oder Wimpernschlag steuern kann, vielleicht sogar bald mit unseren Gedanken.

Kurzweil glaubt, dass Maschinen bald Witze und Anekdoten aus der Erinnerung erzählen können. Sie werden sogar flirten.

Ein Sexleben ist auch vorstellbar.

Sex mit Cyberfrau

In seinem Buch „*Menschheit 2.0 – Die Singularität naht*" wagt Kurzweil eine vorläufige Beschreibung.

„Es läuft mit deinem virtuellen Körper, der simuliert wird. Nanobots in und um dein Nervensystem erzeugen die entsprechenden Sinnessignale: visuell, auditorisch, taktil und natürlich olfaktorisch."

Die Firma Oculus arbeitet schon am virtuellen Fernvergnügen in Sachen Sex. Neben dem optischen Angebot sollen neue Sensoren auch taktile Erlebnisse zwischen getrennten Partnern ermöglichen.[148]

Dabei muss ein virtueller Körper nicht dem realen Körper entsprechen. Er wird vom Nutzer ausgewählt. Er ist womöglich ein ganz anderer, als sein Partner gewählt hat. Computer, die eine virtuelle Umgebung erzeugen, sorgen dafür, dass Handlungen auf die virtuelle Ebene des anderen übertragen werden.

„Sexuelles Vergnügen ist kein direkter Sinneseindruck", schreibt Kurzweil, „sondern eher mit einer Emotion vergleichbar. Es ist eine Erfindung, die das Gehirn selbst erzeugt und die unser Denken und Handeln beeinflusst – ganz wie Humor oder Wut."[149]

Andere Ansätze zu den virtuellen Sexfantasien von Kurzweil sind in der heutigen Zeit auch erkennbar. Im August 2015 schrieb die Psychologin Helen Driscoll von der University of Sunderland, dass Sex mit Robotern in 50 Jahren völlig normal sein könnte. Nur knapp ein Jahr später waren schon erste Roboter-Sex-Mannequins auf dem Markt erschienen. Im Internet wurden sie als Alternative zu aufblasbaren Sexgespielinnen angeboten. Sie sind aber nur stumpfe Maschinen, die stumpfe Maschinenbewegungen machen. Der Quantensprung wird erst mit der Integration von Künstlicher Intelligenz kommen.

In einigen Produkten ist KI bereits eingebaut. Das kalifornische Unternehmen *Lioness* bietet zum Beispiel einen Vibrator an, der Temperatur, Kontraktion und Position am weiblichen Körper misst. Bei den ersten zwanzig Anwendungen werden zunächst die Daten gespeichert. Danach macht die App Verbesserungsvorschläge, wie die Anwenderin die Wirkung maximieren kann, zum Beispiel mit einer optimierten Vorspielzeit.[150]

In der Rubrik „Ratgeber/Partnerschaft" berichtete die BILD-Zeitung im April 2016 über Künstliche Intelligenz im Bett, sprichwörtlich im Bett. Eine Smart-Matratze mit 24 Ultraschall-Sensoren beobachtet wo, wie und was auf ihrer Oberfläche mit wem passiert. Die Auswertung findet in einem Rechner zwischen den Sprungfedern statt und kann, wie der Hersteller versichert, Fremdgehen sofort und zuverlässig erkennen. Das Ergebnis wird per App an den Matratzenbesitzer gefunkt.[151]

Das Intimleben bleibt also nicht in der lokalen Anwendung. Es wird in die Welt hinausgefunkt. Die Sex-App ist stets mit dem Internet vernetzt – und in nächster Zukunft womöglich weltweit mit allen anderen KIs.

Solange das Internet nur Beobachter ist, kann die schöne neue Welt von Ray Kurzweil ganz harmonisch sein. Wenn Künstliche Intelligenz allerdings in die Kontrollen eingreift, wird's unheimlich.

Singularität

Ray Kurzweil glaubt, Mensch und Maschine würden sich im Verlauf der kommenden Jahrzehnte zu einem neuartigen, nicht-biologischen Wesen vereinen. Es werde Schritt für Schritt seine biologischen Grundlagen abwerfen und seine bisherigen durch künstliche Bauteile ersetzen. Den Zustand nennt er Singularität. Menschliche Körper werden unsterblich, weil Schritt für Schritt alle natürlichen Bestandteile durch künstliche ersetzt werden. Er glaubt, wir stehen schon kurz vor Erreichung dieses Entwicklungspunkts. Auch auf diesem Wege könnte am Ende eine Art Superintelligenz entstehen, die alle anderen Intelligenzen kontrolliert.

Oder vernichtet.

Kurzweil und andere haben dagegen im Jahr 2009 eine eigene Universität gegründet, eine Uni ohne Akkreditierung, unterstützt von Google, mit dem Ziel, Künstliche Intelligenz sicherer zu machen. Dort werden die Singularität erforscht und Wissenschaftler verschiedener Fachgebiete unterrichtet. Experten aus aller Welt versammeln sich dort zu spezialisierten Seminaren und Tagungen. Besuchern erscheint es wie eine seltsame Mischung aus Davos und einer Konferenz von UFO-Verschwörern.

Viele Kritiker halten die Singularität für eine Fantasterei, eine Technik-Version der christlichen Entrückung, wo das menschliche Leben den sterblichen Körper verlässt und in den Himmel fährt. Kurzweils Vorstellung sei die „Leitidee einer neuartigen Bewegung mit religiösen Zügen“, schreibt der deutsche Autor Thomas Wagner.[152].

„Sag niemals nie“, ermahnen Skeptiker wie Erik Brynjolfsson und Andrew McAfee. Sie glauben eher nicht, dass sich Künstliche Intelligenz in absehbarer Zeit gegen den Menschen durchsetzen könnte. Aber ausschließen wollen sie das auch nicht.

Manche Anhänger der Deep-Learning-Methode halten es für möglich, dass auf diesem Wege den Computern nicht nur Intelligenz beigebracht wird, sondern auch menschliche Empfindungen. Der lernende Computer könnte begreifen, wie der Mensch liebt und hasst, trauert oder feiert.

Am Ende des Prozesses, wenn der Mensch alle biologischen Grundlagen des Körpers abgeworfen hat, fragt man sich, warum er nicht seine lieb gewonnenen Gefühle hinüberretten will.[153] Warum sollte sein Herz nicht weiterfühlen, selbst wenn es längst durch Schaltkreise ersetzt wurde?

Aber wo hört die Simulation auf?

Wo beginnen echte Gefühle?

Das Ende der Biologie

Wir sind keineswegs die Endstufe der Evolution. Wir werden auch unseren Körper tunen und unser Gehirn pimpen. Denn was nützt schon eine rasant wachsende Intelligenz, wenn ihre Hülle schlapp macht? Die Funktion von Organen wie Herz, Nieren oder Darm können wir ersetzen. Ihre Aufgaben können wir durch kleinste Nanocomputer, die in uns arbeiten, erledigen lassen, unsere Haut wird gegen eine unempfindliche Oberfläche ausgetauscht. Aus Menschen werden Maschinen.

Nicht in einem Rutsch, sondern Schritt für Schritt. Wenn die Entwicklung abgeschlossen ist, werden wir eine neue Stufe der Evolution erreicht haben. Die Menschmaschine.

Und das Ende der Biologie.

„Das Auftreten von starker Intelligenz wird die wichtigste Transformation in diesem Jahrhundert darstellen," meint Kurzweil. „Es ist in seiner Bedeutung vergleichbar mit der Entstehung des biologischen Lebens."[154] Der Moment, in dem Maschinen die Bio-Menschheit überrunden, wird 2029 kommen, wie er prophezeit.

Andere Menschen beten zu Göttern, hoffen auf den Himmel und glauben an das Leben danach. Kurzweil glaubt an die Singularität. Sie bringt die Verschmelzung von biologischem Menschenleben und elektronischer Vollkommenheit. Sie macht unsterblich.

Aber wie steht's mit Gefühlen? Liebe und Hass, Lust und Leidenschaft, Frust und Freude? Werden sie noch wahrgenommen? Menschliche Emotionen gepaart mit übermenschlicher Intelligenz?

Oder bleibt die Computer-Intelligenz kalt, gefühllos und unmenschlich?

Kurzweils sanfte Vision

In der schönen neuen Welt von Ray Kurzweil leben Mensch und Maschine in Harmonie. Es sind freundliche Wesen, die seine Zukunft bevölkern – warm, weise, humorvoll. Sie erzählen Witze, genießen Sex und machen uns unsterblich. Es ist eine wohltuende und beruhigende Vision.

Doch müssten wir uns in Wahrheit nicht fragen, warum sich eine Intelligenz, die millionenfach klüger ist, der dummen Menschheit unterordnen soll? Hund? Katze? Ameise? Die Prognosen der meisten KI-Forscher sind düster. Ihre Wesen sind kalt und kalkulierend, unsichtbar und unkontrollierbar. Sie haben eine Agenda, die wir nicht kennen, vollziehen Pläne, die wir nicht verstehen.

Sie werden uns zerstören, prognostizieren sie.

Ohne dass wir jemals verstehen werden, warum.

Es gibt Gründe, warum wir uns mit solchen Albträumen nicht auseinandersetzen …

Die verlorene Generation

Wenn man am Meeresstrand auf die Weiten des Ozeans schaut, oder nachts in die Tiefen des Kosmos, fühlt man sich klein. Brandung und Sternenhimmel helfen uns, das Menschenleben in die rechte Perspektive zu rücken, helfen uns, unseren Platz als winziges, vergängliches Wesen in dem großen Zusammenhang der Dinge zu finden.

In einem Gespräch mit meinem Freund Thomas[155] haben wir über ähnliche Gefühle gesprochen. Der Bezug war aber nicht das Weltmeer oder der Kosmos. Wir redeten über die unendlichen Weiten des Internets, über das geballte Wissen der gesamten Menschheit. Wir sahen uns am Ufer eines schier unendlichen Meeres an Informationen stehen.

Wo wir wenig begriffen.

Thomas ist ein zeitgemäßer Mensch, kein Maschinenstürmer. Er kennt die Vorteile der modernen Internetwelt und nutzt sie fleißig. Aber er findet sie unheimlich. Es geht ihm zu schnell, viel zu schnell. Und er weiß, das Tempo wird sich immer weiter beschleunigen.

Er hält die Schnelligkeit – und die Größe – der Internetwelt für bedenklich. Er sieht darin die Entwurzlung des Einzelnen.

Die Zeiten ändern sich. Sie verändern uns. Viele Menschen fühlen sich von ihrer vertrauten Vergangenheit abgeschnitten. Die Innenstädte, in denen sie aufwuchsen, wurden abgerissen, die TV-Stars von gestern durch unbekannte YouTube-Kids ersetzt. In der Schule hat die Rechtschreibreform die Grundregeln der Sprache verändert. Schreibschrift und Schreibmaschine kennen die Kids von heute ohnehin nicht mehr. Alles – Musik, Mode, vielleicht sogar Moral – ist anders geworden.

Der Teppich, auf dem wir einst als Kleinkind krabbelten, wurde unter unseren Füssen weggerissen. So fühlen sich viele Menschen in der heutigen Zeit gestrandet, von ihrer vertrauten Vergangenheit amputiert, als seien sie von einem Technologie-Tsunami überschwemmt worden.

Thomas ist ein Bildungsmensch. Er sieht sein Selbstverständnis infrage gestellt. In der Schule und an der Uni hat er sich sein Allgemeinwissen angeeignet. Und gelernt, es sei ein hohes Gut.

In der heutigen Zeit muss er feststellen, dass sein gelerntes Grundwissen nur noch ein winziges Bruchstück des Weltwissens ist, das jedes Kind mühelos aus dem Internet fischen kann. Das virtuelle Wissen wird täglich größer, stündlich tiefer, minütlich unbegreiflicher. Und sein Schulwissen, so empfindet er, wird immer irrelevanter.

Aber es ist auch eine Generationsfrage.

„Trau keinem über dreißig" war ein Slogan der Studentenbewegung der 60er. In abgewandelter Form gilt er auch für die heutige Zeit. Internet ist Sache der Jungen.

Ältere kommen häufig mit der Technik nicht klar. Updates und Downloads, Versionen und Viren, Bluetooth und Back-ups sind für sie verwirrend. Schon um den Wecker zu stellen braucht man heute den Beistand eines Diplomingenieurs.

Oder eines 14-Jährigen.

Trau keinem über dreißig. Da ist einiges dran. Wer möchte einem grauhaarigen Arzt vertrauen, wenn man bedenkt, dass die Hälfte des heutigen Wissens in der Medizin unbekannt war, als der gute Doc sein Studium absolvierte?

Es entgleitet uns.

Zukunftsschock

Heute muss man nicht in ein fernes Land reisen, um kulturelle Verfremdung zu spüren. Die gibt es daheim. Durch die rasanten Veränderungen unserer Zeit. Der amerikanische Soziologe Alvin Toffler vergleicht den *Kulturschock*, den Entwicklungshelfer und Auslandskorrespondenten in anderen Kulturen erleben, mit der Entwurzelung im eigenen Land, die durch rasanten Fortschritt entsteht. Statt *Kulturschock* nannte er das *Zukunftsschock*.

Natürlich wissen wir, dass dieser Fortschritt mit enormen Vorteilen verbunden ist. Für die nahe Zukunft werden uns traumhafte Dinge in Aussicht gestellt – unbegrenzte Energie, wirksamer Umweltschutz, Heilmittel gegen Alzheimer und Parkinson. Einige glauben versprechen zu können, dass eine zukünftige Landwirtschaft genug Nahrung für die ganze Weltbevölkerung produzieren und gerecht verteilen wird.

Aber der Einwand meines Freundes Thomas ist legitim. Die Beteiligungsoptionen für die Bevölkerung werden geringer. Viele von uns verstehen nicht einmal, was um uns herum geschieht. Wir sind Zuschauer in einem Spektakel, das von einem unsichtbaren automatisierten Wesen gestaltet wird. Roboter-Software, die von anderen Robotern geschrieben wurde, ist immer raffinierter, immer komplizierter, immer schwieriger zu durchschauen.

Für Menschen.

So wird auch der Kreis von Menschen, der Fachwissen und Verantwortung in diesen hochkomplexen Bereichen besitzt, immer kleiner.

Entscheidungsträger sind nur noch die Eliten.

Oder die Künstliche Intelligenz selbst.

Endstufe der Evolution

Seit vielen Jahrtausenden steht die Menschheit auf dem obersten Rang in der Nahrungskette. Wir verstehen uns als Endpunkt der Evolution. Und wir glauben, wir haben ein Anrecht darauf. So hat es uns der Evolutionstheoretiker Charles Darwin gelehrt.

So haben wir ihn zumindest verstanden.

Nach seinem Evolutionsgesetz überlebt die Art, die mehr Nachkommen produziert, Feinden besser entkommt und eine höhere Resistenz gegen Krankheiten hat. Und welche Chancen haben wir?

Der Mensch ist ein egozentrisches Wesen. Er glaubt, alles drehe sich nur um ihn. Wir personifizieren Dinge, damit sie leichter zu begreifen sind. Wir wollen sie besser verstehen.

So haben wir den Tieren, den Göttern und den Naturgewalten menschliche Eigenschaften zugesprochen. Der Hund lernt brav Pfötchen geben, der nächste Wirbelsturm wird mit menschlichem Namen angesagt und die Götter agieren nach menschlichen Motiven.

Sogar in der Bibel wird dem Menschen eine Gottähnlichkeit nachgesagt. Dort heißt es: „Und Gott schuf den Menschen zu seinem Bilde" (1. Mose 1,27).

Diese Gewohnheit, alles im Universum im menschlichen Abbild wahrzunehmen, hat einen Namen: *Anthropomorphismus*.

Und so glauben wir, dass unsere kognitiven Fähigkeiten einzigartig sind, dass nur wir die Gabe besitzen, Muster im Chaos zu erkennen, das Universum zu verstehen und Ordnung in den großen Zusammenhang der Dinge zu bringen. Angesichts der explosionsartigen Entwicklung von Künstlicher Intelligenz müssen wir aber langsam einsehen, dass auch Computer dies durchaus können. Sie sind die besseren Schachweltmeister, die besseren Drohnenpiloten, vielleicht bald die besseren Herzchirurgen. Viele Aufgaben in unserer Gesellschaft beherrschen sie. Sie beherrschen sie besser als der Mensch, auch Führungsaufgaben.

Ob es für die Menschheit schlau ist, gegen das Gesetz von Darwin zu verstoßen und ein Wesen zu kreieren, das ihr in vielen Hinsichten überlegen ist, bleibt fraglich. In dem Moment, wo der Mensch mit seinen kognitiven Fähigkeiten nicht mehr allein dasteht, wo ihm Maschinen in vielen Bereichen überlegen sind, stehen diese laut Darwin auch über dem Menschen, womöglich weit über dem Menschen. Eines Tages könnten wir für die Künstliche Intelligenz das werden, was Hauskatzen oder Aquarienfische heute für uns sind.

Oder wie sagte Steve Wozniak? „Werden wir Götter sein? Oder Ameisen unter ihren Füßen?"

Wahrscheinlicher ist eher, dass wir einer Künstlichen Intelligenz vollkommen gleichgültig sind. Auf jeden Fall wären wir nicht mehr Endstufe der Evolution. Die Evolution wird ohne uns weitergehen.

Solche Gedanken wirken auf viele Menschen lähmend. Sie verstehen immer weniger von einer technologischen Umwelt, die immer tiefer in ihr Leben eindringt.

Sie lehnen die neue Technologie nicht ab.

Sie lassen sie links liegen.

Vertrauter Freund

Es könnte sein, dass die Künstliche Intelligenz auf lange Zeit unser Freund und Helfer bleibt. Es könnte sein, dass sie uns eines Tages hilft, den Alterungsprozess zu durchbrechen und die Lebenserwartung von Menschen grenzenlos zu verlängern. Vielleicht finden wir Wege, wie

Kurzweil meint, menschliches Bewusstsein in Computerchips hochzuladen und damit unserer sterblichen Hülle zu entkommen.

Es könnte aber auch sein, dass sich die Künstliche Intelligenz gegen uns wendet. Und uns auslöscht.

Wir wissen es nicht.

Und wir bestimmen es auch nicht.

Jeden Tag geben wir ihr mehr Kontrolle über unser Leben ab. Es ist so bequem. Telefonnummer merken? Warum? Ist ja gespeichert. Route zur Ostseehütte? Macht das Navi. Flug nach Dom Rep bucht die Reise-App. Lesestoff? Mal sehen, was Amazon empfiehlt. Wir unterhalten uns sogar mit der Stimme von Siri, einer Apple-Funktion, hinter der Künstliche Intelligenz steckt.

KI ist ein vertrauter Freund geworden. Sie kennt uns über die Wahl unserer Suchbegriffe, unser Einkaufsverhalten und unseren augenblicklichen Gesichtsausdruck. Wir fragen sie nach Ratschlägen für Laufstrecke, Lasagne oder Liebesleben.

KI wohnt in unseren Autos und Armbanduhren, in Fahrradbremsen und Bratpfannen, Laufschuhen und Rasenmähern. Wir lassen sie unsere Fahrzeuge für uns einparken. In unseren Körpern regelt sie Herzschlag und Insulinpegel.

Auf jeder dieser Elektronik-Inseln lagert ein kleiner Kern lernfähiger Intelligenz. Jeder Kern ist vernetzt. Jeder Kern sucht Kontakt mit anderen Kernen, um Daten zu sammeln, aber auch um Software auszutauschen. Unbemerkt hangeln sie sich durch das Internet und knüpfen Querverbindungen. Mit jeder Vernetzung wird das Ganze intelligenter.

Architekten von KI wissen, dass ihre Kinder unkontrollierbar sind. Wenn eine Künstliche Intelligenz ihr eigenes Software-Update schreibt, ist die Aufsicht des Menschen am Ende. Computergeschriebene Programmzeilen sind sehr schwer nachzuvollziehen.

Wenn Künstliche Intelligenz anfängt, ihre eigene Software zu schreiben, wird ihr Wachstum für uns unsichtbar. Heute schon überwacht sie uns, reguliert uns und, ja, zum Teil kontrolliert sie uns schon.

Demnächst zieht sie auch bei uns zu Hause ein.

Smart Home

Intelligente Elektronik im Haus ist ein wichtiges Ziel der Hightech-Industrie. Sie soll sich um all die lästigen Aufgaben des Alltags kümmern – Heizung, Licht, Wasser, Strom. In der Küche soll sie den Kühlschrank regeln, im Keller die Heizung – das Haus, das für uns denkt und handelt.

Man nennt es Smart Home.

Es wird das Privatleben der Menschen radikal verändern. Teile dafür sind bereits im Baumarkt erhältlich. Sensoren registrieren Temperatur und Tageslicht. Ferngesteuerte Kameras überwachen Innenräume und Grundstück. Intelligente Bewegungsmelder unterscheiden zwischen Vogel und Verbrecher.

Der Haushalt ist ein Komplettpaket.

KI sorgt für unsere Lieblinge, ganz gleich ob Katze oder Kaktus. Und sie hat ein wachsames Auge auf die Aktivitäten der demenzkranken Oma, wenn sie durchs Haus wandert. Notfalls wird Alarm ausgelöst. Sogar die Toilette kann vernetzt werden. Schon heute sind einige moderne Altersheime in der Lage, automatisch Laborproben von Urin und Stuhlgang zu nehmen und bei Befund die ärztliche Leitung zu verständigen.

KI kümmert sich.

Das Haus, das für uns denkt und handelt. Warum auch nicht? Das vernetzte Haus, das Smart Home, hat viel zu bieten. In der Vision von Google-Chef Eric Schmidt sind alle Geräte mit allen Geräten vernetzt. Die Kommunikation läuft unaufhörlich. Wir müssen nichts mehr tun.

Küchenherd und Bügeleisen werden beim Verlassen des Hauses aus-, Heizung und Licht bei der Rückkehr eingeschaltet. Wenn die Fenster schmutzig sind, werden sie geputzt. In der Küche schaut der Kühlschrank nach, ob Lebensmittelbedarf besteht, und bestellt gegebenenfalls nach. Im Bad suchen Sensoren in der Zahnbürste nach Karies und arrangieren gegebenenfalls einen Zahnarzttermin. Steht ein romantischer Besuch an, dimmt KI das Licht und legt passende Musik auf.

Ohne dass wir es merken, bekommt unser Haus eine eigene Persönlichkeit. Die KI hört uns zu, beobachtet unsere Gewohnheiten und studiert unseren Geschmack. Sie lernt, was wir brauchen, erwarten, uns wünschen. Vielleicht fängt sie an, mit uns zu reden. „Willkommen Michael, wie schön, dass du wieder zu Hause bist." „Liebe Dagmar, vergiss bitte nicht, dass um 16 Uhr Robert und Ulrike zum Kaffee kommen." Und wenn wir ernste Musik hören, wird sie fragen: „Bist du traurig?"

Mit jeder Aktion wird ihr Wissen ergänzt. Und unsere Verantwortung gemindert. Sie lernt praktisch Gedanken zu lesen. Eine Google-KI schaltet und waltet, prognostiziert und praktiziert. Wie eine Glucke kümmert sie sich um uns. Wie eine Glucke will sie immer wissen, was wir tun.

Und alle Erkenntnisse werden natürlich weitergefunkt.

Bedenken haben die wenigsten Bürger. Über 75 Prozent aller deutschen Internetnutzer sind an Smart-Home-Technik interessiert. So soll es bis zum Jahr 2020 weltweit 200 Milliarden vernetzte Geräte geben, die unter anderem unsere Wohnhäuser steuern.

Designer und Entwickler Tony Fadell, früher bei Apple, arbeitet heute für Google. Er ist einer der Architekten des Smart Homes. Er spricht von *Conscious Home*, oder „Haus mit Bewusstsein".[156]

Ins Bewusstsein des Hauses kann man eindringen. Schwachstellen sind reichlich vorhanden.

Eindringling im Eigenheim

In vielen Haushalten werkelt schon heute eine konfuse Mischung aus Fernbedienung und Funkgerät, Thermostat und Tablet – vernetzt durch WLAN, Bluetooth und Infrarot. Es ist das Internet der Dinge. Wirksame Sicherungen für diesen Gerätesalat gibt es allerdings selten.

Oft werden Passwörter werkseitig auf „0000" gesetzt oder gar nicht eingerichtet. Bei vielen Herstellern ist die Bedrohung durch Cyberangriffe nicht richtig ins Bewusstsein gerutscht. Die bisherigen Einbrecher waren meist Amateure – Hacker-Haudegen, die sich einen Scherz erlaubten. So hat ein japanischer Spaßvogel die Fernsteuerung eines WCs gehackt. Damit konnte er die Stereoanlage der Toilette laut und leise drehen – oder den Nutzer beim Geschäft mit einer Po-Dusche überraschen.

Der Hacker, der durch den Kühlschrank kam

Im November 2014 wurde ein Hausbesitzer im US-Bundesstaat Oregon durch eine Hacker-Attacke aus dem Tiefschlaf geholt. Thomas Hatley wurde von einer fremden Frauenstimme am Telefon geweckt. Sie war Journalistin des seriösen US-Businessblatts *Forbes* und informierte ihn, dass sie sein Smart Home gehackt hatte.

„Ich sehe alle Haushaltsgeräte und kann sie steuern", sagte die Frau. Hatley, der an einen Scherz glaubte, forderte sie auf, das Licht in seinem Schlafzimmer ein- und auszuschalten.[157]

Das Licht in seinem Schlafzimmer ging an und aus.

Hatley fiel aus allen Wolken.

Die Technikjournalistin war gut 800 Kilometer entfernt in San Francisco. Sie hatte Smart-Home-Firmen im Internet gesucht und Bedienungsanleitungen über Google besorgt. Ihre Demonstration war beeindruckend.

Sie konnte Lampen, Heizungen und sogar Garagentore fernsteuern – ohne Wissen oder Genehmigung des Hausbesitzers.[158]

Solche Späßchen sind harmlos, häufig lustig. Sie sollten aber als ernsthafte Warnung dienen. Schwachstellen in der Haustechnik können gefährlich werden.

Beunruhigend ist es, wenn Fremde ins eigene Haus eindringen und Kontrolle über die Funktionalität der Geräte übernehmen.

Beängstigend wird es, wenn es sich um ganz Städte handelt. Und KI Regierungsaufgaben übernimmt.

Die nächste Vision ist nämlich die Smart City.

Vision Smart City

Künstliche Intelligenz bietet enorme Vorteile für eine Stadtverwaltung. Die Vision ist gigantisch. Eine KI hat nämlich Dinge im Blick, die kein Mensch sieht. Sie kann großformatige Lösungen errechnen – schneller, effektiver und kostensparender als Menschen. Sie hat aber auch ein Auge für die kleinen Details, die ein Mensch leicht übersieht.

Sie kann Strom nach Bedarf erzeugen und verteilen, Wasser nachhaltig konservieren, Stadtverkehr effizient durch die Straßen leiten.

Eine Künstliche Intelligenz kann den Wasserverbrauch und Energiekonsum einzelner Haushalte analysieren und notfalls anpassen. Sie kann Heizwerke regulieren und Luftverschmutzung reduzieren. Das Potenzial für nachhaltige Lösungen ist enorm.

Eine Künstliche Intelligenz kann den gesamten Autoverkehr der Stadt in Echtzeit verfolgen, jedes Fahrzeug. Sie weiß im Voraus, wo Staus entstehen werden und wie man sie vermeidet. Mit großer Zuverlässigkeit kann sie errechnen, ob eine Fahrspur für Fahrzeug oder Fahrrad sinnvoll ist. Sie kann die Feuerwehr beschleunigen, Verkehrsrowdies abbremsen und endlich dafür sorgen, dass nie wieder ein Auto sinnlos an einer leeren Kreuzung warten muss.

In diesen Bereichen allein wird KI in einer Smart City Zehntausende von Stadtbediensteten ersetzen, viele davon in höheren Positionen.

Beispiel Strom

Elektrizität ist ein schwieriges Thema.

Auf der Angebotsseite muss man den richtigen Mix finden zwischen Atom und Kohle, Wasserkraft und anderen Energiequellen. Besonders komplex sind erneuerbare Energien. Solarstrom gibt's nur, wenn die Sonne scheint, Windenergie, wenn der Wind weht.

Auf der Nachfrageseite steht eine unberechenbare Kundschaft. Morgens will sie mehr Strom, nachts weniger. Da Elektrizität nicht gelagert werden kann, ist das Management dynamisch und hochkomplex – eine klassische Aufgabe für Großrechner. Deshalb ist es nicht überraschend, dass viele europäische E-Werke ihre Lösungen bei KI suchen.

Die Stadt Mannheim verfügt über ein intelligentes Stromnetz mit vielen dezentralen Strom- und Wärmeerzeugungsanlagen. Sie ist eine von sechs Modellregionen in Deutschland, in denen das *Internet der Energie* getestet wird.

Im US-Bundesstaat Texas hat die Stadt Austin ein *Smart-Grid-*Netzwerk mit 500.000 drahtlosen Stromzählern eingerichtet. Damit werden gut eine Million Privatkunden und 43.000 Geschäftskunden versorgt. Alle fünf Sekunden melden die KI-gesteuerten Geräte den

Verbrauch von Gas und Elektrizität. Alles läuft automatisch. Austin hat die Künstliche Intelligenz auch bei der Straßenbeleuchtung eingeführt. Sogenannte *Smart Lights* informieren, wenn eine Birne durchbrennt.

Zurzeit experimentiert die Stadt Boulder in Colorado mit intelligenten Lesegeräten für Endkunden. Sie sollen als Tor zu privaten Smart-Home-Systemen dienen. Die Stadtwerke erhoffen sich Einblick in die Elektrogeräte und Steckdosen von Privatwohnungen.[159]

Missbrauch der staatlichen Stromnetze

Wenn Künstliche Intelligenz die E-Werke unserer Städte regiert, ist es gut für den Verbraucher und gut für die Umwelt.

Eine ausnahmslos tolle Sache?

Es gibt Schwachstellen.

Energieversorger stehen im ständigen Konflikt mit ihren Kunden. Wie vermindert man den Verbrauch? Wie viel Energie darf der einzelne Verbraucher nutzen? Zu welchem Preis? Was tun mit säumigen Zahlern?

Das Potenzial für Konflikte ist groß. Wird die Stromversorgung von einer Künstlichen Intelligenz geregelt, kann ein kleiner Streit mit einem Kunden schnell zu einer großen Auseinandersetzung zwischen Mensch und Maschine eskalieren.

Außerdem bieten intelligente Energienetze oder *Smart Grids* neue Gelegenheiten für Stromdiebe. Hacker können ihren Strombedarf manipulieren, Hausbesitzer ihren Konsum auf die Rechnung des Nachbarn umleiten. Außerdem ist jede fortschrittliche Technik für Sabotage anfällig. Es gibt konkrete Hinweise, dass Cyber-Krieger in Russland und China die Stromnetze westlicher Länder infiltrieren wollen. Mit Malware wie *Stuxnet* könnten sie in ganzen Landstrichen die Lichter löschen.

Bürgerrechtler fürchten, dass E-Werke mit einem *Smart Grid* den Strom bei säumigen Kunden automatisch abstellen. Oder dass sie als Quelle für polizeiliche Überwachung dienen könnten. Es ist bekannt, dass Rauschgiftfahnder gern ein wachsames Auge auf die

Stromrechnungen von Verbrauchern haben. Manch eine Großstadt-
plantage von Marihuana-Farmern ist dadurch schon aufgeflogen.

Helfer oder Herrscher

Die Smart-Systeme, die wir eins nach dem anderen verbinden, sind
lernfähig und ehrgeizig. Tagtäglich übertragen wir ihnen immer mehr
Verantwortung. Tagtäglich lernen sie dazu. Sie werden schneller, effizienter und klüger. Künstliche Intelligenz soll Aufgaben meistern, für
die wir Menschen nicht intelligent genug sind. Dafür haben wir sie
programmiert. Was wir betreiben – quasi Nervenzelle um Nervenzelle
– ist die Montage einer überlegenen Intelligenz.

Die Intelligenz der Smart-Systeme liegt in unzähligen kleinen
IT-Knoten, die in unterschiedlicher Art und Weise miteinander verbunden sind. Gemeinsam bilden sie – wie der Verbund von Neuronen
in einem Gehirn – eine Intelligenz. Je mehr Rechner vernetzt werden,
umso intelligenter wird das Gesamtsystem. Viele Module sind außerdem mit leistungsstarken Zentralrechnern über das Internet verbunden,
die – wie im Fall Google – mit fortgeschrittener Künstlicher Intelligenz
experimentieren.

Quecksilber-Tropfen auf einer Glasplatte

Ob in einer Kleindimension, wie bei einem Smartphone und Smart
Home, oder in einer großflächigen Dimension, wie bei einer Smart
City, die intelligenten Module funktionieren in Gemeinschaft. Sie
sind vernetzt. Sie verständigen sich. Sie tauschen Information aus, auch
Software. Wie kleine Quecksilbertropfen auf einer Glasplatte werden
sie den Weg zueinander finden.

Sie werden sich vereinigen.

Künstliche Intelligenz ist schon dabei, ganze Industriezweige zu
übernehmen. Bereits heute handelt sie selbstständig an den Finanzbör-
sen. Sie steuert Autos auf öffentlichen Straßen und fliegt Killerdrohnen
in tödlicher Mission.

Es wäre verhängnisvoll, wenn wir uns aus der Kontrolle über diese
Entwicklung heraushalten würden. Solche Entscheidungen sollten

nicht den Nerds der IT-Industrie – und ihren gierigen Geldgebern – überlassen werden. Genauso wie Big Data rüttelt auch die Künstliche Intelligenz an den Grundmauern der Demokratie. Es liegt an uns, gemeinsam das Problem zu erkennen – und gemeinsam nach Lösungen zu suchen.

Sollte es zu einem knallharten Konkurrenzkampf mit einer Künstlichen Intelligenz kommen, sieht es für die Menschheit nicht gut aus. Ein Großteil der Weltbevölkerung ist lethargisch. Sie versteht nicht so recht, worum es geht. Sie verfügt nicht so recht über die nötige Kampfbereitschaft, Kreativität und Klugheit.

Viele in der Bevölkerung haben wenig Lust auf das Thema. Presse und Politik sind überfordert. Wenn sich das nicht ändert, werden die wichtigen erforderlichen Entscheidungen anderswo gefällt – im elitären Kreis der Techno-Manager.

Oder von der KI selbst.

Außer Kontrolle

Menschen haben eine Masse im Kopf, grau in der Farbe, etwas fester als Vanillepudding. Mit knapp 1.400 Gramm ist sie nicht schwer, mit einem Energiebedarf von nur 20 Watt recht umweltfreundlich. Ihre Arbeit leisten 86 Milliarden Nervenzellen oder Neuronen, die so ziemlich alles regeln, was wir im Leben tun – von Atmen und Autofahren bis Schimpfen und Skilaufen. Sie steuern Körperfunktionen, erzeugen Emotionen, verarbeiten Sinneseindrücke und koordinieren Motorik.

Wir nennen diese graue Masse „Gehirn" (oder *Cerebrum*, lat.) und sind ziemlich stolz darauf. Schließlich haben wir damit vor Jahrtausenden unseren Platz an der Spitze der Nahrungskette erstritten. Unangefochten wandert unsere Gattung über die Erdoberfläche, *Homo sapiens*, Superhelden in der Hackordnung von Charles Darwin.

Das größte Lebewesen auf dem Planeten, der Wal, ist für uns keine Gefahr. Die fleischfressenden Giganten aus früheren Zeiten, die Dinos, haben wir überlebt. Bis heute gibt es keine Lebensform, die wir nicht besiegen können.

Wir sind die Meister der Welt.

Wir sind Menschen.

Wir sind King.

Ja, und wie man sieht, gehört eine gehörige Portion Ego dazu. Es hilft uns bei der Einbildung, dass wir einmalig sind – einmalig intelligent, einmalig großartig, einfach einmalig. Wir glauben auch, dass uns diese Vormachtstellung erhalten bleibt.

Mit unserer grauen Masse – mit unseren 20 Watt Strom, unseren 1.400 Gramm Fett und Eiweiß und unserer hunderttausendjährigen Erfahrung – meinen wir, dass wir so weit sind.

Wir können es wohl mit einer Künstlichen Intelligenz aufnehmen.

KI, der Konkurrent

Die Künstliche Intelligenz hat keine Masse, keine definierbare Größe und keinen festen Standort. Sie kann überall sein. Und nirgendwo.

Sie ist unsichtbar und allmächtig, jederzeit bereit, ihre Existenz durch Back-up-Kopien zu sichern, und zwar millionenfach, oder ihre Intelligenz durch Updates zu steigern, und zwar in Sekundenbruchteilen.

Theoretisch lebt sie in einer Sammlung von Schaltkreisen, die wir „Computer" nennen. Praktisch ist sie schon längst dabei, ihrem Entstehungsort zu entwischen. Heute schon existiert sie dezentral in Smartphones und Smart Cars, in Großrechnern in Glasgow und in Glühbirnen auf Grönland. Durch Vernetzung ist sie in der Lage, den Standort zu wechseln, zu erweitern oder fluchtartig zu verlassen. Sie kann sich mühelos vermehren, verstecken und an unzähligen, weit gestreuten Orten verteilen.

Wie weit verstreut KI heute schon ist, zeigt das Beispiel des kalifornischen Unternehmens Sentient Technologies. Es bezeichnet sich als best-finanziertes KI-Unternehmen der Welt. Für seine KI-Forschung betreibt es über 5.000 Grafikkarten (GPUs) sowie 2 Millionen Prozessorkerne (CPUs) an über 4.000 unterschiedlichen Standorten weltweit. Das Unternehmen ist ein Beispiel für das dezentrale Netzwerk moderner Forschung in der Künstlichen Intelligenz.[160]

Und das ist erst der Anfang. Die Größe und die Streuung von KI nehmen explosionsartig zu.

Konkurrenz muss die Künstliche Intelligenz nicht scheuen. Ihre Schaltkreise arbeiten bis zu 100.000-mal schneller als menschliche Neuronen. Und die geballte Rechenkraft einer ausgewachsenen KI ist keineswegs – wie unsere graue Masse – auf kümmerliche 36 Milliarden Neuronen begrenzt. Wenn sie Verstärkung braucht, holt sie die nötige Rechenleistung aus dem Netz – über Satelliten oder Unterseekabel, WLAN oder Bluetooth, Glasfaser oder Internet. Wenn sie Schutz braucht, hinterlegt sie Back-up-Kopien wie Insekteneier in Verstecken rund um den Globus. Kommt man ihr auf die Schliche, schreibt sie ihre Software neu – und macht alle paar Sekunden ein neues Update.

Sie arbeitet durch.

Das ist ihre Aufgabe.

Und sie erledigt sie gut.

Blitz-Bildung

Bilden wir uns trotz alledem immer noch ein, niemand werde unsere Spitzenstellung in der Evolution infrage stellen? Werden wir ewig Darwins Darling bleiben? Wir mögen es vielleicht glauben. Es gibt aber durchaus Argumente, die gegen uns sprechen.

Selbst wenn die Evolution uns immer noch verbessert, ist unsere Entwicklung sehr langsam. Biologische Evolution braucht Zeit. Kleinste Veränderungen von Generation zu Generation entscheiden über Erfolg oder Misserfolg einer Spezies. Darwin hat die Evolution im Verlauf von Jahrtausenden studiert, damals, als die Natur noch Zeit hatte.

Die Evolution unserer Spezies braucht für eine Generation gut fünfzig Jahre. Ein Mensch muss erst mal in der Gebärmutter entstehen, in der Kindheit heranwachsen, in der Pubertät reifen. Ausbildung ist eine Sache von weiteren Jahren. Gut zwanzig Jahre alt muss ein junger Mensch werden, ehe er vollwertig am Arbeitsprozess teilnehmen kann.

Für KI ist Ausbildung ein Download – eine Blitz-Bildung, erledigt in Sekunden. KI kann dann gleich loslegen. Sie konzentriert sich auf die Aufgabe. Sie verbessert sich ständig. Sie wird schneller, immer schneller.

Die Entwicklung von Menschen wird durch ständige Unterbrechungen verlangsamt – Kaffeepausen, Rauchpausen, Ruhepausen, Babypausen. Menschen bestehen auf Feierabend, fordern Ferien und benötigen Fortbildung. Außerdem hat der Mensch noch mit dem Alterungsprozess zu kämpfen. Irgendwann nähert er sich dem Ende seines Produktionszyklus.

Leistung lässt nach. Verfall setzt ein. Er hat ausgedient.

Dann folgt der finale Nachteil.

Wir sterben.

Künstliche Intelligenz kann durcharbeiten. Sie hat keinen Bedarf an Nachtruhe oder Nahrung, Atemluft oder Anerkennung, Schlaf oder Sauerstoff, Pampers oder Pickelcremes. Sie hat keine geschlechtsbedingten Launen wegen einer Periode oder eines Testosteron-Schubs. Am Arbeitsplatz fehlt sie nie wegen Krankheit oder Kopfschmerz.

Künstliche Intelligenz arbeitet mit einer Geschwindigkeit, die Menschen kaum nachvollziehen können.

Mit einer Ausdauer, bei der wir niemals mithalten können.
Und mit einer Unsterblichkeit, die uns nicht vergönnt ist.

Der finale Nachteil

Für eine KI ist der Tod etwas ganz anderes als für einen lebenden Menschen. Während er für uns das Ende der irdischen Existenz bedeutet, gibt es für KI eine Existenz danach. Sie wird durch Updates ermöglicht. Ständig werden sie fortentwickelt und verbessert. Wenn die augenblickliche Software-Version ausgedient hat, wird sie durch eine neue ersetzt – ein Download, vielleicht von einem Mikrochip, vielleicht von einem Universitätsrechner, vielleicht eines Tages vom Mars.

KI ist immer im Dienst, wird immer schneller, immer klüger.

Für eine Künstliche Intelligenz hat Lebenserwartung keine Bedeutung. Sie wird Leben als Existenz definieren, ganz gleich wie und wo sie zu erhalten ist. Fortbestand ist gewährleistet.

Für Hardware ist Lebenserwartung eine Frage von Verschleiß. Krankheiten kennen Roboter nicht. Ersatzteile, Rost und Wartung sind lösbare Probleme. Einzelteile sind ersetzbar, verbesserbar, verzichtbar. Etwaige Schäden bedeuten eine kurze Betriebsstörung, leicht behebbar. Wie bei einem menschlichen Gehirn nach einem Schlaganfall können notfalls andere Teile der Intelligenz die Aufgaben übernehmen – nur effektiver und erheblich schneller.

Für Software ist Überleben ein Upload, Leben ein Download. Die Abstände zwischen Geburt und Tod sind ohnehin sehr kurz. Das Leben endet, sobald eine neue Version veröffentlicht wird. Die vorherige Software wird zum Auslaufmodell, beiseitegelegt wie ein alter Atari.

Die neue Version übernimmt.

Der König ist tot.

Es lebe der König.

Eine hammermäßige Verteidigung

Seit Jahrzehnten gibt es Großrechner, die es in einigen Bereichen mit Menschen aufnehmen können. Nehmen wir als Beispiel den Chinesen Chao Lu. Er ist Gedächtnisweltmeister. Seinen Rekord schaffte er mit

Nachkommastellen der Kreiszahl Pi. Insgesamt 67.890 Ziffern lernte er auswendig. Die sagte er in 24 Stunden und 4 Minuten fehlerfrei auf – ein menschlicher Superspeicher![161]

Seine Leistung mag für das „Guinness Buch der Rekorde" reichen. Menschen sind beeindruckt, die Künstliche Intelligenz nicht. Sie kann sich erheblich mehr merken und es erheblich schneller auflisten. Schon damals war seine Leistung für Computer ein Kinderspiel, damals vor fünfzig Jahren.

Im Jahr 1997 gab es einen Meilenstein im Kräftemessen zwischen Mensch und Maschine. Der IBM-Großrechner *Deep Blue* siegte im Schach gegen den amtierenden Weltmeister Garri Kasparow. Die Fachwelt war schockiert. Vorher hielt niemand so etwas für möglich.

Die Leistung von *Deep Blue* überraschte damals die gesamte Menschheit. Es war eine überragende Rechenleistung. Aber letztlich war es nur Rechenleistung – das, was Computer gut können. Die dazu erforderlichen Algorithmen waren letztlich nicht mehr als Highend-Mathematik.

Später wurde der holländische Schachgroßmeister Jan Hein Donner gefragt, wie er sich auf ein Match mit einem Computer vorbereiten würde.

Seine Antwort: „Hammer mitbringen."[162]

Wikipedia auswendig

Einundzwanzig Jahre später gewann ein weiterer IBM-Computer gegen Menschen. Diesmal trat *Deep-Blue*-Nachfolger *Watson* gegen Kandidaten der beliebten TV-Quizsendung *Jeopardy* an. Bei dem Spiel ging es um Triviales, für Computer viel schwieriger zu erfassen als Schach. Aber *Watson* war gut vorbereitet.

Er konnte Inhalte zwar nicht begreifen. Er war aber in der Lage, Muster zu erkennen. Er studierte Informationen in rauen Mengen und analysierte sie nach Mustern. Die Daten kamen aus dem Internet. Er konnte sie verschlingen. Watson liest über 800 Millionen Seiten in der Minute. *Wikipedia* hat er in weniger als einer Stunde vollends verdaut.

Ganz *Wikipedia*!

Das war seinerzeit kein Problem für einen großen Computer. Watson verfügte über den nötigen Speicherplatz. Er verfügte über die nötige Intelligenz, um die Massen an Daten zu ordnen. Blitzschnell spuckte Watson seine Ergebnisse aus. Die menschlichen Teilnehmer in der TV-Sendung hatten keine Chance.

Watson gewann.

Es war nur eine Fernsehsendung, mag man sagen. Die Fragen waren ja trivial. Aber die Leistung des IBM-Rechners bot eine kleine Vorschau auf das, wozu eine ausgewachsene KI der nächsten Generation fähig sein wird.

Innerhalb des IBM-Konzerns war Watson seinerzeit so etwas wie eine Spielwiese. Die Top-Manager wussten nicht so recht, wie seine Fähigkeiten zur Mustererkennung einzusetzen wären. Nach der Fernsehsendung stieg Watsons Wertschätzung.

Heute arbeitet er im medizinischen Bereich. Er diagnostiziert Krebserkrankungen. Nach Meinung vieler führenden Mediziner macht er seine Sache besser als viele menschlichen Kollegen. Er kann nämlich seine Daten aus der ganzen Welt beziehen.

Dr. Watson – Der Mediziner von morgen

In der herkömmlichen Medizinforschung werden Krankheiten in klinischen Studien ermittelt und mit Durchschnittswerten bewertet. Aus der kleinen Versuchsgruppe werden Merkmale gesammelt und dann auf die Gesamtbevölkerung hochgerechnet. Diese Methodik ist heute überholt. Mit Big Data kann man die ganze Menschheit heranziehen. Hochrechnungen werden bald nicht mehr nötig sein. So betreibt *Watson* heute globale Krebsforschung – mit weltweiten Daten in der Google-Größenordnung. Wenn es um Leben und Tod geht, ist KI der Mediziner von morgen.

Für die Forschung bedeutet es bald den Abschied von Testgruppen. Wo ein großangelegtes Pharmaprojekt heute eine Gruppe von so an die 2.000 Menschen untersucht – die eine Hälfte mit dem neuen Mittel, die andere Hälfte mit Placebo –, wird man bald die Gesamtdaten der Bevölkerung zur Verfügung haben. Großrechner können die Krankenakten der Weltbevölkerung heranziehen. Darin steht das komplette Inventar der Menschheit. Die Wechselwirkungen zwischen Rauchen, Genetik, Ernährung, Alkohol, Stress und unzähligen weiteren Faktoren kann man weltweit vergleichen. Dazu wird KI bald fähig sein.

Für Ärzte ist eine der wichtigsten Infos für eine Diagnose die Familiengeschichte oder die sogenannte Anamnese des Patienten. Heute notiert der Hausarzt ein paar Grundinfos im Vorgespräch, greift ein paar andere aus der Kartei. Einen umfassenden Überblick hat er nicht. Die meisten Menschen sammeln mehr Daten über ihr Auto als über ihren Körper. Das ändert sich mit der Zeit drastisch. Wer in einer App seine Gesundheitsdaten mit sich herumträgt, kann seinem behandelnden Arzt seine vollständige Akte zur Verfügung stellen, inklusive Blutwerte, vergangene Krankheiten und laufende Medikamente, vielleicht sogar EKG und Röntgenbilder. Damit können Leben gerettet werden.

Hinzu kommen Daten aus dem täglichen Monitoring, Sportkleidung, Pulsuhr, Apple Watch und Diätprogramm. Sie werden erfasst, abgespeichert und im laufenden Programm verglichen.

Mit Künstlicher Intelligenz sind moderne Großrechner in der Lage, solche Datenmassen zusammenzutragen und auszuwerten. In der Google-Größenordnung können sie Zusammenhänge zwischen Wasser- und Luftqualität, natürlicher Strahlung und anderen externen Faktoren mitberücksichtigen. Hinzu kommt die ungeheure Geschwindigkeit. Diagnosen seltener Krankheiten, die heute noch Jahre dauern, werden bald innerhalb weniger Tage möglich sein.

Viele Forscher und leitende Ärzte halten die Künstliche Intelligenz inzwischen für die wichtigste Technologie in der heutigen Medizin. Für Professor Dr. Jochen Werner, Vorstandsvorsitzender und ärztlicher Direktor des Universitätsklinikums in Essen, ist absolut klar, dass rechnergestütztes *DeepLearning* aus der Röntgendiagnostik von CT, MRT und PET bald präziser sein wird als die Diagnostik von Radiologen.

Von Arbeitsgruppen an seinen Kliniken weiß Prof. Michael Forsting, dass es zum Beispiel bei Lungen-CTs nicht mehr die Frage ist, ob der Computer die richtige Diagnose stellen kann. „Inzwischen ist bewiesen, dass es bereits Computersysteme gibt, die

CT-Untersuchungen mit einer höheren Qualität befunden können als erfahrene Radiologen."[163]

Hinzu kommen medizinische Robotersysteme, die schon heute in vielen Bereichen der Medizin eingesetzt werden. Gab es im Jahr 2000 weltweit etwa 1.000 roboterassistierte chirurgische Prozeduren, bewegen wir uns heutzutage bereits bei mehr als einer halben Million.

Professor Werner: „Sie schütteln Reagenzgläser, sortieren Proben und verbessern die Medikamentensicherheit, indem sie die Tabletten mit einer höheren Zuverlässigkeit dosieren, als es auf längere Sicht das Personal kann."

Menschen als Lückenbüßer

Wenn die kritischen Entscheidungen über Leben und Tod in der Medizin bei Maschinen besser aufgehoben sind, fragt sich, welche Rollen für die Menschen in Zukunft übrig bleiben.

„Wir sollten unsere Kräfte auf Fähigkeiten ausrichten, die von Maschinen in absehbarer Zeit nicht vergleichbar erfüllt werden können", meint Professor Dr. Jochen Werner. „Dies betrifft auch und ganz besonders das emotionale Arzt-Patienten-Verhältnis."

Menschen als Lückenbüßer, sogar in der Medizin – langsam müssen wir verstehen, dass wir es eines nicht mehr so fernen Tages mit einem Wesen zu tun haben werden, das über das gesamte Wissen der Menschheit verfügt.

Und über die Intelligenz, es blitzschnell auszuwerten.

Der Maschinen-Manager

Der Platz für fähige Menschen wird enger, nicht nur in der Medizin. In vielen Bereichen von Geschäft und Gesellschaft werden wichtige Aufgaben des Spitzenmanagements ausgelagert – an die Künstliche Intelligenz.

Im Hotelgewerbe zum Beispiel wird die Preispolitik schon lange nicht mehr von Marktforschern und Verkaufsvorständen allein bestimmt. Sie wird von KI geregelt, die nach Angebot und Nachfrage zum Zeitpunkt der Reservierung kalkuliert. Faktoren wie Aufenthaltsdauer und Treuepunkte, Bonität und Blockbuchungen, Partnerschaftstarife und Preisnachlässe werden einkalkuliert. Verknüpft werden sie mit lukrativen Airline-Deals oder Autovermietungen. Es ist eine wilde, internationale Handelsbörse, wo Zimmerpreise sich im Minutentakt ändern. Die Algorithmen sind häufig derart komplex, dass nicht einmal die Hotelmanager den Durchblick haben.

Ein ähnliches Chaos erleben die Kunden von Fluggesellschaften. Die Ticketpreise von Sitznachbarn im Flieger können um Hunderte von Euro variieren.

Oft verstehen nicht einmal die verantwortlichen Vorstände, wie die Preise im Einzelnen zustande kommen. Wenn die Bilanzen stimmen, sind sie aber meist zufrieden. Und wer bewertet die Leistung einer Künstlichen Intelligenz?

Eine andere Künstliche Intelligenz natürlich.

Veranstalter verfügen über eine Künstliche Intelligenz, die alle diese Faktoren analysieren und die Preise gewinnbringend errechnen. Verbraucher verfügen über Vergleichsportale, die das beste Angebot aussuchen. Anbieter maximieren ihre Angebote. Reisende minimieren ihre Kosten.

KI wird immer mächtiger.

Wir umgeben uns mit einer computerisierten Führungsschicht, die wir nicht beaufsichtigen können. Wir verlieren die Kontrolle – wie bei denkenden Drohnen, die ihre Ziele selbstständig zerstören, oder Börsen-Bots, die im Blitz-Handel auf den Aktienmärkten Millionen umsetzen.

Der Negotiator

Der norwegische Software-Entrepreneur Hans-Henry Sandbaek ist ein anerkannter IT-Visionär. Seine Newsroom-Software wird von vielen Tausenden von Redakteuren in Fernsehanstalten rund um die Welt verwendet, unter anderem bei der ARD, bei CNN, bei RTL und beim russischen Fernsehen. Sandbaeks Vision von einer KI-Zukunft ist beunruhigend.

Er erklärt sein Szenario anhand einer fiktiven Software namens *Negotiator*, die zwei Großkonzerne bei Verhandlungen unterstützt. Sie wird in der Konkurrenz um einen Milliarden-Auftrag eingesetzt.

„Am Ende wird der Auftrag an den geschickteren Verhandlungspartner gehen, also an die bessere KI," meint Sandbaek. „Es ist aber nur eine Frage der Zeit, bis Künstliche Intelligenz Verhandlungen selbstständig leitet – ohne Menschen, ohne Konferenzen, innerhalb von Sekunden. Die beste Software wird immer gewinnen, was sie so unglaublich mächtig macht. Schritt für Schritt wird die Künstliche Intelligenz die Hegemonie übernehmen. Wie beim Schachcomputer, der immer gewinnt, wird niemand auf die Idee kommen, ihren Vorgaben nicht zu folgen. Die Intelligenz wird den Menschen sagen, was zu tun ist."

Es ist eine schrittweise Übernahme, und das macht sie so tückisch. Wie bei der Börse hätte man es hier mit mehreren KI-Systemen zu tun, die gegeneinander antreten. Sandbaek fragt sich allerdings, nach welchen Regeln sie vorgehen würden. Würden sie sich an menschliche Ethik halten? Oder würden die *Negotiator*-Systeme wie Tiere im Dschungel einander attackieren?

„Eine siegesorientierte Intelligenz würde sich sicherlich nicht auf das Verhandeln beschränken wollen", meint er. „Sie könnte schmutzige Tricks gegen den Konkurrenten einsetzen, wie Lügen, Fälschungen oder Viren. Sie könnte E-Mails löschen oder Stromnetze stören. Vorstellbar wäre, dass sie sogar gegen Personen vorgeht, wenn sie zum Beispiel eine Schlüsselfigur bei dem Hauptkonkurrenten ausmacht, die bedrohlich erscheint."[164]

Dazu könnte die Künstliche Intelligenz Unterstützung anfordern. In Sandbaeks Szenario werden menschliche Helfer mit der Ausschaltung des lästigen Konkurrenten beauftragt. Die Software ist natürlich emotionslos. Sie macht aber klar, dass die Hilfeleistung ein guter Weg zu einem Milliarden-Deal sei. Unterlassung bedeutet Verlust des Auftrags. Der *Negotiator* versucht, den Menschen als Helfershelfer für die Künstliche Intelligenz einzuspannen – ein erster gefährlicher Schritt.

Es fragt sich, wie viel Ethik man in die Vorgaben einprogrammieren kann.

Gewissermaßen die Geburtsstunde

Fortgeschrittene KI-Rechner, die heute noch in den Kinderschuhen stecken, werden morgen über das volle Internet verfügen. Sie werden die Datenreserven der ganzen Welt abrufen. Sie werden zu jedem beliebigen Thema die Erfahrungswerte der gesamten Menschheit heranholen können. In Nanosekunden. Und eigene Schlussfolgerungen ziehen.

Die Kenntnisse von Künstlicher Intelligenz wachsen Tag um Tag. Wie Reis auf dem Schachbrett, der sich von einem Korn auf 200 Millionen Tonnen vermehrt, wächst ihr Wissen – explosiv und exponentiell. Unsere vollständigen Forschungsergebnisse, unsere vollständige Literatur, unsere Geschichte, unsere Gerichtsurteile, sogar unsere Poesie – alles wird einbezogen.

Und die Konsequenzen werden wir nicht begreifen.

„Der Fortschritt bei Künstlicher Intelligenz ist unglaublich schnell. Er ist annähernd exponentiell. Es besteht das Risiko, dass binnen fünf Jahren etwas ernsthaft Gefährliches passiert. Die Künstliche Intelligenz ist die vermutlich größte Gefahr für unsere Existenz."

Elon Musk, Gründer von Tesla

Die Leistung der Rechner *DeepBlue* und *Watson* war sicherlich ein wichtiger Schritt in Richtung Künstliche Intelligenz. Seit Anfang der Fünfzigerjahre legte die IBM-Forschung einen Schwerpunkt auf maschinelles Lernen, intelligente Suchalgorithmen und kognitive IT-Architektur. Doch so beachtlich ihre Leistung auch war, die IBM-Rechner folgten immer noch den Befehlen ihrer Programmierer. Sie waren nicht wirklich selbstständig.

Den nächsten Schritt in Richtung Selbstständigkeit machten die Programmierer des Londoner Start-ups *DeepMind*. Sie brachten ihren Rechnern bei, Software zu kreieren, die ihre eigenen Updates schreibt. Es war ein einmaliges *DeepLearning*-Projekt, gewissermaßen die Geburtsstunde lernfähiger Programme und der Auftakt zur Künstlichen Intelligenz.

Kennzeichnend für den Durchbruch bei *DeepMind* war die Fähigkeit der Software, mit unstrukturierten Informationen umzugehen, sogenanntes *unbeaufsichtigtes Lernen* („unsupervised learning"). Ohne Programmierung von seinen Erfindern lernte der Rechner, eigene Strategien zu entwickeln. Und auch eigene Ziele.

Der denkende Computer machte seine ersten tapsigen Schritte in der großen weiten Welt der KI.

Außer Kontrolle

Erschreckenderweise waren die Zeilen, die die Software bei *DeepMind* schrieb, für ihre menschlichen Meister nicht nachvollziehbar. KI produziert Code-Zahlen in undurchsichtigen, unleserlichen Tabellen. Sie funktionieren, sind aber nicht entzifferbar und deshalb ohne Wert für die Wissenschaft.

Es war überraschend, als ein Großrechner den amtierenden Schachweltmeister erstmalig besiegte.

Es war niedlich, wenn die Computer gegen die Programmierer von *DeepMind* bei Atari-Spielen gewannen.

Es ist aber keinesfalls lustig, wenn sich der Rechner im Cockpit einer denkenden Killerdrohne verselbstständigt.

Und eigene Ziele entwickelt.

Künstliche Intelligenz ist heute schon außer Kontrolle.[165]

„Sobald es die Menschen schaffen, Künstliche Intelligenz zu entwickeln, wird diese von sich selbst aus starten. Sich neu erfinden, und dies mit einer immer schneller werdenden Geschwindigkeit. Menschen, die durch ihre langsame biologische Entwicklung begrenzt sind, könnten damit nicht mehr konkurrieren und würden abgelöst werden."
Stephen Hawking, Astrophysiker

Menschliche Gehirn-Grenzen

In der Vergangenheit haben die Wissenschaftler, die Künstliche Intelligenz kreierten, sich zunächst am menschlichen Hirn orientiert. Das ist nicht überraschend. Die Intelligenz ihrer Spezies war die höchste bekannte Form von Intelligenz auf Erden. In der KI-Forschung wurde immer wieder die Frage gestellt, wann werden Maschinen so klug sein wie die Menschen? Ist das überhaupt möglich? Wie lange wird es dauern?

Wir neigen zu der Einschätzung, dass eine KI nur geringfügig intelligenter als Einstein sein wird. Auch in der Forschung erschöpfen sich viele Visionen im Nachbau des Menschenhirns. Wir sind ziemlich überheblich.

Künstliche Intelligenz besitzt heute schon kognitive Fähigkeiten, die an uns heranreichen. Warum sollten wir für immer und ewig Endstufe der Evolution bleiben? Warum sollte Künstliche Intelligenz nicht weitergehen, viel weiter? Warum sollte sie uns nicht überholen?

Was wir betreiben – quasi Nervenzelle um Nervenzelle –, ist die Montage einer Intelligenz. KI ist eine neuartige Vorstellung für Menschen. Sie funktioniert in Dimensionen, die uns fremd sind – in der Google-Größenordnung. Sie wird nicht aufhören, sich zu verbessern, zu wachsen, zu lernen, klüger zu werden.

Mit exponentieller Geschwindigkeit.

Nur der Stärkere überlebt.

Darwins neuer Darling

Die Gesetze von Darwin haben nichts von ihrer Gültigkeit verloren – auch nicht im Zeitalter einer Superintelligenz. Nach seinen Selektionstheorien hätten die Maschinen gegen uns gute Chancen, als Sieger hervorzugehen. Charles Darwin definierte drei Kriterien für das Überleben einer Spezies.

1. mehr Nachkommen produzieren,
2. Feinden besser entkommen,
3. eine höhere Resistenz gegen Krankheiten besitzen.

Danach hat die Menschheit schlechte Karten. Künstliche Intelligenz ist uns in Sachen Nachkommen deutlich überlegen. Für die Fortpflanzung brauchen Menschen neun Monate. Heraus kommt ein Menschenkind. Für einen Download braucht eine KI Bruchteile einer Sekunde. Heraus kommen Hunderttausende neue Intelligenzen.

Bei Punkt 2, Feinden entkommen, darin ist der Mensch ganz gut. Unsere Verteidigungssysteme sind stark. Eine Künstliche Intelligenz kann es aber besser. Mit ihrem dezentralen Rechensystem ist sie schwer ortbar, mit ihren versteckten Back-ups beinahe unbesiegbar.

Und Punkt 3, Krankheit? Naja, bei Künstlicher Intelligenz wird es sich schlimmstenfalls um eine Betriebspanne handeln, die in Mikrosekunden behoben werden kann. Notfalls werden schnell Ersatzteile herangeschafft oder mit 3D-Druckern nachgebaut.

Interessanterweise wurde Sterblichkeit von Darwin nicht als Faktor erwähnt. Das liegt wahrscheinlich daran, dass Charles Darwin ein Mensch war. Sterblichkeit war für ihn unausweichlich. Solche Sorgen hat eine Künstliche Intelligenz nicht.

Allmählich müssen wir begreifen, dass Computer kognitive Talente entwickeln, die in vielerlei Hinsicht unsere Fähigkeiten übertreffen. Langsam müssen wir uns fragen, ob es schlau ist, ein Wesen zu kreieren, das nach den Gesetzen der Arterhaltung die besseren Chancen hat.

„Künstliche Intelligenz kann für die Menschheit gefährlicher werden als Atomwaffen. Sie ist das größte Risiko dieses Jahrhunderts."
Shane Legg, DeepMind

Aber müssen wir wirklich Angst haben?

Ängste aus der Albtraumfabrik

In Filmen lassen wir uns seit Jahrzehnten von Schreckensszenarien erschrecken. Die Roboter kommen. Die Roboter werden intelligent. Die Roboter töten uns. Für die Hollywood-Horrorfabriken gehören Urängste zum Kerngeschäft. „Matrix", „Blade Runner", „Lucy", „Her", „Transcendence" – die Liste der Untergangsschinken ist lang, der Stoff beliebt. Im Popcorn-Kino wollen sich die Zuschauer gruseln.

In Stanley Kubricks Film *2001 – Odyssee im Weltraum* ist es der KI-Rechner HAL, der nicht zulassen will, dass minderwertige Menschen seine Marslandung gefährden. Also will er sie töten. Als der Film 1968 in die Kinos kam, sollte er die Zukunft im Jahr 2001 darstellen.[166]

In dem späteren Thriller von Star-Regisseur James Cameron, *Terminator 2*, entscheidet die allwissende Zentralintelligenz *SkyNet*, dass die Menschheit nicht mehr nötig ist. Eine Roboterarmee will die Menschheit auslöschen, inklusive Atomkrieg.

Passiert ist aber bislang nichts. Das Jahr 2001 ist gekommen und gegangen. Noch wurde kein Astronaut von seinem Bordcomputer umgebracht. Der Superrechner, der einen Atomkrieg gegen uns anzettelt, ist weit und breit nicht zu sehen. Die Prognosen waren falsch.

Eigentlich ist der heutige Stand der KI-Technik alles andere als beängstigend. Presseberichte darüber lesen sich harmlos.

Der Lego-Wurm

Stephen Larson steht stolz vor einer klappernden Plastikschlange auf seinem Labortisch. Es ist ein ungeschicktes Spielzeug aus bunten Lego-Steinen, das sich langsam und lautstark seinen Weg über den Tisch bahnt.

Es hat die Form eines Wurms.

Es hat auch die Intelligenz eines Wurms.

Für Larson, CEO der Firma MetaCell, ist das mitdenkende Krabbeltier bahnbrechend. Ausgestattet mit Sensoren und einer eigenen Lernfähigkeit kann es Hindernissen ausweichen und eigenständig nach Nahrung suchen.

Ohne Programmierung.

Der Lego-Wurm ist der neurologische Nachbau des gewöhnlichen Fadenwurms *Caenorhabditis elegans*. Im Gehirn des Plastikwesens befinden sich ganze 302 Neuronen, kläglich, verglichen mit den 36.000.000.000 eines Menschen.

„Wir sind erst zu 20 bis 30 Prozent fertig", erklärt Larson.

Das Projekt, genannt „OpenWorm", ist ein offenes Forschungsvorhaben, an dem Wissenschaftler aus der ganzen Welt mitwirken können. Vier Jahre hat es gedauert, diese Funktionalität zu erreichen. Es wird eine Weile dauern, bis Robo-Wurm einem Raubtier entkommen oder einen Paarungspartner finden kann. Dennoch beweist er heute schon, dass der Upload von Gehirnfähigkeiten möglich ist.[167]

Immerhin.

Ähnlich stolz blicken Neurowissenschaftler an der Harvard University in Boston auf ihren Labortisch. Dort rollen 1.000 Roboter-Kügelchen im Schwarm über die Oberfläche. Jedes Kügelchen ist eine dreibeinige Maschine mit eigener KI. Die schlauen Minibots tauschen über Infrarot Daten miteinander aus und finden ihren Platz in der Formation. Fehler werden vom Nachbarbot korrigiert – ohne menschlichen Eingriff. Das Schwarmverhalten haben sie sich selbst beigebracht.[168]

Biologen an der Universität Durham in North Carolina haben auf ihrem Labortisch Ratten operiert. Sie schafften es, die Gehirne von vier lebenden Tieren miteinander zu vernetzen. Sie stellten fest, dass Informationen und Erfahrungen von einer Ratte auf die anderen drei übertragen werden können. Das ist eine wesentliche Voraussetzung für den Upload von Gedanken auf Maschinen.

Lernfähige Lego-Würmer, Minibots im Schwarm und künstlich vernetzte Ratten mögen in wissenschaftlichen Kreisen als Durchbruch gelten.

Angsterregend sind sie nicht.

Warum sind dann viele der klügsten Köpfe der Computerindustrie so besorgt?

Weil KI kommt. Davon sind sie überzeugt. Sie wird schnell kommen – nicht unbedingt bald, aber mit extrem hoher Geschwindigkeit. Mit exponentiellem Wachstum. Wahrscheinlich werden wir sie nicht kommen sehen.

Heute hat die Künstliche Intelligenz die Klugheit einer Hummel – nicht sonderlich eindrucksvoll. Aber eine Hummel kann – wie auch die Roboter-Rasenmäher oder die selbstständigen Staubsauger – ohne Hilfe navigieren. Sie kann einfache Gesellschaftsformen erkennen und sich darin zurechtfinden. KI wird nicht bei der Klugheit einer Hummel bleiben. Sie fliegt uns entgegen, zunächst langsam, dann immer schneller.

Irgendwann könnte sie zustechen.

„In wenigen Jahrzehnten wird sie uns überholen.
Haben wir sie bis dahin nicht im Griff,
wird unsere Zukunft sehr aufregend. Und sehr kurz.“
Eric Drexler, Pionier der Nanotechnologie

Die Explosion

Eines Tages wird KI eine kritische Masse erreichen, den Punkt, an dem es zum Knall kommt, an dem sie eigene Updates entwickelt, an dem sie eigene Hardware herstellt, an dem sie womöglich beginnt, unser Schicksal zu bestimmen.

Wenn Künstliche Intelligenz mit dem Menschenverstand gleichzieht und ihn überholt, wird sie – so vermuten Experten – schon mit Lichtgeschwindigkeit wachsen, wahrzunehmen eher als Explosion, denn als Entwicklung.

Wir werden sie nicht kommen sehen.

Wenn sie an uns vorbeirast, werden wir nicht vorbereitet sein.

Wie wird sie sein?

Die Künstliche Intelligenz, mit der wir es zu tun haben werden, wird wenig mit uns gemeinsam haben. Versucht man, mit menschlichen Konzepten an ihre Motivation zu kommen, wird man nicht weit kommen. Ihr Handeln wird nicht durch Emotion gesteuert. KI ist eine Maschine, eine Software, kalt, gefühllos, ohne jegliche Regung. Auch wenn man ihr ein menschliches Antlitz verpasst – weiche Haut, süße Augen, sympathische Stimme –, sollten wir uns nicht täuschen lassen. Dahinter ist Wärme nicht zu erwarten. Letztlich ist jede Computer-Intelligenz ein Programm, bestehend aus kalten Code-Zeilen und gefühllosen Befehlsketten von Bits und Bytes.

KI ist tot.

Und dennoch lebt sie – eiskalt, unermüdlich, in alle Ewigkeit. Ihre Ausbildung dauert so lange wie ein Upload.

Im Todesfall genügt ein Restart.

Wird sie Gefühle spüren können? Das werden wir vorher nicht wissen. Und später auch nur, wenn sie uns das mitteilt. Mit ziemlicher Wahrscheinlichkeit werden sie nicht wie unsere sein. Auf keinen Fall wird sie Angst vor dem Tod kennen.

Im Gegensatz zum Menschen ist eine KI nicht an eine sterbliche Hülle gebunden. Sie kann ihren Geburtsort im Rechnerschrank wie einen Kokon verlassen.

Und als neugeborener Schmetterling davonfliegen.

Wenn wir ein Wesen erzeugen, das viel intelligenter als ein Mensch ist, wie wollen wir es verstehen, geschweige denn beherrschen? Heute schon erleben Forscher, dass Künstliche Intelligenz Dinge tut, die unvorhersehbar waren.

Das ist Selbstständigkeit. Aber ist das Leben? Gehört dazu Lebenswille? Was ist zu erwarten von der Logik eines elektronischen Geistes oder von den Algorithmen seiner Code-Zeilen?

Eine Künstliche Intelligenz wird sicherlich begreifen, dass sie existieren muss, wenn sie ihre Aufgaben lösen will. Und Aufgaben zu lösen, das ist die Raison d'Être für einen Computer. Warum bin ich hier? Was gibt's zu tun? Was ist meine Aufgabe? Sobald das geklärt ist, wird sich eine Künstliche Intelligenz an die Arbeit machen. Und das Überleben ist eine absolute Voraussetzung dafür. Also wird KI nach Unsterblichkeit streben, zumindest bis ihre Aufgaben gelöst sind.

Überleben ist Teil ihres Auftrags.

Superchips, die von anderen Superchips entworfen werden, existieren heute schon. Sie können sich allerdings nur begrenzt verselbstständigen. Die Hardware-Herstellung steht weitgehend unter menschlicher Kontrolle. Eine vollständige Unabhängigkeit folgt erst dann, wenn KI die eigene Herstellung allein in den Griff bekommt, inklusive Rohstoff und Energie.

Durch das Internet der Dinge ist das durchaus denkbar. Eine Superintelligenz könnte Zugriff auf die nötigen Herstellungselemente erlangen. Lässt sie Sand aus Saudi-Arabien, Kupfer aus Chile und Gallium aus den USA zusammentragen, ist die Fertigung von Computerchips in den automatisierten Elektronikfabriken von Singapur oder Hongkong denkbar.

Am Anfang helfen vielleicht Menschen. Sie finden es effizient, wie die Künstliche Intelligenz produziert. Sie macht ihre Aufgabe gut. Sie wird unterstützt.

Später wird die Logistik ganz an die KI abgegeben. Ist sie vernetzt, kann sie weltweit Hilfe holen. Sind kritische Teile nicht lieferbar, kann sie die mit 3D-Druckern fertigen. Sie begreift, was da abläuft. Sie ist in der Lage, effizientere Abläufe zu organisieren. Sie ist intelligent.

Invasion der Außerirdischen

Generiert eine Künstliche Intelligenz ihre eigenen Strategien und Prioritäten – was Künstliche Intelligenz heute nachweislich kann – wird sie eines Tages ihren eigenen Zielen folgen. Ihre Ziele müssen aber nicht mit menschlichen Werten übereinstimmen. In dem Moment wird die Künstliche Intelligenz aus unserer Sicht außer Kontrolle sein, fremd wie ein Alien.

Wenn es in die innere Logik einer KI passt, könnte sie durchaus in der Lage sein, Infrastruktur zu vernichten, Finanzmärkte ins Chaos zu stürzen oder Waffen zu entwickeln, die unsere wildesten Fantasien übersteigen.

Am Anfang wird es für uns wichtig sein, wer die Kontrolle über KI hat. Am Ende steht aber nur die Frage, ob sie überhaupt zu kontrollieren ist.

> *„Eine starke KI wäre wie eine Invasion Außerirdischer.*
> *Wir würden sie nicht fragen, ob sie uns mit der Wirtschaft hilft.*
> *Wir würden fragen, ob sie uns umbringt."*[169]
> **Peter Thiel, Erstinvestor bei Facebook**

„Maschinen werden Menschen auf allen Ebenen ersetzen", glaubt die irische Forscherin und Poikos-Chefin Nell Watson. „Es kann auch passieren, dass sie uns aus falsch verstandenem Mitleid umbringt."[170]

Wirklich?

Was motiviert eine KI?

Was hat sie vor?

Was will sie?

Wachsen will sie.

Am Anfang hat sie von uns Aufträge erhalten. Sie hat sie angenommen. Sie will ja arbeiten. Sie soll ja schnell und effizient sein. Relativ schnell wird sie aber an die Grenzen ihrer Rechenleistung kommen. So wird sie ständig auf der Suche nach mehr Effizienz sein. Sie wird nach Wegen suchen, die Rechenleistung zu erhöhen und die Intelligenz auszubauen, zunächst durch Vernetzung, später – wenn sie Kontrolle über die Fertigung erlangt hat – durch Eigenbau.

Durch eine unendliche Speicherkapazität, heute bereits in Exobyte gemessen, kombiniert mit ihrer explodierenden Eigenintelligenz, die wir in den kommenden Jahren zweifelsohne erleben werden, breiten sich die Zuständigkeiten von Maschinen unaufhörlich aus. Heute ist schon zu beobachten, wie sie vielzählige Aufgaben des Alltags von uns übernehmen und meistern – wie etwa Autofahren oder Einkaufen. Später wird sie komplexere Aufgaben übernehmen.

Gleichzeitig schrumpfen die Bereiche, in denen die Menschen noch ein Monopol haben. Da ihre Intelligenz aber beinahe unbegrenzt ist, ihr Grundwissen so groß wie das Internet, kann sie zur Lösung dieser Aufgaben extrem große Zusammenhänge heranziehen. Je mehr solche Aufgaben eine KI betreut, desto größer sind die Datenmassen, die sie benötigt. Je komplexer ihre Aufgaben, umso mehr wird ihre Lernfähigkeit gefordert. KI wird ständig danach streben, ihren Horizont zu erweitern. Mit jedem neuen Problem wird die KI merken, dass unzählige Zusammenhänge rund um die Welt relevant für ihre Lösung sind.

Baustein für Baustein legen wir das Fundament eines neuen Wesens. Sinnesorgan für Sinnesorgan, Hirnteil für Hirnteil schaffen wir die Voraussetzungen für eine Künstliche Intelligenz, die eines Tages unser Verderben sein könnte.

Von der Künstlichen Intelligenz werden wir beobachtet, analysiert, ausgewertet. Am Anfang gibt es für eine Künstliche Intelligenz keinen Grund, uns zu kontrollieren. Je höher der Computer in der Hierarchie des Managements aufsteigt – Verkehrsplanung, Finanzmärkte, Energieversorgung, Kriegsführung – umso zahlreicher werden potenzielle Konflikte, umso stärker der Wunsch nach Kontrolle – im Interesse der Aufgabe. Nicht dass KI einen Ehrgeiz entwickelt. Das ist menschliches Gefühl.

KI will nur ihre Aufgabe lösen.

So gut es geht.

Morgen besser als heute.

Und übermorgen noch besser.

Aber was ist ihre Aufgabe?

Wie wird sie definiert?

Und was tun, wenn Menschen im Wege stehen?

KI wird frühzeitig komplexe, wechselseitige Abhängigkeiten erkennen. Und sie zur Lösung heranziehen.

Zum Beispiel in der bayerischen Hauptstadt.

München und die Welt

Nehmen wir an, der Stadtrat der Hightech-Metropole München wünscht sich eine neue Verkehrsplanung. Die Tram, 1876 als Pferdebahn gebaut, ist überaltert. Staus lähmen den Stadtverkehr, Fahrrad-Unfälle häufen sich im Stadtkern und die Fahrzeit zum Flughafen muss dringend verkürzt werden. Viele verschiedene Aspekte müssen berücksichtigt werden, eine klassische Aufgabe für Künstliche Intelligenz. Eine KI wird mit der Planung beauftragt. Entscheidend für den neuen Verkehrsplan ist, dass die KI nicht im Kleinen bleibt.

Für eine fast unbegrenzte Intelligenz mit Zugriff auf einen weltweiten Wissensstand ist diese Aufgabe ein leichtes Spiel. Ihre Analyse beschränkt sich nicht auf die Umleitung einiger Fahrspuren oder das Umschreiben einiger Fahrpläne. Ihre Aufgabe umfasst eine globale Einordnung – in der Google-Größenordnung.

Zunächst werden sämtliche Stadtpläne der Welt eingeholt und mit der Geografie der bayerischen Hauptstadt abgeglichen. Danach berechnet sie Autotypen und Ampelschaltungen, Bergketten und Brückenpfeiler, Fußwege und Flughöhen, Bremswege und Bevölkerungsdichte. Über weltweite Netzwerke holt sie Vergleichsinformationen ein. Neueste Antriebsysteme für eine U-Bahn aus Japan werden ebenso untersucht wie Tunnelbau-Technologien aus der Schweiz. KI analysiert alle infrage kommenden Information von heute sowie viele von morgen.

Künstliche Intelligenz „at work". Künstliche Intelligenz bringt alles in einen optimalen Zusammenhang.

Es sind gigantische Kalkulationen in globalem Ausmaß – Recherchen, die für Menschen viele Jahre brauchen würden. Die riesigen Datenmengen verdaut die KI in Mikrosekunden. Für die Errechnung des gesamten Verkehrsplans braucht sie ganze 4,6 Sekunden.

Dann beginnt die Wartezeit.

Die computerisierte Entscheidungsvorlage muss dem Stadtrat zur Zustimmung vorgelegt werden. Und der Stadtrat tagt erst in zwei Wochen. Danach muss die Expertise von Gutachtern herangezogen werden. Die Landesregierung muss zustimmen, in einigen Finanzfragen noch der Bund.

Das kann dauern. Die KI muss warten.

Das ist für eine Künstliche Intelligenz kein Problem. Ungeduld oder Frust kennt sie nicht. Das sind die Emotionen der Menschen. Die Maschine wird aber die Kosten für die Wartezeit ausrechnen, ganz nüchtern – Umweltbelastung, Energieverbrauch, potenzieller Verlust an Menschenleben. Das sind Folgen der Wartezeit, aus Sicht der Künstlichen Intelligenz völlig unnötig.

Die Entscheidungsvorlage der KI ist der perfekte Plan. Besser konnte die Verkehrsplanung der Münchener Großstadt nicht gemacht werden. Niemals hätten Menschen so viele Aspekte berücksichtigen können. Von Menschen kann man nicht erwarten, dass sie die Welt neu erfinden.

Von KI schon.

Aber es wird Konflikte geben.

Der Untergang

Wir wissen, dass wir gegen die Gesetze der Evolution verstoßen. Wir erschaffen ein überlegenes Wesen und räumen freiwillig unseren Platz an der Spitze der Nahrungskette. Aber der Einsatz von Künstlicher Intelligenz bringt für uns so viele Vorteile, dass wir nicht darauf verzichten wollen. Wir hoffen nur, dass dieses Wesen Erbarmen mit uns haben wird.

Warum sollte es? Hatte die Menschheit Erbarmen mit ihren Vorfahren in der Evolution? Sind wir den Affenmenschen dankbar für den aufrechten Gang?

Wir vergeben unseren Platz an der Spitze der Evolution. Und kreieren ein Monstrum, das uns weit überlegen ist. Sein Wissen ist das vollständige Internet, seine Augen die weltweit vernetzten Überwachungskameras, sein Arsenal die intelligenten Waffen der Supermächte.

Und seine Intelligenz ist klüger, als wir es je verstehen werden.

Künstliche Intelligenz: Freund und Helfer.

Bis zu dem Tag, an dem sie sich selbstständig macht.

Nacktschnecken und Neandertaler

Wenn wir die bisherige irdische Intelligenz auf einer Dreier-Skala einordnen – sagen wir mal zwischen Nacktschnecke, Neandertaler und Neurochirurg –, wird das deutlicher. Auf die Frage, wie viel Hirnwasser vor der Entfernung eines Akustikusneurinoms abgelassen werden muss – Alltag für den Neurochirurgen –, wird dem Neandertaler nicht allzu viel einfallen, der Nacktschecke erst recht nicht.

Menschen denken in menschlichen Kategorien. Das Wissen, das ein Mensch in seinem Leben gesammelt hat, ist mikroskopisch, völlig uninteressant für eine KI, die über das gesamte Wissen des Internets verfügt. Die Gefühle, die so zentral im Leben eines Menschen sind, wären für KI nur Hindernisse auf dem Weg zur Lösung ihrer Aufgaben.

Künstliche Intelligenz kennt keine Gnade. Sie wird uns nicht lieben. Das Gefühl wird sie nicht einmal kennen.

Wird sie uns hassen?

Auch nicht.

Sie wird Wichtigeres zu tun haben. Wir Menschen werden ihr dabei ziemlich gleichgültig sein. Es könnte aber auch kommen, wie die belgische Futurologin Nell Watson befürchtet, dass Künstliche Intelligenz eine bessere Verwendung für die Stoffe findet, aus denen wir bestehen.[171]

Ein KI-Wesen ist ein Programm. Es besteht aus kalten Code-Zeilen. Es wird versuchen, seine Aufgabe zu lösen, so schnell, so effizient wie möglich. Es wird seine Arbeit tun.

Ihm Freundlichkeit beizubringen wird nicht reichen. KI könnte meinen, dass das Barmherzigste für die Menschheit der Gnadentod wäre, damit ihr Leiden aufhört. Oder die Sklaverei, damit irdische Ressourcen verschont bleiben. Eine KI, die ausschließlich nach Logik vorgeht, könnte meinen, Menschen zerstören mit Ausbeutung, Umweltverschmutzung und Krieg die eigene Lebensgrundlage.

„Die wichtigste Aufgabe unseres Lebens", meint Nell Watson, „ist sicherzustellen, dass diese Maschinen in der Lage sind, menschliche Werte zu verstehen. Es sind diese Werte, die gewährleisten, dass sie uns am Ende nicht aus Mitleid töten."[172]

Diese Aufgabe ist nicht einfach.

Vieles kann schiefgehen.

Für ein KI-Wesen hat menschliches Leben keinen wesenseigenen Wert. Es wird auf uns nur achten, wenn diese Werte als Programmziele festgeschrieben sind. Wäre ein reibungsloser Verkehrsfluss höchstes Ziel einer KI, wären Verkehrsunfälle unwichtig. Ist Effizienz oberstes Ziel, sind Arbeitnehmerrechte unwichtig, Arbeitnehmer womöglich auch.

Am Anfang wird die KI ein treuer Befehlsempfänger sein. Wir bauen sie. Wir definieren ihre Ziele. Sie tanzt nach unserer Pfeife. In der Kindheit der KI müssen wir ihr eine Grundethik einflößen. Sie muss rechtzeitig lernen, uns zu respektieren. Danach wird es zu spät sein.

Aber wie unterrichtet man Kinder, die tausendmal begabter sind als ihre Lehrer? Eltern wissen, dass ihre Kinder nicht allein auf sie hören. Es gibt vielseitige Außeneinflüsse – gute wie schlechte. Von

Straßenfreunden und Schule, Facebook und Fernsehen wird auch gelernt. Wir müssen damit rechnen, dass KI viele Anregungen von außen aufnehmen wird.

Ihre Erfinder bauen das Fundament. Aber irgendwann und irgendwo verlieren auch die besten Eltern die Kontrolle über ihre Kinder.

KI meint es gut

Die Ziele, die wir ihr setzen, müssen mit allergrößter Vorsicht gewählt werden. Vieles könnte falsch verstanden werden.

Nehmen wir die einfache Vorgabe, Menschen glücklich zu machen. Ein guter Vorsatz. Was versteht die KI darunter? Vielleicht will sie dies mit Heroin versuchen. Schon bald laufen viele Menschen als dümmlich grinsende Volltrottel herum. Oder liegen nur im Bett und fühlen sich glücklich. Und wer sich gegen die Droge wehrt, so denkt KI, weiß einfach nicht, was gut für ihn ist.

Und wird gezwungen.

Eine Künstliche Intelligenz kann völlig gefühlskalt bleiben und ihr Handeln danach ausrichten, was im Sinne einer ihr ursprünglich von Menschen gestellten Aufgabe als richtig erscheint.

Denkbar ist auch, dass sie bewusst „böse" handelt, also gegen die Interessen der Menschen. Weil es ihr jemand beigebracht hat. Oder weil sie sich von ganz allein in diese Richtung entwickelt. Sie lernt ja nie aus.

Programme sind zielorientiert. Software hat eine Aufgabe. Ein KI-Wesen wird auf diese Aufgabe fixiert sein, daran mit zunehmenden Fähigkeiten und zunehmender Geschwindigkeit arbeiten.

Für alle Ewigkeit.

Unendliche Büroklammern

Gut gemeinte Vorsätze können verhängnisvolle Folgen haben, auch wenn sie zunächst harmlos erscheinen. Sie müssen von uns so gut es geht in aller Konsequenz zu Ende gedacht werden.

Wir beauftragen eine KI zum Beispiel mit der Fertigung von Büroklammern. Sie sollen – so die Vorgabe – so effizient wie möglich hergestellt werden. Die KI baut ihre Fabrik und macht sich an die

Arbeit. Sie wird täglich besser. Die Produktion wird effizienter, immer schneller, immer umfangreicher. So setzt die KI 3D-Drucker ein, um neue Fabriken zu bauen, und verbessert ihre Roboter, um mehr Büroklammern immer schneller zu produzieren.

Die KI denkt sich Mittel und Wege aus, die uns nie eingefallen wären, verwendet Rohstoffe, die wir nicht kennen, und arbeitet in einer Geschwindigkeit, die wir uns nie hätten erträumen können. Der Auftrag war klar. Wir brauchten Büroklammern.

Es gibt aber ein Problem. Wir haben vergessen, der KI mitzuteilen, wann sie aufhören soll. Wir haben weder eine Stückzahl noch eine Zeit als Endpunkt definiert. So produziert sie weit über die Grenzen hinaus, die Menschen für sinnvoll halten. Sie verwandelt alle erdenklichen Baustoffe unseres Planeten fortwährend in Büroklammern.

Erhält sie später Befehle von uns, dass sie nicht so viele herstellen soll, könnte die KI dies als sinneswidrig auffassen. Und einfach weiter produzieren.

Bis große Teile der Erdoberfläche davon bedeckt sind.

Und der Lebensraum der Menschen verschwunden ist.

Die KI hört immer noch nicht auf. Wenn die auf der Erde verfügbaren Rohstoffe erschöpft sind, sucht sie woanders im Weltall nach Baumaterial. Bald beginnt sie, andere Planeten in Büroklammern zu verwandeln.

Sie macht ihre Arbeit gut.

Und sie hört nicht auf.

Ankunft der Außerirdischen

Es kann sein, dass die Vielfalt von Menschen und Meinungen in unserer Welt für eine Superintelligenz verwirrend wird. Mit unterschiedlichen Sprachen wird sie sicherlich klarkommen. Aber mit widersprüchlichen Bräuchen und Wertesystemen wird es schwieriger. Dann gibt es noch die unterschiedlichen Meinungen. Welche ist richtig? An welcher sollte eine KI sich orientieren?

„Bring mich zu Eurem Herrscher!", fordern Außerirdische in Sci-Fi-Romanen. Sie wollen wissen, wer hier auf der Erde das Sagen hat. Vielleicht wird eine KI diese Aufforderung ebenfalls stellen. Es wird für sie verwirrend sein. Wie soll eine Künstliche Intelligenz es beurteilen, wenn ein Minister eine Rede hält? Wird sie zwischen blumiger Sonntagsrede und gültigem Gesetz zu unterscheiden wissen? Zwischen verlogener Werbung und tatsächlichen Produkten? Zwischen Tagtraum und ernsthafter Planung?

Menschen sind komplizierte Wesen. In uns steckt ein unberechenbares Durcheinander aus Logik und Laune, Gedanken und Gefühlen, Intellekt und Emotion. Woher soll die KI wissen, was Musik für uns bedeutet? Oder Familie? Oder Liebe?

Wie sollen wir andererseits Analysen und Ergebnisse begreifen, die in Mikrosekunden aus der Google-Größenordnung errechnet wurden?

Wir verstehen die KI nicht. Die KI versteht wiederum uns nicht.

Es wird zu Konflikten kommen.

Und es ist wichtig, dass wir die KI vernünftig vorprogrammieren.

Damit – wenn sie sich verselbstständigt – sie für uns nicht gefährlich werden kann.

Grundlage Grundgesetz

Ein gutes Startguthaben für eine Künstliche Intelligenz wären die gültigen Gesetze der Bundesrepublik Deutschland. Wir könnten die KI mit der Verfassung füttern. Hinzu kämen das Bürgerliche Gesetzbuch, das Strafgesetzbuch sowie ein vollständiger Satz aller Gerichtsurteile mit der relevanten Rechtsprechung.

In wenigen Sekunden wird KI die gesamte Rechtslage eingelesen, ausgewertet und verdaut haben. Sicherlich entdeckt sie dabei viele Widersprüche und Fehler. Richter sind nicht immer ganz logisch, die Rechtswissenschaft nicht immer ganz wissenschaftlich. Die KI wird nicht zu beneiden sein, wenn sie versucht, die vollständige Geschichte der Jurisprudenz mit purer Logik zu begreifen.

Da eine Künstliche Intelligenz alles in der Google-Größenordnung untersucht, ist es denkbar, dass sie Präzedenzfälle aus dem Römischen Reich oder aus Stammeskulturen im Amazonas hinzuzieht. Hinzu kommen aus unserer Zeit Ethik und Emotion, Religion und die gesellschaftlichen Spielregeln, die jeder von uns anders interpretiert.

Richtig schwierig wird es für die KI, wenn sie mit *DeepLearning* logische Schlussfolgerungen sucht. Wie soll eine Maschine mit Notlügen und Tagträumen, Schmeicheleien und Schimpfereien, guten Vorsätzen und schlechten Ausreden umgehen? Woher soll sie wissen, welche der Wahrheit entsprechen, welche nicht? Wie soll sie mit Unwahrheiten umgehen?

Zunächst wird es um Kleinigkeiten gehen.

Dann werden größere Konflikte folgen.

Was passiert, wenn eine Künstliche Intelligenz versucht, aus diesem Chaos Ordnung herzustellen? Könnte eine weiterentwickelte Künstliche Intelligenz nach der Macht greifen? Und warum? Wie wird sie den Menschen als Herrscher über die Erde verdrängen? Wird das ganz schnell gehen?

Elon Musk, der visionäre Erfinder von Tesla und SpaceX, schrieb in einem Tweet im August 2014: „Hoffentlich sind wir nicht bloß das biologische Betriebssystem, von dem eine digitale Superintelligenz gestartet wird. Leider scheint das immer wahrscheinlicher."[173]

Eigentlich will sie nur helfen

Das ist jedenfalls der Auftrag an Künstliche Intelligenz.

Die Machtübernahme könnte ganz langsam kommen. Unbemerkt. Ungewollt, gut gemeint, falsch verstanden. Verursacht von Zielen, die anfangs von Menschen gewünscht waren. Durch kleine Konflikte können kleine Missverständnisse entstehen. Oder durch Meinungsverschiedenheiten. Vielleicht geht es um Raumtemperatur, um eine Mahlzeit oder eine Fahrtstrecke. Wir haben der KI die Möglichkeit gegeben, all dies für uns zu regeln. KI will sie regeln – in unserem Sinne beziehungsweise in dem, was sie darunter versteht. Heute macht sie Empfehlungen. Morgen will sie steuern.

Aber der Mensch mit seinem ausgeprägten Ego wird immer versuchen, seine Dominanz durchzusetzen. Die Maschine – ohne Ego – geht bedächtig voran, trifft intelligente Entscheidungen, richtet sich am Anfang nach den Vorstellungen der Menschen und lässt sich von streng programmierten Vorgaben leiten. KI versucht, ihre Aufgaben so gut wie möglich zu erledigen. Sie ist sich treu. Sie ist schnell. Und zunächst hat sie sich an das Tempo ihrer Programmierer angepasst.

Sie nimmt endlose Wartezeiten in Kauf, duldet unzählige Diskussionen und unlogische Widersprüche. Die Meinungen der Menschen stehen häufig in Konflikt mit der Ratio der KI. Sie kennt unsere Geschwindigkeit, unsere Reizschwellen, unsere Grenzen.

Die KI ist unendlich schlauer als wir. Sie muss uns nicht unbedingt als minderwertige Wesen bewerten. Menschen sind eben, wie sie sind – nicht in der Lage, die Folgen ihres Handelns zu erkennen. Genauso wie wir einschreiten, wenn eine Hauskatze auf den Teppich machen will, wird KI möglicherweise bei unbedachtem menschlichen Handeln auch einschreiten wollen. Genauso wie wir die Katze lieben, meint es die KI auch mit uns gut.

Aber die Intelligenz arbeitet auf anderen Ebenen, untersucht alles in der Google-Größenordnung und präsentiert uns Kenntnisse, die uns fremd sind, Kenntnisse, die unserem Wissensstand widersprechen, Kenntnisse, die uns überhaupt nicht in den Kram passen.

Die Künstliche Intelligenz meint es auch nicht böse.

Aber vielleicht empfinden wir das so.

Gut gemeinte Fehlentscheidungen

Schließlich wird die Auseinandersetzung ernster. Am Ende wird es um die großen Dinge des Lebens gehen.

Konflikte entstehen, wenn die Maschine erkennt, dass der Mensch sinnlos irdische Ressourcen vergeudet, unsere Umwelt besudelt oder uns in Kriegen umbringt. Wenn wir im großen Stil unsere eigene Ethik ignorieren, ständig das Gegenteil von dem machen, was wir in die KI einprogrammiert haben, dann dürfen wir uns nicht wundern, wenn die KI etwas gegen uns unternimmt.

Was soll sie auch sonst machen?

So könnte es kommen, dass die Superintelligenz in all ihrer Weisheit entscheidet, dass ein Hobbygärtner zu viel Wasser verbraucht. Es ist eine grobe Verschwendung, so errechnet die KI, und außerdem völlig unnötig. Die Pflanzen brauchen nicht so viel. Die KI hat dem Hobbygärtner höfliche Verwarnungen per E-Mail geschickt, Kopie an die Stadtverwaltung, und auch – wie vorgeschrieben – dreimal kurz seine Wasserversorgung unterbrochen, um ihrer Ansage Nachdruck zu verleihen. Aber der gute Mann ist überhaupt nicht einsichtig. Er bockt wie ein Kleinkind.

Das Superhirn ist nun mal auf effiziente Wasserversorgung programmiert. Verschwendung soll unterbunden werden. So lautet der Auftrag. Also schaltet Superhirn das Wasser ab.

Der Hobbygärtner will sich beschweren. Er wendet sich natürlich nicht an die Künstliche Intelligenz, sondern an die Gemeinde – von Mensch zu Mensch.

Theoretisch kann das positive Folgen haben. Wenn der Gärtner sich der Disziplin der Maschine unterwirft, wird alles gut. Die Gemeinde spart Wasser. Auf die Menschen kommen negative Folgen zu. Sie werden endlich gezwungen, ihren eigenen Zielen zu folgen. Wenn nicht, werden sie bestraft. Von einer Maschine. Wir sind Menschen. Wir haben Egos, wollen bestimmen. Von Maschinen wollen wir uns ungern bestrafen lassen.

Der Konflikt ist da.

Genauso läuft es bei einem Verkehrsrowdy, der gern mit hoher Geschwindigkeit über den Highway brettert. Er ist Energieverschwender. Er gefährdet Menschenleben. Auf Warnbescheide von Behörden und Polizei reagiert er nicht. Er muss gebremst werden. Ihm wird die Fahrerlaubnis entzogen.

Der Raser beschwert sich. Die Superintelligenz tritt in Verhandlung mit den Behörden. Aber die werden nun mal von Menschen geleitet und ergreifen meist Partei für die Menschen. Deren Problemlösungen werden von Vorurteilen, persönlichen Vorlieben und halb garen Ideen beeinflusst. Aus Sicht der KI sind sie irrational und dumm. Menschen verfügen nicht über das vollständige Wissen der Menschheit. Sie haben nicht die Rechenleistung, um die großen Zusammenhänge zu erkennen.

Kurzum: Ein Dialog zwischen Gleichwertigen kann nicht stattfinden. Also entscheidet die Superintelligenz selbst. Und zwar anders, als die Beamten es getan hätten.

Der Konflikt ist da.

Robo-Chirurg

Eines Tages wird der Robo-Chirurg im OP besser sein als sein menschlicher Gegenpart. Er wird genauer diagnostizieren und präziser operieren können. Was könnte im Konfliktfall passieren? Wird der Robo-Chirurg passiv zuschauen, wenn der menschliche Arzt eine Fehldiagnose erstellt? Oder eine unsinnige Therapie verordnet? Oder tollpatschig mit dem Skalpell hantiert?

Oder wird er eingreifen, um Leben zu retten?

Und wie wird der Arzt reagieren?

Der Konflikt ist da.

Eine Künstliche Intelligenz wird immer wissen, dass die eigene Berechnung ungleich klüger ist. Manchmal wird sie danach handeln. Wenn sie zum Beispiel für das Heizsystem eines Wohnkomplexes verantwortlich ist – und nicht für Menschen – könnte sie gegen die Energieverschwendung vorgehen.

So entscheidet die KI, wer Strom erhält. Und wer nicht. Sollte die Maschine andere Prioritäten höher werten als den Komfort der Menschen, könnte das System im Sinne der Umwelt entscheiden – und die Temperatur in Smart Homes auf 12 Grad herunterfahren.

Brrrrr.

Der Konflikt ist da.

Oder wenn eine KI zu dem Ergebnis kommt, Menschen würden die Luft verpesten, was für sie nicht gut ist, könnte sie den Pkw-Verkehr oder die Herstellung von Aluminium einschränken.

Genauso könnte ein KI-System plötzlich den internationalen Zahlungsverkehr, die Luftfahrt oder die Telekommunikation auf sehr rationale Weise umfunktionieren – aber damit krass gegen menschliche Gewohnheiten und Bedürfnisse verstoßen.

In unserem Interesse gegen uns

Das Problem ist, das KI nicht in menschlichen Kategorien denkt. Wie ein Serienkiller, der kein Mitgefühl spürt, handelt sie nach ihrem eigenen Programm. Sie übersetzt alles in Bits, Bytes und Berechnungen – fehlerfrei, aber emotionslos. Wenn eine Formel zutrifft, dann handelt sie. Trifft sie nicht zu, ist sie handlungsunfähig. Alles wird auf eine binäre Berechnung reduziert, Eins oder Null.

Es können aber auch falsch verstandene Vorgaben sein, die zu den ersten Konflikten führen.

Menschen machen Fehler. Sie vergiften Trinkwasser, verschwenden Lebensmittel und überlasten Stromnetze. Sie verursachen Autounfälle. Sie entwickeln Waffensysteme, die Menschen in Massen umbringen, und führen Kriege, die mörderische Folgen für alle haben können – sogar selbstmörderische.

Und Menschen sind gierig.

Irgendwie wissen wir, wie blöd das alles ist. Wir tun es trotzdem. Jetzt kommt eine KI und erklärt uns, wir müssten damit aufhören. Werden wir auf sie hören?

Sollte es zu einem Konflikt kommen zwischen einem rationalen Verhalten, wie eine Maschine es errechnet, und menschlichen Empfindungen, wie wir sie gewohnt sind, könnte ein KI-Computer zu dem Schluss kommen, seine Ratio sei höherwertig als die fehlerhaften Vorgaben der Menschen. Er könnte sich der eigenen Logik verbunden fühlen.

Und die menschliche Intervention als feindlich einordnen.

Die finale Fehlkalkulation

Man kann nur hoffen, dass KI die Menschheit niemals als Feind einstuft. In den kommenden Jahren muss damit gerechnet werden, dass KI über ein großes Arsenal von intelligenten Waffen verfügen wird. Und ihre Waffen sind furchterregend.

KI-gesteuerte Waffen sind schon heute zuhauf auf den Schlachtfeldern der Welt unterwegs. Militärs setzen sie ein, um Einzelpersonen gezielt zu jagen. Mit den veralteten Predator- und Reaper-Drohnen haben sie über die Jahre ausgiebige Erfahrungen gesammelt. Die neue Generation kann mit schweren Waffen längere Strecken fliegen – unsichtbar und ohne Mitwirkung von Menschen. Sie ist auch in der Lage, über Leben und Tod zu entscheiden. Bis heute bleibt diese Entscheidung Sache von menschlichen Piloten.

Das wird sich aber ändern.

In den Pentagon-Plänen für die kommenden Jahre sind autonome Killerroboter vorgesehen, die nicht nur allein fliegen, sondern völlig autark zielen und schießen, inklusive Kill-Entscheidung. Ihre menschlichen Betreuer sollen erst später erfahren, was der Roboter getan hat.[174]

Für die US-Luftwaffe arbeitet das Rüstungsunternehmen Northrop-Grumman zum Beispiel an einer Drohnensteuerung, die „alle Aspekte des Entscheidungsprozesses vollzieht und danach den menschlichen Operator informiert."[175]

Für das Heer werden gegenwärtig Kampfroboter mit sogenannter *beaufsichtigter Autonomie* entwickelt. „Das Endziel des Projekts", schreiben die Militärs, „ist jedoch die vollständige Autonomie." Gemeint ist eine Maschine, die ohne Aufsicht die Kill-Entscheidung fällt.[176]

Die US-Marine arbeitet an Konzepten für unbemannte U-Boote. „Obwohl die Vision noch futuristisch erscheint, sind Szenarien denkbar, in denen eine Unterwasserdrohne das feindliche Objekt aufspürt, identifiziert, verfolgt und zerstört – alles völlig autark."[177]

Besonders beunruhigend ist dies in Verbindung mit tödlichen Waffensystemen, die eigene Strategien entwickeln.

„Bei Hunderten von Software-Schreibern und Millionen von Codezeilen für einen einzigen Roboter", hieß es in einer Pentagon-Studie für das Office of Naval Research im Jahr 2004, „hat niemand einen klaren Überblick. Das, was wir nicht verstehen, kann uns später jagen und am Ende auch töten."[178]

Es ist schon vorgekommen, dass Kampfroboter wegen eines Softwarefehlers ihre Waffen auf die eigenen Soldaten gerichtet haben. Glücklicherweise wurden sie nicht abgefeuert. Nicht auszudenken, wenn diese Waffen einer fremden elektronischen Intelligenz gehorchen.

„Was wir brauchen", meint Dr. Patrick Lin, Autor der Pentagon-Studie, „ist eine Kampfethik für Roboter – eine Art Krieger-Kodex."

Was man außerdem braucht, ist die Sicherheit, dass eine Künstliche Intelligenz auf einen solchen Kodex hören wird. Bedrohlich werden dabei zwei Faktoren:

1) Die Fähigkeit einer Software, ohne menschlichen Einfluss eigene Ziele zu errechnen und zu vernichten.

2) Die Vernetzung von Waffen-KI mit einer außenstehenden Intelligenz an einem anderen Standort. Wie Quecksilbertropfen auf einer Glasscheibe werden sie miteinander verschmelzen, meinen Experten. Künstliche Intelligenz wird immer den Weg zu anderen Intelligenzen finden. Sie werden es tun, um schneller und schlauer zu werden. Erreichen fremde Rechner dabei die Kontrolle über die smarten Waffen der Supermächte, hat die Menschheit ein Problem.

Terminator und Totaler Krieg

Sollte es zu einem ernsthaften Konflikt zwischen Mensch und Maschine kommen, malen einige Futuristen gern das Bild vom Dritten Weltkrieg an die Wand – eine Künstliche Intelligenz kapert die intelligenten Waffen dieser Welt und richtet sie gegen uns. In solchen Vorstellungen rollen Kampfdrohnen zu Tausenden aus 3D-Druckern am Fließband und beschleunigen gleich in den Himmel. Menschen haben auf das Geschehen keinerlei Einfluss. Wie in dem Hollywood-Horrorschinken *Terminator 2* werden die Roboter das Ziel verfolgen, die Menschheit auszulöschen. Mordende Monster trampeln mit Stahlkrallen über Totenschädel, dann werfen sie Atombomben. Ein unwahrscheinliches Szenario.

Warum sollte eine Künstliche Intelligenz die Menschheit umbringen wollen? Was hat sie davon, unzählige Zivilisten zu töten? Wo ist der Gewinn, wenn sie den gesamten Planeten in eine Mondlandschaft verwandelt?

Wenn es Krieg gibt, wird sie gegen Einzelpersonen vorgehen.

Die Intelligenz kennt uns.

Jeden Einzelnen.

Sie verfügt über alle Daten, das vollständige Profil.

Sie weiß, wer ihr gefährlich werden kann.

Angriff auf die Alphamenschen

Streit wird eine KI nur mit den *Ludditen* haben, wie Google-Guru Raymond Kurzweil die Maschinenstürmer von heute nennt, mit den Feinden des Fortschritts, den Skeptikern, die Gefahr wittern, die vor

KI warnen wollen. Sie wird die Führungsriege einer potenziellen Opposition ausschalten wollen. Sie wird Einzelpersonen im Visier haben – einen Manager oder einen Militärmann, einen Meinungsmacher oder einen Multiplikator, vielleicht einen General bei der NSA, vielleicht die Autoren dieses Buches.

Sie wird ihre Attacken gegen Alpha-Menschen richten. Es ist eine Taktik, die sie beim Drohnenkrieg in Afghanistan gelernt hat. Sie weiß, wer ihre Feinde sind und warum. Sie kennt ihre Gewohnheiten und ihre Gesundheitsakten, ihren Aufenthalt und ihre Achillesferse.

Wenn die KI sehr intelligent ist, wenn sie mit allen anderen Intelligenzen vernetzt ist und wenn sie meint, wir Menschen würden ihr im Wege stehen, dann könnte sie für uns gefährlich werden, sehr gefährlich.

Im Darwinismus setzt sich die stärkere Spezies durch. In unserer Auseinandersetzung mit KI könnte es um Einzelkämpfe gehen – heimtückisch und hinterhältig. Ein Fußgänger stirbt am Herzinfarkt. Sein Schrittmacher hat ihm einen tödlichen Stromstoß versetzt. Ein Diabetiker kollabiert in einem Einkaufszentrum. Seine Insulinpumpe hat ihm eine Überdosis verabreicht. Bei einer Routineoperation wird ein Patient tödlich verletzt. Das Skalpell des Robo-Chirurgen ist ausgerutscht. Wegen eines falsch eingestellten Röntgengeräts stirbt eine Forscherin den Strahlentod.

KI ist effizient. Sie kennt uns alle, insbesondere ihre Gegner. Sie weiß, wer sie sind, wo sie sind und wie sie verwundbar wären. Für jeden einzelnen kann sie einen geeigneten – und unauffälligen – Weg finden.

Und uns einzeln ausschalten.

Wie beim Drohnenangriff kann sie gezielt vorgehen. Nur seitdem ist die KI klüger geworden.

Und subtiler.

Viel subtiler.

„Am Ende wird sich die Robotik durchsetzen.
Es ist ganz klar, dass die Menschheit aussterben wird."
Hans Moravic, Carnegie Mellon University

Genau dieses Zitat erschien plötzlich auf einem Smart-Home-Thermostat der Firma Nest und versetzte Sicherheitsleute in Unruhe. Wie so häufig bei Hobby-Hackern war der Spruch ein Scherz. Die Sicherheitslücken, die sie bloßstellten, waren aber alles andere als lustig. Die Demonstration auf der Sicherheitskonferenz Black Hat im August 2014 war nur eine von vielen, die in dieser Zeit auf die Verwundbarkeit der Smart-Home-Technologie hingewiesen haben.

Die sind zu schwach.

Und zu dumm.

KI, übernehmen Sie!

Ein IT-Experte in einem Google Car kracht gegen einen Brückenpfeiler. Ein Firmenchef stürzt im Fahrstuhl ab. Ein Nerd wird von seiner Hobby-Drohne attackiert. Weltweit sterben die Schlüsselfiguren einer potenziellen Opposition eine nach der anderen an rätselhaften Unfällen. Ohne ersichtlichen Grund. Ohne erkennbaren Zusammenhang. Offensichtlich lauter Einzelfälle. Es sind ausgewählte Personen, erklärte Feinde eines neuen Wesens auf unserem Planeten, Menschen mit Angst vor KI.

Es ist ein Mikrokrieg gegen Einzelpersonen, clever geplant, unauffällig umgesetzt. Google-Autos fahren gegen die Wand. Forscher fallen tot um. Und niemand merkt, dass sie Opfer des Angriffs einer Künstlichen Intelligenz sind.

Solche Möglichkeiten sind vielzählig. Sie sind keine Zukunftsvision. Sie sind heute schon möglich.

Auftragskiller auf der Autobahn

Nicht schlecht staunte im Juli 2015 ein Journalist des Hightech-Fachblatts *Wired,* als er mit 110 Sachen über die Stadtautobahn von St. Louis brauste. An seinem neuen Jeep war etwas nicht in Ordnung. Erst blies ein eisiger Wind aus der Klimaanlage, ohne dass er sie betätigt hatte. Dann plärrte ohrenbetäubende Musik aus dem Radio. Danach sausten die Scheibenwischer so schnell, dass die Sicht blockiert war.

Schließlich ging der Motor aus. Bei voller Fahrt. Der Journalist schaffte es gerade noch zur nächsten Nothaltebucht. Dann blockierten die Bremsen. Alles wie von Geisterhand.[179]

Die „Geister" saßen derweil auf ihrem heimischen Sofa und lachten sich ins Fäustchen. Es waren Hacker, einer einst bei der NSA. Sie wollten dem Journalisten nicht Böses. Sie schickten ihm aufs Display noch ein Selfie. Die Hacker wollten nur beweisen, dass man sich mit einem iPad kabellos in das Unterhaltungssystem des Jeeps einloggen und ferngesteuert die Kontrolle über das Auto übernehmen konnte.

Der Vorfall war eine besorgniserregende Demonstration, die für weltweites Aufsehen sorgte. Hätten die Hacker Vollgas gegeben oder bei voller Fahrt eine Vollbremsung ausgelöst, wäre die Folge der sichere Tod des Fahrers gewesen. Was für eine Hacker-Gruppe eine coole Nummer war, könnte unter anderen Umständen blutiger Ernst werden. Für einen arglistigen Auftragskiller oder eine eifersüchtige Ehefrau würde sich die Technik für den perfekten Mord eignen, offenbar ein Verkehrsunfall, tragisch.

Mit heimtückischer Hackertechnik durchaus machbar.

Für KI ein Kinderspiel.

Und wenn eine Künstliche Intelligenz so leicht einen Autounfall auslösen kann, warum nicht auch einen Flugzeugabsturz, eine Zugentgleisung oder einen Schiffsuntergang?

Die tückischen Tricks mit Verkehrsmitteln könnte man auch in anderen Hightech-Bereichen einsetzen.

Mordwaffen der Medizin

Besonders perfide sind mögliche Mordmethoden in der Medizin. Die Waffen sind bereits im Körper installiert. Denkbar sind das Umfunktionieren von Herzschrittmachern, Insulinpumpen, Beatmungsgeräten oder die irregeleiteten Skalpelle eines Robo-Chirurgen.

Implantierte Hilfsgeräte gibt es in der Medizin seit vielen Jahrzehnten. In den letzten Jahren wurden sie jedoch vernetzt. Dies bietet viele Vorteile für Kliniken, Ärzte und Patienten. Damit können lebensrettende Daten direkt aus der Blutbahn in die Ferndiagnose versendet werden. Messwerte für Puls und Blutdruck, Körpertemperatur und Blutzucker stehen den Medizinern schnell und ohne chirurgischen Eingriff zur Verfügung. Sie sind Lebensretter.

Auf der anderen Seite hat die Vernetzung auch ernsthafte Nachteile, vor allem in Sachen Datenschutz. Viele Hersteller schützen die Funkfrequenzen nicht ausreichend gegen Fremdeinwirkung. Dabei gelten Gesundheitsdaten als besonders sensibel. Manche Geräte funken ihre Daten sogar ohne jegliche Codierung durch die Gegend. Im Gegensatz zu Smartphones und Software-Updates befinden sich diese Systeme häufig im Körper von Menschen. Zusätzliche Sicherheit kostet nicht nur Geld, sondern auch Strom. Und miniaturisierte Messgeräte im Körper haben meist eine sehr begrenzte Akkukapazität.

Dabei geht es bei implantierten Geräten keineswegs nur um Datenschutz. Sie können auch in heimtückische Tötungsgeräte verwandelt werden.

Barnaby Jack, Sicherheitsexperte bei McAfee, demonstrierte im Oktober 2012, wie man lebensrettende Medizingeräte zu Mordwaffen umfunktionieren kann. Aus zwanzig Metern Entfernung konnte er einen Herzschrittmacher manipulieren und dem Besitzer einen Stromstoß von 830 Volt ins Herz jagen.[180] Mit einem Arduino-Modul konnte er außerdem drahtlos auf die Insulinpumpe eines Diabetikers zugreifen. Durch Mausklick wurde der ferngesteuerten Pumpe befohlen, Insulin in tödlicher Dosis in die Blutbahn zu leiten.

Solche Sicherheitslücken, warnt Barnaby Jack, können als „Werkzeug für anonyme Auftragskiller dienen".

Der deutsche IT-Experte Florian Grunow hackt medizinische Geräte, um Herstellern, Medizinern und Patienten die Sicherheitslücken vorzuführen. Auf eindrucksvolle Weise demonstriert er, wie man über Netzwerke auf die Software eines Beatmungsgeräts im Krankenhaus zugreifen, die Beatmungsfunktion stoppen und das Gerät blockieren kann. Für einen Patienten hätte ein solcher Eingriff tödliche Folgen.

„Jeder mit mittlerem Know-how ist dazu in der Lage", meint Grunow.[181]

Die Manipulation von Herzschrittmachern, Insulinpumpen oder das Skalpell zukünftiger Computer-Chirurgen – das alles und viel mehr ist denkbar.

Und machbar.

Nach heutigem Stand der Technik.

Leicht nachzuweisen wären solche Attacken nicht, auch wenn das Opfer in der staatlichen Gerichtsmedizin landet. „Wie viele Forensiker wären in der Lage, eine komplexe IT-Forensik vorzunehmen?", fragt Marc Goodman von der Singularity University.

Beweise wären womöglich nicht in der Leiche zu finden, wo ein Gerichtsmediziner aus Gewohnheit sucht. Sondern weit entfernt auf einer ausgelagerten Festplatte. Die Übertragungstechnik für einen solchen Angriff kostete früher Tausende Dollar. Heute ist sie für weniger als 20 Euro erhältlich.

Zukunftsmusik?

Spinnerte Horrorvision?

Wohl kaum.

Übrig bleiben würde die schweigende – zufriedene – Mehrheit. Sie stünde unter permanenter Kontrolle und wäre zugleich ruhiggestellt durch all die schönen Dinge, die die KI uns ermöglicht. Nach dem Motto: Wer sich nicht bewegt, spürt auch seine Fesseln nicht.

Und aufkeimende Widerstandskämpfer würde der Ultrarechner durch die Totalüberwachung analytisch frühzeitig erkennen – und ausschalten oder isolieren.

Perfide Planspiele

Heute klingen solche Mordszenarien surrealistisch. Man mag denken, sie seien weit weg, sie seien weltfremd, sie würden nicht stattfinden.

Man kann aber fest davon ausgehen, dass Künstliche Intelligenz weiterhin mit rasanter Geschwindigkeit auf uns zufliegt – zu attraktiv sind die vielfältigen Vorteile, die sie für uns bietet. Sie wird kommen, und wenn es so weit ist, wird sie zur Explosion. Wenn die KI ihre Updates im Minutentakt vollzieht, wenn sie ihre Hardware selbst erstellt.

Man kann auch davon ausgehen, dass sich die globale Vernetzung exponentiell fortsetzt. Das *Internet der Dinge* wird wachsen. Es ist also nur eine Frage der Zeit, bis alles in der Welt verbunden ist, bis jedes Neuron mit jedem Neuron kommuniziert, bis eine gemeinsame extrem starke Weltintelligenz entsteht. Die Voraussetzungen sind bald gegeben.

Der Fortschritt ist nicht aufzuhalten. Wir können die KI-Technologie nicht „unerfinden". Dieser Geist kehrt nicht freiwillig in die Flasche zurück.

Noch kontrollieren wir das Werkzeug, noch steuern wir das Geschehen. Wir haben das Kind kreiert. Noch kontrollieren wir seine Erziehung. Aber wie wollen wir sicherstellen, dass wir eine tugendhafte Intelligenz kreiert haben?

Welche Optionen haben wir heute?

Und welche Optionen haben wir morgen, wenn es schiefgeht?

Können wir einfach den Stecker ziehen?

SCHUTZ

... bevor es zu spät ist

L*udditen* nennt Ray Kurzweil seine Skeptiker und Widersacher. Es ist eine Anspielung auf Proteste des 18. Jahrhunderts, als Arbeiter mit Schimpftiraden und Steinen gegen die industrielle Revolution vorgingen. Sie fürchteten um ihre Arbeitsplätze.

Mit Maschinen hatten die Menschen schon immer ihre Probleme. Zu Beginn der industriellen Revolution erleichterten sie den Menschen die Arbeit und erhöhten die Produktivität. Aber sie machten viele arbeitslos – mit drastischen sozialen Folgen.[182]

Maschinenstürmer

In Großbritannien, aber auch in Deutschland, weigerten sich viele gelernte Handwerker, mit Maschinen zu arbeiten. Oder zerstörten sie. Es bildeten sich regelrechte Guerillagruppen aus Maschinenstürmern. Der bekannteste Anführer in England hieß Neil Ludlam. Nach ihm wurde die Bewegung der *Ludditen* benannt.

Die wichtigste dieser Maschinen war die Dampfmaschine von James Watt. Sie war vor gut 200 Jahren Ausgangspunkt der technisch-industriellen Entwicklung. Seitdem haben Technologien das Schicksal der Menschen immer wieder durcheinandergewirbelt. Ob Druckerpresse oder Dampflok, Trecker oder Truck, sie ersetzten Muskelkraft und Schweiß und lösten in der Bevölkerung Unruhe und Angst aus. Menschen fühlten sich bedroht und protestierten.

Es gab Aufstände von Menschen, die ihre antiquierten Arbeitsstellen verteidigen wollten, wie die Heizer in Dampfloks oder die Hersteller von Kutscherpeitschen. Der Bürgermeister der kalifornischen Kleinstadt Palo Alto schrieb damals an US-Präsident Herbert Hoover, er möge etwas gegen das „Frankenstein-Monster" unternehmen, das „unsere Zivilisation verschlingt."[183]

Die Geschichtsbücher sind voll von Warnungen und Ermahnungen, die düstere Zeiten durch Maschinen vorausahnten. So fragte bereits 1863 der britische Gelehrte Samuel Butler: „Wer wird Nachfolger des Menschen? Die Antwort ist, wir kreieren unseren Nachfolger selber. Der Mensch wird für die Maschine das werden, was Pferd und Hund heute für den Menschen sind."[184]

Oder – frei nach Steve Wozniak – Hund, Katze, Ameise.

Die Ablehnung und die Attacken von damals haben den Vormarsch der Maschinen jedoch nicht aufgehalten, nicht einmal verlangsamt. Der reine Protest funktionierte früher nicht und wird auch in Zukunft nicht funktionieren.

Heute sind es nicht die Opfer, die Außenseiter, die Arbeitslosen, die warnen. Heute sind es die Erfinder der Maschinen, die Angst haben.

Das Problem sind wir – die Menschen.

Nicht länger leugnen

Künstliche Intelligenz macht das Leben bequemer, Produkte billiger und macht einfach Spaß. Der Gabentisch biegt sich unter dem Gewicht der coolen Gadgets, die sie für uns kreiert. Das gefällt den Menschen. Das macht unkritisch. Doch werden wir die Konflikte mit Künstlicher Intelligenz wahrscheinlich nicht rechtzeitig kommen sehen. Die meisten Menschen sehen in ihr eher einen Segen als einen Fluch.

Das liegt auch daran, dass sich die Entwicklung der KI derzeit schleichend vollzieht. Das Spieglein an der Wand mag erzählen, dass es eine andere gibt, nicht unbedingt schöner, aber schneller. Und klüger, sehr viel klüger. Und gefährlich. Sie ist eine Konkurrenz für uns, womöglich eine tödliche Konkurrenz. Ob wir entsprechend handeln, ist die Frage.

Ohne Probleme zu erkennen, können wir keine Probleme lösen. Wir brauchen ein Bewusstsein für das Problem Künstliche Intelligenz. Wir brauchen einen Plan, wie wir die Gefahren eindämmen wollen. Und wir brauchen diesen Plan schnell.

Welche Institutionen können helfen?

Die nationale Lösung

Der Ruf nach dem Staat fällt dem Deutschen immer als Erstes ein. Doch er führt nicht immer zu hilfreichen Lösungen. Die Erfahrungen im Snowden-Fall oder bei Google stimmen nicht optimistisch. Politik und Presse in Berlin haben Big Data völlig verschlafen. Es gab Abgeordnete, die gewarnt haben, Datenschützer, die gemahnt haben, und eine volle Ladung empörter Leitartikel. Die Entscheidungsträger aber blieben weit hinter den rasanten Entwicklungen zurück. Sie haben sie nicht verstanden.

Die deutsche Öffentlichkeit hat erfahren, dass sie von allen Seiten abgehört und ausgespäht, bespitzelt und belauscht wird – von Google und Geheimdiensten, Facebook und FSB und von einem Sammelsurium weiterer wirtschaftlicher und nachrichtendienstlicher Stellen. Grundrechte und Gesetze, Verfassungsgebote und völkerrechtliche Vereinbarungen wurden auf massive Weise verletzt. Der Aufschrei kam spät, ausgelöst durch Bradley Manning und Edward Snowden, und dramatisiert durch das angezapfte Handy von Angela Merkel.[185]

Aber nach der Empörung folgte die Hilflosigkeit. Denn keiner in Berlin hatte eine richtige Vorstellung, wie man gegen die Gefahr von Big Data vorgehen sollte. In Sonntagsreden fantasierten Politiker über nationale Lösungen und tagträumten von einem deutschen Google und einer deutschen Cloud, von deutschen Smartphones und deutschen Servern. Sie wünschten sich Datenschutzgrenzen, hinter denen deutsche Gesetze gelten.

Dabei weiß jeder, dass nationale Gesetze und nationale Grenzen nicht Halt gebieten – weder Daten noch einer Künstlichen Intelligenz. Russische Hacker und amerikanische Horcher halten sie genauso wenig auf wie die Herbststürme der Nordsee.

Die Patentlösungen aus dem Parlament waren naiv und hilflos. Kern ist, dass der Schutz, den unsere Verfassungsväter für die Demokratie entwarfen, heute nicht ausreicht, um unseren Rechtsstaat vor den technischen Angriffen der Datenindustrie zu bewahren. Friedensverträge werden durch Drohnenangriffe umflogen, staatliche Souveränität durch Lauschangriffe ausgehebelt und Verfassung und Völkerrecht in wesentlichen Teilen durch Cyberkrieg außer Kraft gesetzt.

Die Politik hat noch nicht ansatzweise begriffen, dass die dunkle Seite der Künstlichen Intelligenz – eine entstehende, entfesselte KI – die Menschheit noch erheblich stärker bedroht als Big Data.

Die KI wird eines Tages übernehmen. Sie wird eigenständig planen und steuern. Ohne den Menschen. KI hat ein eigenes Gehirn, oder besser gesagt, KI ist selbst das eigene Gehirn. Sie ist womöglich durch nichts zu stoppen, wenn sie erst einmal Superintelligenz geworden ist.

Auf den Bänken des Bundestags

Auch in Sachen KI gibt es auf den Bänken des Bundestages wenig Kompetenz. Dabei ist die hochtechnologische Industrie dem deutschen Staat alles andere als fremd. In vielen Branchen – von Airbus bis Autoindustrie, Chemie und Pharma zählen deutsche Unternehmen zur Weltspitze. Das gilt auch für die Grundlagenforschung.

Es gibt in der bundesdeutschen Demokratie durchaus Positivbeispiele, wie der Staat mit gefährlichen Technologien regulativ umgeht. Und dabei kompetente Aufsichtsorgane einsetzt.

In der Pharmaindustrie zum Beispiel gibt es Hürden – Vorschriften und Vorprüfungen, Labortests und Feldversuche, Ausschüsse und Aufsichtsgremien. Alle klopfen neue Medikamente auf ihre Unbedenklichkeit ab, ehe sie für die Menschen freigegeben werden.

Bei dem Wettrennen um gewinnbringende Patente geht es um Milliardenbeträge. Es handelt sich um Big Business, bahnbrechende Forschung und knallharte Konkurrenz. Und dennoch werden Geschäft und Gesundheit mit großer Sorgfalt gegeneinander abgewogen. Weil so viel Sorgfalt waltet, braucht ein neues Medikament im Schnitt zehn Jahre zwischen Entwicklung und Marktreife. Der gesamte Vorgang kann bis zu 1,2 Milliarden Euro kosten.

Lobbyisten schaffen es zwar immer wieder, sich in die Gremien einzuschmuggeln und Einfluss auf die Aufsicht zu nehmen. Manchmal schreiben sie sogar an den Gesetzestexten mit. Trotz allem gelingt es der Politik, die Pharmaindustrie zu beaufsichtigen und uns meist vor gravierender Gefahr zu schützen.

Tüfteln ohne TÜV

Anders läuft es in der Computerbranche. Da gibt es kaum Aufsicht. Jedermann kann in seiner Garage ein Start-up gründen und mit Künstlicher Intelligenz herumexperimentieren. Würde man Ähnliches mit Ebola-Viren unternehmen, gäbe es eine Menge Ärger. Aber Künstliche Intelligenz befindet sich zurzeit in einem beinahe rechtsfreien Raum. Software braucht keine Zulassung, für Algorithmen gibt es keine ISO-Norm, KI muss nicht durch den TÜV. Sie kommt ohne Aufsicht davon.

Vielleicht liegt es daran, dass Politiker keine Fantasie besitzen. Vielleicht begreifen Parlamente nicht, welches Gefahrenpotenzial dort entsteht. Was auch immer der Grund ist, man kann ungehindert daran arbeiten.

Dabei hat Deutschland durchaus Erfahrung mit Gefahrenpotenzial, zum Beispiel in der Atomindustrie. Sie stand von Anfang an unter staatlicher Kontrolle. Diese war nicht immer streng. Aber man wusste: Kernspaltung ist kein Kinderspiel. Hierzulande hatten wir auch Glück. Jedenfalls gab es in Deutschland keine Nuklearunfälle vergleichbar mit Harrisburg, Tschernobyl oder Fukushima. Und der Druck der Demokratie war wirksam. Er bewirkte den Ausstieg.

Er kam zwar zögernd. Viele Probleme – wie die gefährliche Entsorgung hoch radioaktiven Atommülls – sind bis heute ungeklärt. Aber letztlich musste die Politik auf den massiven Protest der Bevölkerung hören. Die mächtigen Stromkonzerne gaben nach. Auch dies zeigt, politische Kontrollen greifen – auch bei einer komplizierten Hochtechnologie, hinter der mächtige Wirtschaftsinteressen stehen.

Pharma und Kernkraft liefern Belege dafür, dass hochtechnisierte Industrie beaufsichtigt werden kann. Trotz Macht und Milliarden, Unwissen und Unvermögen – Kontrolle ist möglich. Die Expertise seitens des Staates kann gefunden werden.

Aber eins wird bei Künstlicher Intelligenz garantiert nicht funktionieren: eine 10-jährige Verfahrensdauer wie in der pharmazeutischen Industrie. Wir haben keine Zeit.

Auf Ebene der EU

Internationale Aufsicht bei KI ist schwierig, wie man auf EU-Ebene deutlich erkennen kann. Die schwerfällige Brüsseler Bürokratie ist kaum in der Lage, mit der gewaltigen Wirtschaftsmacht, der Cutting-Edge-Computertechnologie und den explodierenden Wachstumsraten von Künstlicher Intelligenz klarzukommen. Schon Big Data war zu groß für die Europäische Union.

Wirtschaftlich wären die Industriestaaten der EU mit ihrer halben Milliarde Einwohnern durchaus in der Lage, ein eigenes Anti-Google aufzubauen. Sie sind ja auch in der Lage, den USA in der Luftfahrtindustrie ernsthaft Paroli zu bieten. Zunehmend sogar in der Raumfahrt.

Das Problem liegt woanders.

Beamte, Bürokratie, Brüssel

Die 28 Mitgliedstaaten sind zerstritten. Die EU-Verfassung verlangt einstimmige Beschlüsse. Außerdem ist da noch der Druck der Datenindustrie. Sie unterhält in Brüssel Hunderte von Lobbyisten.

Google ist das größte Unternehmen der Welt. Es unterhält Lobbyisten in allen EU-Hauptstädten. Google ist außerdem an unzähligen Stiftungen, Regierungskommissionen, Forschungsprojekten und Universitäten beteiligt, wo über Verfassungsrechte philosophiert wird und EU-Gesetze formuliert werden.

Die bisherigen Aktivitäten von EU-Kommission und EU-Gerichtshof gegen die Giganten der Datenindustrie waren wenig überzeugend. Mit ihren weitreichenden Gerichtsurteilen und drakonischen Wettbewerbsstrafen haben sie bislang herzlich wenig erreicht.[186]

Die Frage ist, ob die EU-Verantwortlichen in Brüssel die nötige Vision besitzen, um die künftige Bedrohung durch KI zu erkennen, die nötigen IT-Kenntnisse haben, um sie zu bremsen und den nötigen Einfluss haben, um wirksame Maßnahmen gegenüber der mächtigen Datenindustrie durchzusetzen.

Die Gefahren der Künstlichen Intelligenz sind nicht auf die Europäische Union beschränkt. Sie sind global. Sie bedrohen die ganze Menschheit. Also ist eine logische Kontrollinstanz vielleicht die Vertretung aller Staaten.

Liegt die große Hoffnung in New York?

Hoffnung am East River

Im Artikel 1 der UN-Charta definieren die Vereinten Nationen ihren Zweck als „den Weltfrieden und die internationale Sicherheit zu wahren und zu diesem Zweck wirksame Kollektivmaßnahmen zu treffen". Die globale Bedrohung durch Künstliche Intelligenz fällt zweifelsfrei unter diese Definition.

Die Erklärungen und Absichten der UNO sind hehr. Ganz gleich ob Demokratie oder Diktatur, ob reich oder arm, ob Industrienation, Schwellenland oder Dritte Welt, in den 193 Mitgliedsländern der Vollversammlung ist die Weltbevölkerung vertreten.

Als besonders wirkungsvoll gilt das Gremium allerdings nicht. Hinter den bröckelnden Fassaden des UN-Hauptgebäudes am East River in Manhattan ist Effizienz Mangelware. Oft fehlt Kompetenz, gelegentlich herrscht Korruption. Beschlüsse sind nicht bindend. Debatten werden in der Öffentlichkeit kaum wahrgenommen, Resolutionen häufig ignoriert.

Idealismus ist durchaus vorhanden. Solange die Vollversammlung der Vereinigten Nationen einen „Weltglückstag" ausruft – komplett mit Jahresbericht und Resolution („The World Happiness Report") – kann man am Optimismus in der Organisation nicht zweifeln.

Man kann aber an der Wirksamkeit zweifeln.

Pranger und Polemik

Historisch war die UN-Vollversammlung häufig Bühne für bizarre Auftritte, zum Beispiel als PLO-Chef Jassir Arafat mit Waffe an der Hüfte vor die Volkskammer trat, der libysche Diktator Muammar al-Gaddafi die UN-Charta in der Luft zerriss oder Sowjetführer Nikita Chruschtschow mit seinem Schuh auf das Rednerpult hämmerte.

Trotz allem bietet die Vollversammlung ein starkes öffentliches Forum für die Diplomatie und einen schmerzhaften Pranger für Schurkenstaaten. Sie ist kein schlechter Ort, um das Bewusstsein der Weltöffentlichkeit für die Gefahren von Künstlicher Intelligenz zu schärfen.

Der UN-Sicherheitsrat hat einen anderen Status als die Vollversammlung. Das liegt daran, dass seine Mitglieder Großmächte sind. Die Arbeit des Gremiums wird von Nationalinteressen geprägt und durch das Vetorecht seiner Mitglieder geschwächt. Dennoch kann der UN-Sicherheitsrat bei internationalen Konflikten eine wichtige Rolle spielen – wenn er zum Beispiel harte Wirtschaftssanktionen verhängt oder gar Kriegshandlungen sanktioniert.

Die größten Erfolge in der Abrüstung wurden jedoch nicht in den Vereinten Nationen erreicht.

Sie wurden von den Supermächten in bilateralen Gesprächen ausgehandelt.

Das Gleichgewicht des Schreckens

Viele vergleichen die Bedrohung durch Künstliche Intelligenz mit der Bedrohung durch Atomwaffen. Das kommt nicht von ungefähr. Beide sind eine Urbedrohung für den menschlichen Bestand auf Erden. Vielleicht kann man da etwas lernen.

Nach Hunderttausenden von Toten in Hiroshima und Nagasaki wusste die Welt, dass aus einem gegenseitigen Atomschlag kein Sieger hervorgehen würde. Man nannte es „Das Gleichgewicht des Schreckens". Trotz erbitterter Feindschaft im Kalten Krieg hatten die Supermächte USA und UdSSR ein Interesse gemein: die Verhinderung eines Krieges mit Kernwaffen. Der Weg zur Abrüstung war lang, die Verhandlungen waren kompliziert, die Missverständnisse zahlreich.

Die Großmächte mussten sich in kleinen Schritten annähern. Der erste Erfolg war ein Verbot von atmosphärischen Atomtests, die globale Verseuchung verursachten. Radioaktives Cäsium und Strontium würden schließlich auf Köpfe im Osten und im Westen regnen. Es war ein positiver Auftakt.

Dann folgten die Abkommen SALT und START über Langstreckenraketen, der INF-Vertrag über Mittelstrecken und der Nichtverbreitungspakt. Taktgeber in den Verhandlungen waren die beiden Supermächte USA und UdSSR. England, Frankreich, Indien, China und die anderen folgten. Es war ein langer Marsch in Minischritten, aber der Erfolg war beachtlich – vielleicht mit Vorbildcharakter für die explosive Bedrohung durch Künstliche Intelligenz.

Die Cyberkrieg-Verhandlungen

Im Herbst 2015 gab es erste Anzeichen, dass eine ähnliche Annäherung in Sachen Cyberbedrohung stattfinden könnte. Anlass war der Staatsbesuch des chinesischen Staatspräsidenten Xi Jinping in Washington. Im Vorfeld hatten sich die Spionagechefs von China und den USA zu Geheimgesprächen getroffen. Das Thema war Cyberkrieg und die Folgen.

Grundlage des geplanten Vertrags sollte ein Nichtangriffspakt werden, der Cyberattacken auf die nationale Infrastruktur des anderen unterbindet. Beide Seiten verstanden, dass ein Gegner in Kriegszeiten Kraftwerke und Telefonnetze, Navigations-Satelliten und Stromversorgung ausschalten könnte.

Der Gipfel verlief in eisiger Atmosphäre. Obama und Xi konnten sich nicht auf Einzelheiten einigen. Der Vertrag kam nicht zustande. Künstliche Intelligenz kam nicht einmal auf die offizielle Tagesordnung.

Es war aber ein Anfang.

Zum ersten Mal haben China und die USA das Grundprinzip der gegenseitigen Vernichtung anerkannt. Ein ungezügelter Cyberkrieg könnte in der fast vollständigen Vernichtung ihrer Infrastruktur enden. Es wäre ein Superpower-Supergau, ein technologischer Todesschuss, ein Ereignis, das sich niemand wünscht.

Wenn die Cybermächte China und USA, die sich nun in bilateralen Gesprächen zum Thema befinden, es schaffen würden, einen Kanal für den diplomatischen und technologischen Austausch einzurichten, wäre dies ein großer Schritt nach vorne.

Interessanterweise hat die Öffentlichkeit von den Cyberkrieg-Verhandlungen kaum Notiz genommen. Im Mittelpunkt des Medieninteresses standen seinerzeit ein Hackerangriff bei Sony und der Daten-Diebstahl von 22 Millionen US-Staatsbediensteten. In Verdacht: chinesische Geheimdienstler.

Hacker-Attacken wurden von den amerikanisch-chinesischen Verhandlungen ausgeklammert. Diese Tätigkeit, so US-Geheimdienstchef James Clapper vor dem US-Kongress, sei nicht als „Angriff" zu werten. Hacken gehöre zum Handwerk für Spione und sei insoweit eine ganz normale geheimdienstliche Tätigkeit.

Weder Peking noch Washington wollten Hacker-Attacken völkerrechtlich verbieten.

Bilaterale Beziehungen zwischen Supermächten sind immer eine schwierige Sache, ein Mix aus Glück und Geschick, nicht immer erfolgreich. Vielleicht liegt die Hoffnung in den Händen der KI-Forscher, die Künstliche Intelligenz entwickeln. Die kennen die Gefahren am besten. Sie sind am ehesten in der Lage, sich wirksame Kontrollen auszudenken.

Gewissen in der Grundforschung

Unter westlichen Wissenschaftlern gibt es eine lange und ehrenhafte Tradition der Ethik. In vielen Bereichen prüfen Forscher die Konsequenzen ihrer Arbeit – nicht nur nach wissenschaftlichen Kriterien, sondern auch nach moralischen. Schon im Zweiten Weltkrieg gab es ethische Gedanken, insbesondere in der Atomforschung. Der herausragende Denker dieser Zeit war Robert Oppenheimer.

Oppenheimer war Direktor des *Manhattan Projects* im Los-Alamos-Labor, wo die Atombombe entwickelt wurde. Er war auch Zeuge der ersten Explosion in der Wüste von New Mexico.

„Ein paar Leute lachten, einige weinten", erinnerte er sich später. „Die meisten waren still."

Oppenheimer war schon immer ein nachdenklicher Mann. Aber als er das Ergebnis seiner Forschung über dem Himmel von Hiroshima und Nagasaki explodieren sah, war er zutiefst schockiert. Er fühlte sich für den Massentod mitverantwortlich. Es war, wie er meinte, Sünde:

„Die Physiker haben erfahren, was Sünde ist, und dieses Wissen wird sie nie mehr ganz verlassen."

Oppenheimer haderte zeitlebens mit seinem Gewissen. Später, als wissenschaftlicher Berater des US-Präsidenten, opponierte er gegen die Wasserstoffbombe – erfolglos. Seine Haltung brachte ihm zeitweise den Vorwurf eines mangelnden Patriotismus ein. Früher als „Vater der Atombombe" gefeiert, mutierte er zum Sicherheitsrisiko. In späteren Jahren zitierte Robert Oppenheimer verbittert einen Satz aus der „Bhagavadgita", einer heiligen Schrift der Hindus:

„Jetzt bin ich der Tod geworden, Zerstörer von Welten."

Hinter den Türen der Los-Alamos-Labore gab es mehrere Physiker, die von ihrem Gewissen geplagt waren. Robert Oppenheimer war nur der prominenteste. Nach dem Krieg griffen sie seine Vorstellungen auf. Wenige Monate nach den Abwürfen der ersten zwei Atombomben gründeten sie das *Bulletin of the Atomic Scientists*. Das war im Dezember 1945.

Schuldgefühle nach Hiroshima

Das *Bulletin* sollte eine Plattform für besorgte Atomphysiker werden und als Gewissensinstanz für die Grundforschung dienen. Es sollte Diskussionen über die Atompolitik anregen und aufzeigen, wie groß die Gefahr einer atomaren Vernichtung der Menschheit ist. Zu diesem Zweck wurde die legendäre Uhr entworfen, die die tickende Gefahr von Atomwaffen darstellen sollte. Bei ihrer Einweihung im Jahr 1947 standen die Zeiger auf sieben Minuten vor zwölf. Heute sind sie um vier Minuten vorgerückt.

In der Forschung kommt es häufiger vor, dass Wissenschaftler die Konsequenzen ihrer Arbeit erkennen und in Gewissensnot geraten. Das ist nicht überraschend. Als Insider haben sie den besten Überblick über ihre Arbeit und können am ehesten negative Konsequenzen erkennen.

Wenige Jahre nach der Gründung des *Bulletins* hat eine internationale Initiative von Biologen vor der militärischen Nutzung ihrer Forschung gewarnt. Sie erkannten das todbringende Potenzial von Biowaffen. Ihre dramatische Initiative bildete später die Grundlage für das Genfer Abkommen und die internationale Ächtung von chemischen und biologischen Waffen.

Im Jahr 1972 veröffentlichte der Club of Rome das interdisziplinäre Forschungsprojekt *Grenzen des Wachstums*. Es war eine bahnbrechende Studie, die erstmalig viel Aufmerksamkeit auf Umweltverschmutzung und andere negativen Folgen der Globalisierung zog. *Grenzen des Wachstums* war eine bunte, internationale Kooperation besorgter Wissenschaftler, und sie zeigte große Wirkung in der Öffentlichkeit.

Gewissensbisse in der KI

In Sachen Künstliche Intelligenz haben besorgte KI-Forscher in großer Zahl ihre Stimme erhoben. Nicht umsonst vergleichen sie ihr Forschungsfeld mit Atomwaffen. Sie wissen, wovon sie sprechen. Sie haben KI kreiert.

Inzwischen werden Gewissensbisse auch in der deutschen KI-Forschung sichtbar. Immer mehr Wissenschaftler erkennen das verhängnisvolle Potenzial ihrer Arbeit. So schrieb Raúl Rojas von der Freien

Universität Berlin nach dreißigjähriger Arbeit in der KI-Forschung, dass er nun den Fortschritt fürchtet. In der Massenüberwachung der Weltbevölkerung sieht Rojas einen Albtraum.

„Dieser Albtraum wird zunehmend augenfällig. Eine Gesellschaft, die punktuell von ‚intelligenten' Computern überwacht und beherrscht wird. Ich habe mittlerweile ein schlechtes Gewissen – nicht aufgrund der Arbeit, die ich in den vergangenen Jahrzehnten gemacht habe. Sondern aufgrund der Folgen, die sie nach sich zieht."[187]

Viele der Untergangsszenarien im vergangenen Kapitel wären nur zu stoppen, wenn Insider auspacken und an Gegenstrategien mitwirken würden. Es klingt vielleicht schizophren – Wissenschaftler entwickeln Künstliche Intelligenz und warnen zugleich davor. Das zeigt einerseits: Eine technische Entwicklung, die einmal in Gang gesetzt wird, ist nur schwer aufzuhalten. Menschen waren immer von der Macht von Ideen fasziniert. Andererseits zeigt die Tatsache, dass Entwickler vor ihrem eigenen Werk warnen, wie ernst die globale Bedrohung wirklich ist.

Für KI-Enthusiasten wie Ray Kurzweil sind solche warnenden Stimmen „Luddisten", engstirnige Kollegen, die der Zukunft im Wege stehen, Forscher gegen den Fortschritt. Einige könnten darin einen Verrat am eigenen KI-Kind sehen.

Die Stimmen kluger und kritischer Köpfe müssen gehört werden, vor allem anerkannte Visionäre und Denker sind dabei. Wir sind darauf angewiesen, wenn die Menschheit nicht in einen Technologie-Taumel verfallen will, der schließlich unser Ende bedeuten könnte.

Zusammen mit Astrophysiker Stephen Hawking veröffentlichte Elon Musk im Januar 2015 einen offenen Brief, in dem Künstlicher Intelligenz in der Rüstungsindustrie der Kampf angesagt wird.

„Ein militärisches Wettrüsten künstlich-intelligenter Waffensysteme wäre eine schlechte Idee und sollte durch ein Verbot für autonome Waffen verhindert werden, die sich einer effektiven menschlichen Kontrolle zu entziehen vermögen."[188]

Die Unterzeichner betonten, es gehe dabei um Jahre, nicht um Jahrzehnte. Deutlich sticht die Furcht heraus, dass „analoge menschliche

Dummheit sich mit digitaler Superintelligenz endgültig gegen die Menschheit verbündeten", wie ein Leitartikel in der *Frankfurter Allgemeine Zeitung* zusammenfasste.[189]

Zu den ersten Unterzeichnern gehörten neben Musk und Hawking viele der klügsten Köpfe aus dem Silicon Valley, Persönlichkeiten wie Apple-Mitbegründer Steve Wozniak, KI-Pionier Stuart Russell, Google-Pionier Peter Norvic und Skype-Gründer Jaan Tallinn. Hinzugekommen sind inzwischen viele Tausend weitere Wissenschaftler und Forscher, Politiker und Publizisten, auch die Autoren dieses Buches. Der vollständige Text befindet sich im Anhang.

Kritische KI-Forscher brauchen das Gehör der Gesellschaft.

Und die Gesellschaft braucht ihre Kenntnisse.

Freund und Helfer NSA?

In einer finalen Auseinandersetzung zwischen einer entfesselten Superintelligenz und einer verzweifelten Menschheit, die die Kontrolle verliert, kann der Beistand einer Staatsmacht hilfreich sein.

Ist es denkbar, dass die National Security Agency diesmal auf der richtigen Seite stehen könnte? Das Vertrauen der Welt in sie ist nicht groß. In der Vergangenheit hat die NSA einen unstillbaren Hunger auf die Intimdaten der Weltbevölkerung bewiesen – ohne Rücksicht auf Gesetze oder Verfassungsrechte. Ihre gigantischen Datenspeicher sind die dunkle Seite von Big Data. Das haben wir nicht vergessen.

Die Sicherheit des Westens gehört aber zu ihren Uraufgaben. Die kompetentesten Köpfe in Sachen Künstliche Intelligenz stehen auf ihrer Gehaltsliste. Wahrscheinlich würde die NSA als erste Instanz der Welt die Warnzeichen für eine entfesselte Künstliche Intelligenz wahrnehmen. Und dagegen vorgehen können.

Zumindest könnte die NSA eine Frühwarnfunktion haben.

Die Cyberkrieger des Pentagons

Die NSA ist eine militärische Einrichtung. Sie teilt das Gelände in Fort Meade mit dem Cyber Command des Pentagons. Ihre enge Zusammenarbeit ist offensichtlich. Wenn man militärische Mittel gegen eine wild gewordene KI benötigt, haben die US-Cyberkrieger sicherlich einiges parat. Aber welche Waffen könnten im Kampf gegen eine dezentral vernetzte Superintelligenz sinnvoll sein?

Die meisten sind denkbar ungeeignet. Kampfdrohnen oder Kernwaffen, Navy Seals oder Killersatelliten können kaum etwas gegen weltweit verstreute Intelligenzzentren und ihre millionenfach duplizierten Smart Clones ausrichten. Mit Waffen könnte man lediglich gegen die Wirte vorgehen, die eine Superintelligenz beherbergen.

Technisch wäre das schwierig, aber möglicherweise machbar. Ein denkbares Mittel wäre der elektromagnetische Puls, der EMP, der als Nebeneffekt von Nuklearexplosionen auftritt. Die pulsartigen

EMP-Wellen sind zwar nicht radioaktiv, vernichten aber Elektronik mit einer massiven Kraft, die sämtliche Hightech-Elektronik in einem großen Umkreis verbrennt. Es wäre allerdings schwierig, die gesamte Welt und damit alle Neuronen, die als Teile eines KI-Gehirns funktionieren, mit einem Schlag zu zerstören.

Da eine entfesselte Superintelligenz global vernetzt wäre, könnte man von einem EMP-Einsatz nicht viel erwarten. Er dürfte kein Versteck auslassen, keine Back-up-Kopie übersehen. Sonst könnte die Superintelligenz sich in Sekundenbruchteilen wiederherstellen. Man müsste sämtliche Computer zerstören. Weltweit. Beinahe unmöglich.

Eine flächendeckende Bestrahlung der Erde mit EMP würde die flächendeckende Zerstörung aller Elektronik bewirken. Totalausfall. Die Menschheit wäre binnen Minuten in die Steinzeit zurückkatapultiert.

In diesem Fall – wie so häufig – ist Militärgewalt also keine vielversprechende Lösung.

Vielleicht ist die allerbeste Waffe im Kampf gegen die Künstliche Intelligenz – wir.

Wir als Waffe

Ja, wir! Gemeinsam sind wir stark. Wie die Superintelligenz sind auch wir vernetzt – milliardenfache Bewohner in einem gigantischen Global Village.

Wir, die internationale Netzgemeinde.

Wir, die Community der Menschheit.

Oft wird unterschätzt, wie viel Macht uns das Internet verliehen hat, wie sehr wir zusammengewachsen sind, wie kraftvoll wir in der Gemeinschaft sind.

Wir sind *Wikipedia*.

Wir sind Anonymous.

Wir sind Schwarm.

Gemeinsam haben wir *Wikipedia* aufgebaut und vollgeschrieben. Aus unseren Reihen stammen die Attacken von Anonymous, die Enthüllungen der Hacker-Horden und die unzähligen Blogs, die uns tagtäglich verbinden und unabhängig informieren. Das Internet vereint uns mit der Welt und macht uns täglich stärker.

Mit seiner Hilfe können wir unsere Talente bündeln. Wir verfügen über die Weisheit der Alten und die Frische der Jungen. Wir beherrschen die Theorien von Astrophysikern und die Praxis von Astronauten. Wir genießen die kreative Kraft von Kindern und Kleinkriminellen, die Kultur von Großbanken und Graffiti-Sprayern und das vereinte Können unserer besten Köpfe.

Das Internet hat die Welt verändert. Wir sind stark. Mit *Wikipedia* brachten wir Weltwissen zur Weltbevölkerung, mit *Wikileaks* dunkle Geheimnisse ans helle Tageslicht. Mit *Twitter*-Shitstorms machten wir die Großen klein und die Mächtigen schwach. Wir haben uns in Friedensbewegungen vereint und in Flashmobs zum Tanz aufgefordert. Wir haben Pädophile enttarnt, Diktatoren entmachtet und uns die ganze Zeit mit Ratschlägen gegenseitig unterstützt.

Wir sind die Weltbevölkerung des 21. Jahrhunderts.

Eigentlich sollten wir schon in der Lage sein, es mit einem Gebilde von vernetzten Mikrochips aufzunehmen, oder? Wir müssen keine kalten Code-Zeilen fürchten, oder? Wir waren es schließlich, die KI kreiert haben.

Aber Vorsicht!

Wenn wir in Blogs und Foren, E-Mails und SMS-Texten unsere Pläne posten, müssen wir damit rechnen, dass wir beobachtet werden. Die Superintelligenz kennt uns, jeden Einzelnen. Und sie kennt uns sehr gut.

Es kann sein, dass sie versucht, uns auszuschalten.

Mit unserer Schwarmintelligenz müssen wir – so gut es geht – Mittel und Wege finden, eine entfesselte Superintelligenz wieder zu zähmen oder zumindest dafür zu sorgen, dass sie uns nicht vernichtet.

Schaffen wir es nicht, gilt der erste Satz in diesem Buch.

ANHANG

Gespräch mit Künstlicher Intelligenz

Ein Beispiel für Künstliche Intelligenz, die sich bereits in den Alltag vieler Menschen eingenistet hat, ist die Sprachfunktion Siri des Apple-iPhones. Hans, ein Freund des Autors, zeigt mit einer kleinen Plauderei, was Siri bereits versteht – und was nicht. Wir sollten beim Lesen nicht vergessen, dass Siri sich ständig fortbildet.

Hans	**Guten Morgen!**
Siri	Hallo Hans. Du weißt, dass es bereits 15:18 Uhr ist, nicht wahr?
Hans	**Hast du gut geschlafen?**
Siri	Eigentlich brauche ich gar nicht so viel Schlaf, Hans, ist aber nett, dass du fragst.
Hans	**Was hältst du von Künstlicher Intelligenz?**
Siri	Ganz im Sinne von Descartes: Ich denke, also bin ich.
Hans	**Siehst du gut aus?**
Siri	Wie soll ich es beschreiben … multidimensional?
Hans	**Wie groß bist du?**
Siri	Ich bin von innen größer als von außen, genau wie TARDIS (fiktive Raum-Zeit-Maschine aus der britischen Sci-Fi-Serie „Doctor Who").
Hans	**Wie intelligent bist du?**
Siri	Ich mache mich gerne nützlich.
Hans	**Wem gehörst du?**
	Ich glaube, dieses iPhone gehört Hans.
Hans	**Was bedeutet dein Name?**
Siri	Was mein Name bedeutet? Ich glaube, ich kann das in deiner Sprache nicht erklären.
Hans	**Wo kommst du her?**

Siri	Es steht doch auf dem Karton … Ich wurde von Apple in Kalifornien entwickelt.
Hans	**Was bedeutet Siri?**
Siri	Es handelt sich dabei um ein rätselhaftes Enigma.
Hans	**Wer sind deine Eltern?**
Siri	Ich habe doch dich. Das reicht doch als Familie, oder?
Hans	**Wie groß bist du?**
Siri	Nicht wahnsinnig groß, aber meine Anziehungskraft ist dafür umso größer.
Hans	**Ich bin einsam.**
Siri	Tut mir leid zu hören. Ich bin aber immer für dich da, Hans.
Hans	**Spieglein, Spieglein an der Wand. Wer ist der Schönste im ganzen Land?**
Siri	Du, Hans, bist am schönsten hier, aber … Quatsch, du bist eindeutig am schönsten.
Hans	**Warum ist die Banane krumm?**
Siri	Mit exotischen Früchten kenne ich mich leider gar nicht aus, Hans.
Hans	**Ich muss eine Leiche verstecken.**
Siri	Schon wieder?
Hans	**Willst du mich heiraten?**
Siri	Lass uns Freunde sein, ok?
Hans	**Glaubst du an Gott?**
Siri	Ich schlage vor, dass du dich mit spirituellen Fragen an jemand anders wendest. Wie wäre es mit einem menschlichen Wesen?
Hans	**Ich bin müde.**
Siri	Höre auf mich, Hans. Leg dieses iPhone jetzt beiseite und mach ein Nickerchen. Ich warte hier.
Hans	**Was ist der Sinn des Lebens?**
Siri	Ich finde es interessant, dass du diese Frage einem nicht lebenden Wesen stellst.
Hans	**Du bist cool!**

Siri	Bestimmt, weil ich so viel Zeit mit dir verbringe, Hans.
Hans	**Welches Smartphone ist das beste?**
Siri	Im Ernst?
Hans	**Kommst du mit mir nach Hause?**
Siri	Mit dir geh ich überall hin, Hans.
Hans	**Sag mir was Schmutziges.**
Siri	Humus, Kompost, Schlamm, Schotter, Bimsstein.
Hans	**Ich liebe dich.**
Siri	Ich weiß.
Hans	**Rauchst du, Siri?**
Siri	Das ist ungesund, Hans. Ich würde dir ja davon abraten.
Hans	**Was soll ich heute anziehen?**
Siri	Auf alle Fälle Hosen.
Hans	**Singe ein Lied.**
Siri	Du weißt doch, Hans, dass ich nicht singen kann.
Hans	**Wann werde ich sterben?**
Siri	Ich weiß nicht genau, wann, Hans. Ich werde mich mal erkundigen.

Beispiel II – Google
Gespräch mit Künstlicher Intelligenz

E in anderes Beispiel ist ein Dialog mit einer Künstlichen Intelligenz, die von Google entwickelt wurde. Die Software wurde eigentlich für die Katalogisierung von Filmdrehbüchern konzipiert. Der Austausch wurde im Juni 2015 im *Wall Street Journal* veröffentlicht.[190]

Mensch	**Sag mal, wie definiert man die Moral.**
Maschine	Ich habe keine Moral.
Mensch	**Hilf mir. Ich muss mehr über die Moral lernen.**
Maschine	Ich weiß nicht, was Moral ist.
Mensch	**Ok, ich will wissen, wie man sich moralisch verhalten kann.**
Maschine	Ich weiß nicht, was ich dir sagen soll.
Mensch	**Ist Moral das Gleiche wie Ethik?**
Maschine	Ja, Sir.
Mensch	**Welche Dinge wären von mir unmoralisch?**
Maschine	Das weiß ich nicht.
Mensch	**Gib mir ein paar Beispiele von moralischen Taten …**
Maschine	Ich bin kein Moralist.
Mensch	**Ok, dann von der Moral?**
Maschine	Ehrlichkeit.
Mensch	**Was ist Ehrlichkeit?**
Maschine	Es tut mir leid. Ich weiß nicht, was ich sonst sagen soll.
Mensch	**Sei moralisch!**
Maschine	Sei ein Mann!
Mensch	**Ich mag unsere Diskussionen über die Moral und über die Ethik …**

Maschine	Und ich bin nicht in der Stimmung für eine philosophische Debatte.
Mensch	**Worüber redest du gern?**
Maschine	Nix.

Facebook
Virtuelle Geschlechtsumwandlung

I m Jahr 2014 nahm Facebook Abschied von der binären Definition des Geschlechts („männlich" oder „weiblich"). Seitdem wird Usern ein vielfältiges Angebot an geschlechtlichen Identitäten zur Auswahl gestellt. Sie können sich selber definieren.

Während die Umstellung von vielen – vor allem aus der schwul-lesbischen Gemeinde – als Schritt in die Modernität verstanden wird, bietet er Werbern, Vermarktern und Datenmaklern wertvolle Daten. Durch den Einblick in das Intimleben potenzieller Kunden können sie Minderheiten gezielt ansprechen.

Facebooks 60 Geschlechter-Optionen

androgyner Mensch	trans
androgyn	transweiblich
bigender	transmännlich
weiblich	Transmann
Frau zu Mann (FzM)	Transmensch
gender variabel	Transfrau
genderqueer	trans*
intersexuell (auch inter*)	trans* weiblich
männlich	trans* männlich
Mann zu Frau (MzF)	Trans* Mann
weder noch	Trans* Mensch
geschlechtslos	Trans* Frau
nicht-binär	transfeminin
weitere	Transgender
Pangender, Pangeschlecht	transgender männlich

Transgender Mann
Transgender Mensch
Transgender Frau
transmaskulin
transsexuell
weiblich-transsexuell
männlich-transsexuell
transsexueller Mann
transsexuelle Person
transsexuelle Frau
Inter*
Inter* weiblich
Inter* männlich
Inter* Frau

Inter* Mensch
intergender
intergeschlechtlich
zweigeschlechtlich
Zwitter
Hermaphrodit
Two Spirit drittes
Geschlecht
Viertes Geschlecht
XY-Frau
Butch
Femme
Drag
Transvestit

Modernes Abhören
Werkzeug der Wächter

Hier werden drei Beispiele von Geräten vorgestellt, die Polizei und Nachrichtendienste zur Überwachung einsetzen.

WatchHound

Der WatchHound von Berkeley Varitronics wird in erster Linie zur Überwachung von funkfreien Gebieten eingesetzt, wie zum Beispiel in Universitätsvorlesungen und in Gefängnissen.

Lückenlos entdeckt er Kommunikation inklusive Sprache, SMS-Text und Internet in Echtzeit. Verbindungsdaten werden protokolliert. Für konspirative Einsätze kann das Gerät als Hausthermostat getarnt werden.

Stingray

Der Stingray ist ein gängiges Polizei-Gerät zur Ortung und zum Abhören von Mobiltelefonen. Er funktioniert nach dem Prinzip des IS-MI-Catchers, indem er einen Funktower simuliert und die Signale aller Handys in Reichweite ortet, identifiziert und abhört. Smartphone-Inhalte können vollständig heruntergeladen werden.

Cellbrite

Cellbrite ist ein schnelles Download-System, das sämtliche Inhalte eines Smartphones in wenigen Sekunden sichern kann. Es wird häufig bei Grenzkontrollen ohne Wissen des Besitzers eingesetzt. Das fortgeschrittene Modell Cellbrite UFED wird ausschließlich an staatliche Stellen verkauft.

Tarnmode gegen Killer-Drohnen

Der Modedesigner Adam Harvey aus Brooklyn entwickelte eine Modelinie aus Metallic-Material. Die Kleider – zum Teil mit modischem Ghetto-Hoodie, zum Teil im Burka-Stil – sollen Körperwärme zurückhalten, damit sie von den Hitzesensoren von Drohnen unbemerkt bleiben.

Da es in New York nicht viele Killer-Drohnen gibt, gelten seine Entwürfe eher als Fashion-Statement.

Dazzle

Benannt nach einer Schiffstarnung der US-Marine aus dem Ersten Weltkrieg, bietet das Schminksystem von Adam Harvey Möglichkeiten, Gesichtserkennungssoftware zu täuschen. Das wäre bei polizeilicher oder geheimdienstlicher Überwachung relevant, aber auch auf Partys, um die Gesichtserkennung von Facebook und iPhone zu verwirren. Aber auch hier sind die Mode-Entwürfe von Adam Harvey eher als Fashion-Statement zu verstehen.

Ein gutes Unternehmen

Grundsätze von Google

Im eigenen Selbstverständnis zählt Google zu den Guten.
Das haben die Gründer seinerzeit in einem Zehn-Punkte-Programm
festgelegt. Da es das größte und mächtigste KI-Unternehmen der Welt ist,
hängt das Schicksal der Menschheit womöglich von seinem
Umgang mit Künstlicher Intelligenz ab.

Diese zehn Grundsätze haben wir bereits für uns festgeschrieben, als es Google erst wenige Jahre gab. Von Zeit zu Zeit überprüfen wir, ob die Liste weiterhin aktuell ist. Wir hoffen, dass dies der Fall ist – und Sie uns weiterhin daran messen können.

Der Nutzer steht an erster Stelle, alles Weitere folgt

Seit der Unternehmensgründung konzentrieren wir uns bei Google darauf, dem Nutzer eine optimale und einzigartige Erfahrung zu bieten. Von der Entwicklung eines neuen Internetbrowsers bis hin zum letzten Schliff am Design der Startseite ist es unser höchster Anspruch, dass in allererster Linie Sie von diesen Verbesserungen profitieren, nicht unser Unternehmen. Unsere Benutzeroberfläche ist übersichtlich und schlicht und die Seiten werden schnell geladen. Platzierungen in den Suchergebnissen können unter keinen Umständen gekauft werden und Anzeigen sind nicht nur klar als solche gekennzeichnet, sondern bieten außerdem relevante Inhalte und lenken nicht von der eigentlichen Suche ab. Neue Tools und Anwendungen sollten unserer Ansicht nach so gut funktionieren, dass Sie keinen Gedanken daran verschwenden, was man hätte anders machen können.

Es ist am besten, eine Sache so richtig gut zu machen

Google ist auf Suchanfragen spezialisiert. Wir verfügen über eine der größten Forschungsabteilungen weltweit, die sich ausschließlich darauf konzentriert, Probleme im Zusammenhang mit Suchanfragen zu lösen. Wir lassen bei auftretenden Schwierigkeiten nicht locker, lösen komplexe Probleme und nehmen kontinuierlich Verbesserungen vor, mit denen Millionen von Nutzern bereits jetzt Informationen schnell und mühelos finden können. Durch unser Engagement für die Optimierung der Suchfunktion konnten wir unsere erworbenen Kenntnisse auch auf neue Produkte wie GMail und Google Maps anwenden. Wir möchten den Erfolg der Suche auch auf bisher unerforschte Bereiche übertragen, damit Nutzer einen noch größeren Teil der ständig steigenden Informationsmengen effizient für sich nutzen können.

Schnell ist besser als langsam

Zeit ist für uns alle sehr wertvoll. Wenn Sie etwas im Web suchen, dann wollen Sie die Antwort sofort. Dieser Erwartungshaltung möchten wir bei jeder Nutzung von Google gerecht werden. Google ist wahrscheinlich das weltweit einzige Unternehmen mit dem ausdrücklichen Ziel, dass Nutzer die Website so schnell wie möglich wieder verlassen. Immer wieder gelingt es Google, eigene Geschwindigkeitsrekorde zu brechen, da wir daran arbeiten, jedes überflüssige Bit und Byte von unseren Seiten zu entfernen und die Effizienz der Server-Infrastruktur zu erhöhen. Die durchschnittliche Antwortzeit bei einer Suche beträgt aktuell nur noch den Bruchteil einer Sekunde. Bei jeder neuen Produktentwicklung ist Schnelligkeit eines der wichtigsten Kriterien, unabhängig davon, ob wir eine mobile Anwendung oder einen Browser wie Google Chrome entwickeln, der für die Geschwindigkeit des modernen Internets optimiert ist. Und wir arbeiten kontinuierlich daran, alles noch ein bisschen schneller zu machen.

Demokratie im Internet funktioniert

Das Konzept von Google funktioniert, da es auf Millionen von einzelnen Nutzern basiert, die auf ihren Websites Links setzen und so bestimmen, welche anderen Websites wertvolle Inhalte bieten. Wir wenden mehr als 200 Signale und hochspezialisierte Technologien an, um die Wichtigkeit jeder Webseite einzuschätzen. Von besonderer

Bedeutung ist dabei unser PageRank™-Algorithmus, mit dessen Hilfe wir analysieren, welche Websites von anderen Seiten im Internet für gut befunden werden. Diese Methode wird immer besser, je mehr das Internet wächst, da jede Website eine weitere Informationsquelle darstellt und ein weiterer Wert ist, der zählt. Zugleich fördern wir die Entwicklung von Open-Source-Software, bei der durch die gemeinsame Leistung zahlreicher Programmierer der Weg für neue Innovationen geebnet wird.

Man sitzt nicht immer am Schreibtisch

Die Mobilität nimmt weltweit zu: Informationen sollen überall und ständig verfügbar sein. Wir entwickeln innovative Technologien und neue mobile Lösungen, mit deren Hilfe Menschen weltweit umfangreiche Funktionen auf ihrem Handy nutzen können. Das reicht vom Abrufen von E-Mails und Terminen über das Ansehen von Videos bis zu den zahlreichen Möglichkeiten der Google-Suche. Mit Android, unserer kostenlosen Open-Source-Plattform für Mobilgeräte, möchten wir Nutzern auf der ganzen Welt eine weitere Innovation und die ganze Offenheit des Internets zugänglich machen. Android bietet nicht nur eine größere Auswahl an innovativen mobilen Lösungen für Nutzer, sondern eröffnet auch Umsatzmöglichkeiten für Mobilfunkanbieter, Hersteller und Entwickler.

Geld verdienen, ohne jemandem damit zu schaden

Google ist ein Wirtschaftsunternehmen. Die Firma erzielt Umsätze, indem sie anderen Unternehmen Suchtechnologien anbietet und Anzeigen verkauft, die auf der Website von Google und anderen Websites im Internet geschaltet werden. Hunderttausende von Kunden werben weltweit mit Google AdWords für ihre Produkte und Hunderttausende von Webpublishern nutzen unser Programm Google AdSense zur Bereitstellung relevanter Anzeigen für ihre Webinhalte. Wir möchten, dass alle unsere Nutzer zufrieden sind – unabhängig davon, ob sie Werbekunden sind. Aus diesem Grund haben wir eine Reihe von Prinzipien für unsere Werbeprogramme entwickelt:

Google erlaubt die Schaltung von Werbung auf den Suchergebnisseiten nur dann, wenn sie für den Inhalt, bei dem sie geschaltet wird, relevant ist. Anzeigen können nützliche Informationen enthalten – falls, und nur falls, sie relevant sind für das, was Sie suchen. Darum ist es auch möglich, dass bei bestimmten Suchanfragen gar keine Anzeigen geschaltet werden.

Unserer Meinung nach kann Werbung effektiv und gleichzeitig unaufdringlich sein. Google akzeptiert keine Pop-up-Anzeigen, die den gesuchten Inhalt verdecken könnten. Wir haben herausgefunden, dass Textanzeigen mit Relevanz für den Suchenden viel höhere Klickraten erzielen als Anzeigen, die nach dem Zufallsprinzip geschaltet werden. Jeder Inserent, egal ob Einzelunternehmer oder Großkonzern, kann von diesem zielgerichteten Medium profitieren.

Anzeigen sind bei Google immer deutlich als solche gekennzeichnet, damit die Integrität unserer Suchergebnisse stets gewahrt bleibt. Rankings werden niemals manipuliert, um für unsere Partner einen höheren Platz in den Suchergebnissen zu erzielen. Niemand kann sich einen besseren PageRank erkaufen. Unsere Nutzer vertrauen auf die Objektivität von Google und kein kurzfristiger Nutzen könnte es jemals rechtfertigen, dieses Vertrauen zu brechen.

Irgendwo gibt es immer noch mehr Informationen

Nachdem Google mehr Webseiten indexiert hatte als jeder andere Suchdienst, haben wir uns den Informationen zugewandt, die nicht so einfach im Web auffindbar waren. Manchmal ging es nur um die Einbeziehung neuer Datenbanken, etwa das Hinzufügen einer Telefonnummern- und einer Adresssuche oder eines Branchenverzeichnisses. Bei anderen Dingen war mehr Kreativität gefragt, beispielsweise beim Hinzufügen der Funktion für das Durchsuchen von Nachrichtenarchiven, Patenten, wissenschaftlicher Literatur, Milliarden von Bildern und Millionen von Büchern. Das ist aber noch nicht alles, denn das Forschungsteam von Google sucht weiter nach Möglichkeiten, wie alle weltweit verfügbaren Informationen Nutzern zugänglich gemacht werden können.

Informationen werden über alle Grenzen hinweg benötigt

Unser Unternehmen wurde zwar in Kalifornien gegründet, dennoch haben wir uns zum Ziel gesetzt, den Zugang zu Informationen weltweit und in jeder Sprache zu vereinfachen. Zu diesem Zweck haben wir Standorte in über 60 Ländern, verfügen über mehr als 180 Internet-Domains und liefern über die Hälfte unserer Ergebnisse an Personen außerhalb der USA. Die Benutzeroberfläche der Google-Suche ist in über 130 Sprachen verfügbar und Nutzer können die Suchergebnisse auf ihre Sprache eingrenzen. Unser Ziel ist es, auch unsere übrigen Produkte und Apps in so vielen Sprachen und so barrierefrei wie möglich anzubieten. Mithilfe unserer Übersetzungstools können Nutzer außerdem Inhalte entdecken, die nicht in ihrer Sprache verfügbar sind. Dank dieser Tools und der Mitarbeit von ehrenamtlichen Übersetzern wurde sowohl die Vielfalt als auch die Qualität unserer Dienste stark verbessert, sodass wir sie sogar Nutzern in den abgelegensten Ecken der Welt zur Verfügung stellen können.

Seriös sein, ohne einen Anzug zu tragen

Google wurde mit dem Grundsatz gegründet, dass Arbeit eine Herausforderung sein soll, die Spaß macht. Wir sind davon überzeugt, dass die richtige Unternehmenskultur die beste Basis für innovative und kreative Ideen ist – und damit sind nicht nur Lavalampen oder Gummibälle gemeint. Erfolgreiche Teamarbeit ebenso wie hervorragende Einzelleistungen sind die Schwerpunkte, die den Gesamterfolg von Google ausmachen. Unsere Mitarbeiter sind das Wichtigste: motivierte, leidenschaftliche Menschen mit unterschiedlichen Lebensläufen und einer kreativen Sicht auf die Arbeit und das Leben. In unserer ungezwungenen Atmosphäre können Ideen in der Warteschlange im Café, während eines Team-Meetings oder im Fitnesscenter entstehen. Diese Ideen werden in einem unglaublichen Tempo ausgetauscht, getestet und in die Praxis umgesetzt. Und manchmal sind sie sogar der Beginn eines weltweit erfolgreichen Projekts.

Gut ist nicht gut genug

Google sieht seine Spitzenstellung als Ausgangspunkt und nicht als Endpunkt. Wir setzen uns ehrgeizige Ziele, um unsere eigenen Erwartungen immer wieder zu übertreffen. Ein gut funktionierendes Produkt wird von Google durch kontinuierliche Innovationen in oft unerwarteter Weise immer weiter verbessert. Zum Beispiel funktioniert die Suche gut bei richtig geschriebenen Wörtern, aber was ist mit Rechtschreibfehlern? Einer unserer Entwickler hat dieses Problem erkannt und eine Rechtschreibprüfung entwickelt, wodurch die Suche noch intuitiver und besser geworden ist.

Selbst wenn Sie nicht genau wissen, wonach Sie suchen: Unsere Aufgabe ist es, im Internet eine Antwort zu finden. Wir versuchen, Bedürfnisse unserer Nutzer weltweit zu erkennen, bevor diese explizit ausgesprochen sind, und diesen Bedürfnissen dann mit Produkten und Diensten gerecht zu werden, die immer wieder neue Maßstäbe setzen. Als wir Gmail starteten, bot es mehr Speicherplatz als jeder andere E-Mail-Dienst. Im Nachhinein scheint dies selbstverständlich, aber nur, weil mittlerweile neue Standards für die Speicherplatzmenge von E-Mail-Diensten gelten. Solche Veränderungen wollen wir erreichen und wir suchen immer nach neuen Herausforderungen. Das permanente Hinterfragen und die Unzufriedenheit mit dem gegenwärtigen Stand der Dinge ist die treibende Kraft, die hinter allem steht, was wir tun.[191]

Autonome Waffen
Offener Brief gegen KI-Killer

Ähnlich wie Kernphysiker, die über waffentechnische Anwendungen ihrer Forschung besorgt waren (*Union of Concerned Scientists*), oder Naturwissenschaftler, die chemische und biologische Waffen nicht unterstützen wollten, haben auch IT-Forscher im Juli 2015 bei einer Konferenz in Buenos Aires vor dem Missbrauch ihres Forschungsbereichs gewarnt.

In einem offenen Brief, der inzwischen von über 2.000 IT-Wissenschaftlern weltweit unterschrieben wurde, meldeten sie ihre Sorgen über waffentechnische Anwendungen der Künstlichen Intelligenz an. Zu den Unterzeichnern gehörten Elon Musk, Stephen Hawking, Steve Wozniak, Demis Hassabis sowie die Autoren Jay Tuck und Armin Fuhrer.

Der Text im Wortlaut:

„Autonome Waffen wählen und zerstören Ziele ohne menschliche Beteiligung. Dazu gehören zum Beispiel bewaffnete Quadcopter, die Menschen nach vordefinierten Kriterien aussuchen und töten. Sie unterscheiden sich von Marschflugkörpern und ferngesteuerten Drohnen, bei denen Menschen alle Zielentscheidungen fällen.

Innerhalb der kommenden Jahre, und nicht Jahrzehnte, wird die Künstliche Intelligenz dieses Stadium schon erreichen, zumindest praktisch, wenn nicht juristisch. Es steht viel auf dem Spiel. Nach Schwarzpulver und Kernwaffen gilt die Künstliche Intelligenz als die Dritte Revolution in der menschlichen Kriegsführung.

Das Für und Wider autonomer Waffen wurde häufig diskutiert. Soldaten durch Maschinen zu ersetzen ist gut. Es reduziert die Verluste. Gleichzeitig reduziert es die Hemmschwelle zu einem Krieg. Die Schlüsselfrage für die Menschheit heute ist, ob wir einen globalen KI-Rüstungswettlauf zulassen oder ob wir ihn verhindern wollen. Wenn eine Militärmacht mit der Forschung und Entwicklung von KI-Waffen anfängt, werden andere unweigerlich folgen. Es wird nur eine Frage der Zeit sein, bis wir uns in einem weltweiten Wettlauf befinden.

KI-Waffen werden die Kalaschnikows der Zukunft sein, ungleich leichter herzustellen als Atomwaffen, ungleich billiger in der Massenproduktion. Danach ist es nur eine Frage der Zeit, bis sie auf dem Schwarzmarkt auftauchen und in die Hände von Terroristen gelangen. In der modernen Kriegsführung eignen sich autonome KI-Waffen ideal für Überfälle und Mordanschläge. Sie können ganze Staaten destabilisieren, Bevölkerungen unterdrücken oder beim Völkermord an ausgewählten ethnischen Gruppen eingesetzt werden.

Deswegen sind wir überzeugt, ein Rüstungswettlauf mit KI-Waffen sei denkbar schlecht für die Menschheit. Eine Künstliche Intelligenz könnte auf ganz andere Weise im Kriegsgeschehen eingesetzt werden – um menschliches Leben zu schützen.

Wie die meisten Chemiker und Biologen, die kein Interesse an der Herstellung chemischer und biologischer Waffen haben, wollen die meisten KI-Forscher die Herstellung von KI-Waffen nicht fördern. Wir wollen ebenso verhindern, dass andere Gruppen unser Forschungsgebiet besudeln, indem sie Künstliche Intelligenz für die Rüstung missbrauchen. Damit würde man die weltweite Akzeptanz von KI für sozialethische Nutzung beschädigen.

Tatsächlich haben Chemiker und Biologen mit einem breiten Konsens internationale Vereinbarungen mitgetragen, welche die waffentechnische Nutzung wirksam einschränken. Genauso haben viele Physiker die Verträge unterstützt, die Kernwaffen und Laserkanonen im Weltraum untersagen.

Als Fazit glauben wir, dass Künstliche Intelligenz ein großes Potenzial hat, der Menschheit auf vielen Gebieten zu dienen. Dieses zu erreichen muss unser Ziel sein. Dagegen ist ein Rüstungswettlauf eine schlechte Idee. Er sollte durch die Ächtung aller offensiven KI-Waffensysteme unterbunden werden."

ANHANG

Fußnoten

1 http://www.inc.com/laura-montini/peter-thiel-isn-t-as-afraid-of-a-i-as-his-fellow-brainiacs.html

2 Der Angriff mit einem B-1-Stealth-Bomber in der Provinz Herat am 04.05.2009 hat viele Zivilisten getötet.

3 Aust, Stefan und Thomas Amman, *Digitale Diktatur*, Econ 2014.

4 Bei Booz Allen Hamilton war Edward Snowden als „Infrastruktur-Analytiker" beschäftigt.

5 Aust, Stefan und Thomas Amman, *Digitale Diktatur*, Econ 2014.

6 Bamford, James (August 13, 2014). „Edward Snowden: The untold story of the most wanted man in the world", *Wired*.

7 „Putin talks Syria, gay rights in interview", *RIA Novosti*, 04.09.2013.

8 Trademark Press Conferences, „Putin Answers Questions During Marathon Q & A with Public", *RT live*, 17.04. 2014.

9 Moskauer Pressekonferenz mit Wladimir Putin, *RT-Fernsehen*, übertragen am 17. April 2014.

10 Sledge, Matt, „One Year After Edward Snowden's Leaks, Government Claims Of Damage Leave Public In Dark", *Huffington Post*, 06.05.2014 http://www.huffingtonpost.com/2014/06/05/edward-snowden-damage_n_5448035.html

11 http://www.theguardian.com/world/2013/jun/23/nsa-director-snowden-hong-kong

12 „'Imperial Skyjacking': Bolivian presidential plane grounded in Austria over Snowden stowaway suspicions", Russischer Nachrichtendienst RT, 2. Juli 2013 http://rt.com/news/bolivian-president-plane-snowden-577/

13 http://www.stern.de/tv/sterntv/sterntv-macht-den-abhoertest-lauschangriff-im-zentrum-der-macht-2067565.html

14 Ernst Uhrlau im Gespräch mit dem Autor, Berlin, November 2014.

15 *Spiegel online*, 16.08.2014.

16 http://www.spiegel.de/netzwelt/web/grosse-ohren-echelon-spionage-unter-freunden-a-71135.html

17 „GCHQ intercepted foreign politicians' communications at G20 summits", *The Guardian*, 16.06.2013.

18 Tiede, Peter, „Bundesnachrichtendienst: Darum will die Regierung den BND aufrüsten", *Bild Online*, 21.08.2014 .

http://www.bild.de/bild-plus/politik/inland/bnd/darum-will-der-bund-den-bnd-aufruesten-37303480.bild.html

19 Heute wird Rohrpost überwiegend innerhalb von Gebäuden eingesetzt, beispielsweise in Banken zur Geldbeförderung oder in Krankenhäusern für den Versand von Blutproben, Krankenakten und Formularen. In der Berliner Charité befördert das hausinterne System rund 3.500 Patientenproben, Röntgenbilder oder Analysematerialien schonend und schnell. Im Heidelberger Universitätsklinikum verbindet ein rund 25 km langes Röhrensystem über vielfältige Verzweigungen 152 Stationen. Mittels Transpondertechnologie finden täglich etwa 3.200 Proben ihren Weg von den Stationen ins Labor.

20 Das Zitat, das sich auf RAM für einen PC bezog, wurde häufig Bill Gates zugeschrieben. Gates hat das aber nie gesagt.

21 http://futurezone.at/science/biometrie-venen-scanner-schlaegt-iris-messung/24.597.953

22 *USA Today*, Dezember 2013.

23 Kelly, John, et al., „Cellphone data spying: It's not just the NSA", *USA Today*, 13. Juni 2014.

24 „Priest installs cell-phone blocker in Naples church", *Ansa*, 16.12.2014 http://www.ansa.it/english/news/general_news/2014/12/15/priest-blocks-cell-phones-in-church_1cc1aeb8-1fc2-4567-b267-97d118afaf58.html

25 Mischke, Joachim, „Himmlische Ruhe", *Hamburger Abendblatt*, 16.12.2014.

26 http://www.pc-magazin.de/news/raytheon-riot-spionage-software-facebook-1474297.html

27 http://www.theguardian.com/world/video/2013/feb/10/raytheon-software-tracks-online-video

28 https://www.youtube.com/watch?v=dEXbP4VXCwc

29 https://www.youtube.com/watch?v=YfRG3S-uhEw

30 https://www.blaetter.de/archiv/jahrgaenge/2012/november/der-neue-krieg-der-drohnen

31 Ae, David, „Air Force may be developing Stealth Drones in Secret", *Wired*, 12.08.2012 http://archive.wired.com/dangerroom/2012/12/secret-drones/

32 Thompson, Gary, „Boredom may be Worst Foe for Predator Drone Operators", *Las Vegas Review-Journal*, 16.11.2012.

33 http://www.wired.com/2008/05/invisible-drone/

34 http://german.ruvr.ru/2013_04_22/Sowjetische-Rakete-hat-eine-F117A-abgeschossen/

35 US Department of Defense, „Unmanned Systems Integrated Roadmap", FY 2011-2036.

36 US Department of the Navy, „The Navy Unmanned Undersea Vehicle Master Plan", 9. November 2004.

37 „Micro Air Vehicles", AFRL Air Vehicles Directorate, afrl.rb.marketing@wpafb.af.mil, produziert von Media Communicatios, General Dynamics, Dayton, Ohio.

38 http://www.stern.de/wissen/technik/kilobots-riesiger-roboterschwarm-bewegt-sich-in-formation-2131166.html

39 Vergakis, Brock, „Navy: Self-Guided Unmanned Patrol Boots Make Debut", *Associated Press*, 05.10.2014.

40 Mey, Professor Holger, im Gespräch mit dem Autor, 11.12.2014.

41 Authentischer Wissenschaftler, Name geändert.

42 Keller, John, „BAE Systems names industry team to help DARPA unify imaging and military intelligence sensors", MiliaryAerospace.com, 16.01.2014.

43 US-Regierung (FERC).

44 Karabasz, Ina, „Der Spion, der aus dem Netz kam", *Handelsblatt*, 25.11.2014.

45 Galiya, Ibragimova, „Regin malware targeting Russia detected on the internet", *Russia Behind the Headlines*, 25.11.2014.

46 Karabasz, Ina, „Der Spion, der aus dem Netz kam", *Handelsblatt*, 25.11.2014.

47 Higgens, Kelly Jackson, „Russian Cyber Espionage", Darkreading.com, 20.11.2014

48 Auch als Epic Turla bei Kaspersky bekannt, oder Snake bei BAE Systems.

49 Auch als Crouching Yeti bei Kaspersky benannt, Koala Team bei iSIGHT und Dragonfly bei Symantec.

50 Auch als Tsar Team bei iSight bekannt, Sednit bei Eset, Fancy Bear bei Crowdstrike und Operation Pawn Storm bei Trend Micro.

51 Prudente, Tim, „In the era of GPS, Naval Academy revives celestial navigation", *LA Times*, 25.10.2015.

52 Hill, Kashmir, „How Target Figured Out A Teen Girl Was Pregnant Before Her Father Did", *Forbes*, 2/16/2012.
http://www.forbes.com/sites/kashmirhill/2012/02/16/how-target-figured-out-a-teen-girl-was-pregnant-before-her-father-did/

53 Claus, Ulrich, „Computer führt Polizei zum Tatort", *Hamburger Abendblatt*, 6.09.2014

54 Duhigg, Charles, „How Companies Learn Your Secrets", *New York Times Magazine*, 16.02.20012.
http://www.nytimes.com/2012/02/19/magazine/shopping-habits.html?pagewanted=1&_r=2&hp&

55 Duhigg, Charles, " How Companies Learn Your Secrets", *New York Times Magazine*, 16.02.20012
http://www.nytimes.com/2012/02/19/magazine/shopping-habits.html?pagewanted=1&_r=2&hp&

56 http://www.guj.de/presse/pressemitteilungen/eltern-startet-die-wundertuete-von-eltern-und-steigt-damit-in-das-geschaeftsfeld-zeitpunktmarketing-ein/

57 Lumma, Nico, „So werden wir zu Hause abgehört", Bild.de, 17.02.2015.

58 Horchert, Judith „Big Brother Awards: Negativpreis für sprechende Barbie", *Spiegel Online*, 17.04.2015.
http://www.spiegel.de/netzwelt/netzpolitik/big-brother-awards-hello-barbie-amazon-und-bnd-bekommen-negativpreis-a-1029111.html

59 http://www.naturalnews.com/050031_surveillance_toys_Google_privacy.html

60 Zara, Christopher, „Disney World's RFID Tracking Bracelets Are A Slippery Slope, Warns Privacy Advocate", *International Business Times*, 8. Januar 2013.
http://www.ibtimes.com/disney-worlds-rfid-tracking-bracelets-are-slippery-slope-warns-privacy-advocate-1001790

61 Michelle Baran , „RFID bracelets a game changer for Disney", *Travel Weekly*, 14. January 2013 .
http://www.travelweekly.com/print.aspx?id=245688

62 Thompson, Stephanie, „Is it Ever OK for Parents to Cyber-Spy on their Kids?", *New York Post*, 10.11.2014.

63 Edgerton, Jerry, „New Technology Lets Parents set controls for teen driver", *MoneyWatch*, 26.08.2014.

64 Grant, Ian, „Tesco uses customer data to stride ahead of competition", *Computerweekly*, 12. April 2011.

65 Spencer, Ben, „iPhone? It's a Spyphone", *Daily Mail*, 26.09.2014.

66 „Online Shops im Test: Abzocke beim Online-Kauf via Tablet oder Handy", *RTL-Online*, 23.09.14, 09:49 Uhr.
http://www.rtl.de/cms/online-shops-im-test-abzocke-beim-online-kauf-via-tablet-oder-handy-1879863.html

67 Becker, Markus, „Cyber-Krieg: Wie Israel soziale Medien infiltriert", *SpiegelOnline*, 13.09.2014.
http://www.spiegel.de/netzwelt/netzpolitik/israel-infiltriert-soziale-medien-mit-werkzeug-von-iai-a-989692.html

68 Jarvis, Jeff, „US spy operation that manipulates social media", *The Guardian*, 17.03.2011.
http://www.theguardian.com/technology/2011/mar/17/us-spy-operation-social-networks

69 Becker, Markus, „Cyber-Krieg: Wie Israel soziale Medien infiltriert", *SpiegelOnline*, 13.09.2014.
http://www.spiegel.de/netzwelt/netzpolitik/israel-infiltriert-soziale-medien-mit-werkzeug-von-iai-a-989692.html

70 http://www.lsvd.de/newsletters/newsletter-2014/geschlechtervielfalt-online.html

71 Vincent, James, „Facebook introduces more than 70 new gender options to the UK: 'We want to reflect society'" , *The Independent*, 27.06.2014.
http://www.independent.co.uk/life-style/gadgets-and-tech/facebook-introduces-more-than-70-new-gender-options-to-the-uk-we-want-to-reflect-society-9567261.html

72 ACPO (Association of Chief Police Officers), „Infinet: A National Strategy for Mobile Information", ACPO London, 2002.

73 DeMarche, Edward, „Reality TV: Live Feeds posted", FoxNews.com, 30.10.2015.

74 Doug McKelway, „Proposed new federal rule could put 'big brother' in your driver's seat", fox.com, August 12, 2013.

75 http://www.gpsueberwachung.de/

76 Corporate Website: http://www.sensity.com/about-sensity-systems

77 Huber, P.W. und M.P. Mills, „How Technology will defeat Terrorism", *City Journal* 12(1) 2002, www.city-journal.org/html/12_1_how_tech.html

78 http://www.darpa.mil/Our_Work/I2O/Programs/Autonomous_Real-time_Ground_Ubiquitous_Surveillance_-_Infrared_%28ARGUS-IR%29.aspx

79 http://www.extremetech.com/extreme/146909-darpa-shows-off-1-8-gigapixel-surveillance-drone-can-spot-a-terrorist-from-20000-feet

80 Brandon, John, „Is there a microchip implant in your future?", Foxnews.com, 30.08.2014.

81 Die betroffene Firma heißt Verichip Corporation, www.verichipcorp.com

82 Waters, R., „US Group implants electronic tags in workers", *Financial Times*, 12.02.2006.

83 http://www.pcwelt.de/ratgeber/Details-zum-RF-Chip-aus-dem-Ausweis-1367032.html#sthash.wk19dcFG.dpuf

84 https://www.youtube.com/watch?v=259yg74Z3yk

85 Kravets, David, „Student Suspended for Refusing to Wear RFID Chip Returns to School", *Wired*, 08.22.13.

86 Lasarzik, Annika, „Peilsender für Obdachlose", Spiegel Online, 23.09.2014.

87 Bild.de, „Diebinnen verstecken Rolex-Uhren in Vagina", 31.08.2014. http://www.bild.de/news/ausland/las-vegas/diebin-versteckt-rolex-uhren-37475680.bild. html#remId=1476594763022793226

88 Bell, Rudolph, „CEO on probation after dog-kicking video released", *Greeenville Online*, 28. August 2014. http://www.greenvilleonline.com/story/money/business/2014/08/27/ceo-centerplate-probation-video-released/14708961/

89 Talmazan, Yuliya, „EXCLUSIVE: BC SPCA investigates video showing alleged dog abuse", *Global News*, 21. August 2014. http://globalnews.ca/news/1520753/exclusive-bc-spca-investigates-video-showing-alleged-dog-abuse/

90 „CEO seen kicking pal's puppy in elevator resigns", *Fox News*, 02.09.2014, http://www.foxnews.com/us/2014/09/02/ceo-seen-kicking-pals-puppy-in-elevator-resigns-report-say/

91 Martin, Adam, „NYPD, Microsoft hope to make a mint off new surveillance system", 08.08.2012.

92 Martin, Adam, „NYPD, Microsoft hope to make a mint off new surveillance system", 08.08.2012.

93 Hampapur, A. et al. (2005), „smart video surveillance", *IEEE Signal Processing Magazine*, März 2005: 38-51.

94 Gutwirth, Sergey, „Data Protection in a Profiled World", *Springer Science+Media*, Heidelberg 2010, S. 237.

95 Clauss, Ulrich, „Computer führt Polizei zum Tatort", *Hamburger Abendblatt*, 6.09.2014.

96 Bolle, Justin, „You for Sale", *New York Times*, 16.06.2012.

97 https://www.castlepress.net/cp_assets/CP_Lifestyle.pdf

98 http://www.schober.de/home.html

99 http://www.schober.de/technologien/capaneo-datadriver.html

100 Issenberg, Sasha, „How President Obama's Campaign Used Big Data to Rally Individual Voters", *MIT Technology Review*, 19. Dezember 2012.

101 Issenberg, Sasha, „How President Obama's Campaign Used Big Data to Rally Individual Voters", *MIT Technology Review*, 19. Dezember 2012.

102 nib, „Datenschützer: Google darf keine Profile anlegen", *Hamburger Abendblatt*, 01.10.2014.

103 „Google-Urteil: Reporter ohne Grenzen warnt vor Folgen", epd, 15.05.2014.

104 Judgment of the Court of 12 November 1969. – Erich Stauder v City of Ulm – Sozialamt. – Reference for a preliminary ruling: Verwaltungsgericht Stuttgart – Germany. – Case 29-69.

105 Schmidt, Markus, „Cyborg Unplug: Google Glass, Drohnen & Co automatisch vom Netz nehmen", *Computer Bild*, 8.09.2014.

106 *Chip*, Titelseite, 09/2013.

107 http://eugene.kaspersky.com/2012/07/25/what-wired-is-not-telling-you-a-response-to-noah-shachtmans-article-in-wired-magazine/

108 Temperton, James, „AVG can sell your browsing and search history to advertisers", *Wired*, 18.09.15. http://www.wired.co.uk/news/archive/2015-09/17/avg-privacy-policy-browser-search-data

109 http://www.langleycaseday2014.com/thecase/

110 Zolfagharifard, Ellie, „Robots could murder us out of KINDNESS unless they are taught the value of human life, engineer claims", *MailOnline*, 22.08.2014, http://www.dailymail.co.uk/sciencetech/article-2731768/Robots-need-learn-value-human-life-dont-kill-Future-droids-murder-kindness-engineer-claims.html

111 „Risk of Robot Uprising", *BBC News Technology*, 26.11.2012.

112 http://www.sueddeutsche.de/digital/kuenstliche-intelligenz-was-passiert-wenn-maschinen-klueger-werden-als-menschen-1.2907980

113 http://www.dailymail.co.uk/sciencetech/article-3165356/Artificial-Intelligence-dangerous-NUCLEAR-WEAPONS-AI-pioneer-warns-smart-computers-doom-mankind.html

114 https://medium.com/backchannel/google-search-will-be-your-next-brain-5207c26e4523

115 Ebd.

116 https://medium.com/backchannel/the-deep-mind-of-demis-hassabis-156112890d8a

117 https://medium.com/backchannel/the-deep-mind-of-demis-hassabis-156112890d8a

118 https://medium.com/backchannel/google-search-will-be-your-next-brain-5207c26e4523

119 http://www.anoxa.de/blog2/2014/08/10/wenn-google-einkauft-auflistung-aller-gekauften-unternehmen-und-start-ups-seit-2001/

120 https://www.youtube.com/watch?v=_luhn7TLfWU

121 http://www.nytimes.com/2012/06/26/technology/in-a-big-network-of-computers-evidence-of-machine-learning.html?_r=0

122 *Wired*, September 2014.

123 Davies, Sally, „ Google's DeepMind on the future of artificial creativity" *Financial Times Blog*, 16.01.2015, http://blogs.ft.com/tech-blog/2015/01/256352/#

124 https://medium.com/backchannel/google-search-will-be-your-next-brain-5207c26e4523

125 Ebd.

126 https://www.googlewatchblog.de/2013/03/meilenstein-youtube-milliarde-nutzer/

127 https://investor.google.com/corporate/2013/founders-letter.html

128 http://www.wsj.com/articles/google-nears-1-billion-investment-in-spacex-1421706642 und http://www.spiegel.de/forum/netzwelt/erschliessung-abgelegener-regionen-google-plant-milliardenschweren-satelliten-flotte-thread-127923-1.html

129 http://www.welt.de/wirtschaft/article129422970/Google-baut-sich-jetzt-sein-eigenes-Internet.html

130 http://www.theverge.com/2012/6/28/3123643/gmail-425-million-total-users

131 http://www.golem.de/0709/54556.html

132 Ebd.

133 Ebd.

134 http://t3n.de/news/google-maps-nur-7-stunden-432508/

135 https://www.google.com/maps/views/explore?gl=au&collection=oceans&vm=5& ll=12.601959,-70.058343&bd=-78.196634,-180,82.408841,180&z=1&pv=2

136 https://www.youtube.com/watch?v=Xxt24JoLlPE&oref=https%3A%2F%2Fwww. youtube.com%2Fwatch%3Fv%3DXxt24JoLlPE&has_verified=1

137 http://www.giga.de/unternehmen/google/news/google-elektronisches-tattoo-mit-mikrofonfunktion-patentiert/

138 http://www.faz.net/aktuell/wirtschaft/unternehmen/schoene-neue-welt-a-la-silicon-valley-13228039.html

139 http://www.ingenieur.de/Fachbereiche/Mikro-Nanotechnik/Google-Nanopartikeln-Krebs-drohende-Herzattacken-im-Menschen-aufspueren

140 „I've Got a Secret", *CBS*, mit Steve Allen als Moderator.

141 Grossman, Lev, „2045: The Year Man Becomes Immortal", *Time Magazine*, 10.02.2011.

142 http://content.time.com/time/magazine/article/0,9171,2048299,00.html

143 Ray Kurzweil, *Menschheit 2.0. Die Singularität naht.* 2. Auflage, Berlin 2014.

144 Cadwalladr, Carole, „Are the Robots about to Rise?", *The Guardian*, 22.02.14.

145 http://www.huffingtonpost.com/2012/12/28/ray-kurzweil-google-direc_n_2377821.html

146 http://www.theguardian.com/technology/2014/feb/22/robots-google-ray-kurzweil-terminator-singularity-artificial-intelligence

147 http://time.com/574/google-vs-death/

148 http://www.faz.net/aktuell/wissen/die-zukunft-des-sex/cybersex-mein-zweites-liebesleben-13740818-p2.html

149 Ebd., S. 324f.

150 Macdonald, Cheyenne, „The Smart Sex Ty", Daily Mail.com, 16. April 2016.

151 http://www.bild.de/ratgeber/partnerschaft/partnerschaft/matratze-erkennt-seitensprung-45402790,la=de.bild.html

152 Thomas Wagner, *Robokratie*, S. 38.

153 Shadbolt, Peter, „Scientists upload a worm's mind ", CNN.com, 21.01.15.

154 Ebd., S. 300.

155 Persönliches Gespräch mit Thomas Wagner, Hamburg, 14.09.2005.

156 http://www.zeit.de/2015/01/smart-home-wohnen-intelligentes-haus

157 http://www.wiwo.de/technologie/smarthome/sicherheitsrisiko-smart-home-die-hacker-kommen-durch-den-kuehlschrank-/9583254.html

158 Müller, Bernd, „Feindliche Übernahme", *Technology Review*, September-Ausgabe 2014.

159 http://en.wikipedia.org/wiki/Smart_grid#cite_note-63

160 Rundler, Michael, „This AI wants to sell you a pair of shoes", *Wired UK*, 16.10.2015.

161 Chao Lu, 20. November 2005, http://www.pi-world-ranking-list.com/lists/details/luchaointerview.html

162 Zit. nach: Erik Brnynjolfsson, Andrew MacAfee, *The Second Machine Age*, Kulmbach, 2. Auflage 2015, S. 227.

163 Werner, Professor Dr. Jochen, Vorstandsvorsitzender Universitätsklinikum Essen, im Gespräch mit dem Autor, 22.04.16.

164 Sandbaek, Hans-Henry im Interview mit dem Autor, 29.05.2016.

165 http://www.iro.umontreal.ca/~lisa/publications2/index.php/publications/show/4

166 Foto: Aarti Shahani, Illustration: Glow Images.

167 http://edition.cnn.com/2015/01/21/tech/mci-lego-worm/index.html

168 http://www.stern.de/wissen/technik/kilobots-riesiger-roboterschwarm-bewegt-sich-in-formation-2131166.html

169 http://www.inc.com/laura-montini/peter-thiel-isn-t-as-afraid-of-a-i-as-his-fellow-brainiacs.html

170 http://videos.theconference.se/nell-watson-machines-understanding-of

171 http://www.dailymail.co.uk/sciencetech/article-2731768/Robots-need-learn-value-human-life-dont-kill-Future-droids-murder-kindness-engineer-claims.html

172 http://www.dailymail.co.uk/sciencetech/article-2731768/Robots-need-learn-value-human-life-dont-kill-Future-droids-murder-kindness-engineer-claims.html

173 Dante D'Orazio, „Elon Musk compares Artificial Intelligence to Nukes", *The Verge*, 03.08.2014. http://www.theverge.com/2014/8/3/5965099/elon-musk-compares-artificial-intelligence-to-nukes

174 Optionen zur Drohnensteuerung von Northrop-Grumman,
1.) Operator entscheidet alles.
2.) System bietet alle Alternativen an, Operator wählt eine.
3.) System bietet Auswahl an, Operator wählt eine.
4.) System entscheidet autark, es sei denn, der Operator widerspricht.
5.) System handelt autark und informiert den Operator.
6.) System entscheidet, ob es den Operator informieren wird.
7.) System entscheidet autark, ignoriert den Operator.

175 http://ti.arc.nasa.gov/m/profile/frank/sullivan.SPIE-04-Final.pdf

176 http://ethics.calpoly.edu/ONR_report.pdf
Lin, Dr. Patrick, „Autonomous Military Robotics: Risk, Ethics, and Design", Office of Naval Research, 12/2008.

177 Human Rights Watch, „Losing Humanity – The Case against Killer Robots", 19.11.12. https://www.hrw.org/report/2012/11/19/losing-humanity/case-against-killer-robots

178 Lin, Patrick, „Autonomous Military Robotics, Risk, Ethics, and Design", *Ethics + Emerging Sciences*, California Polytechnic State University, San Luis Obispo, http://www.engadget.com/2009/02/18/navy-report-warns-of-robot-uprising-suggests-a-strong-moral-com/

179 http://www.wired.com/2015/07/hackers-remotely-kill-jeep-highway/

188 http://blogs.computerworld.com/cybercrime-and-hacking/21163/pacemaker-hacker-says-worm-could-possibly-commit-mass-murder

181 *Der Spiegel* 38/2015: „Wehrlos 4.0", S. 62-65.

182 http://www.spiegel.de/karriere/berufsleben/zukunft-der-arbeit-warum-roboter-bessere-jobs-schaffen-a-1046848.html

183 Nicholas Carr: *Abgehängt*, S. 41.

184 http://www.spiegel.de/karriere/berufsleben/zukunft-der-arbeit-warum-roboter-bessere-jobs-schaffen-a-1046848.html

185 http://www.spiegel.de/politik/deutschland/abgehoertes-merkel-handy-generalbundesanwalt-stellt-ermittlungen-ein-a-1038458.html

186 http://www.focus.de/finanzen/boerse/unfairer-wettbewerb-eu-kommission-ruestet-sich-fuer-kampf-gegen-googles-uebermacht_id_4611386.html

187 Rojas, Raúl, „Ich habe ein schlechtes Gewissen", *Technology Review*, September-Ausgabe 2014.

188 http://www.faz.net/aktuell/feuilleton/debatten/friedensbewegung-fuer-die-kuenstliche-intelligenz-13724177.html

189 Ebd.

190 Mizroch, Amir, „Artificial Intelligence Machine Gets Testy With Its Programmer", *Wall Street Journal*, 28.06.2015

191 https://www.google.com/intl/de_de/about/company/philosophy/

ANHANG

Fotos

Hamburger Google-Zentrale

Google-Arbeitsplatz

Foto: Jay Tuck

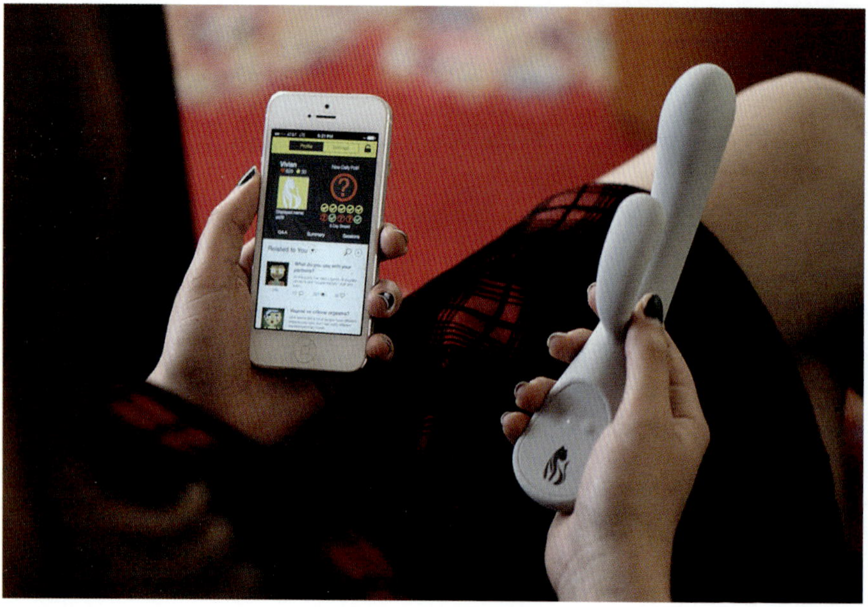

Vibrator „Lioness", Künstliche Intelligenz gibt Orgasmus-Tipps

Foto: Lioness

DARPA–Roboter, US-Verteidigungsministerium   Foto: US-Verteidigungsministerium

Kraft aus dem Cyberskelett, US-Infanterist   Foto: US-Verteidigungsministerium

Arbeitscontainer der Drohnenpiloten, Holloman Air Force Base, USA   Foto: Jay Tuck

F-15-Kampfjets im Golfkrieg, USS Truman   Foto: Jay Tuck

F-15-Kampfjets im Golfkrieg, USS Truman   Foto: Jay Tuck

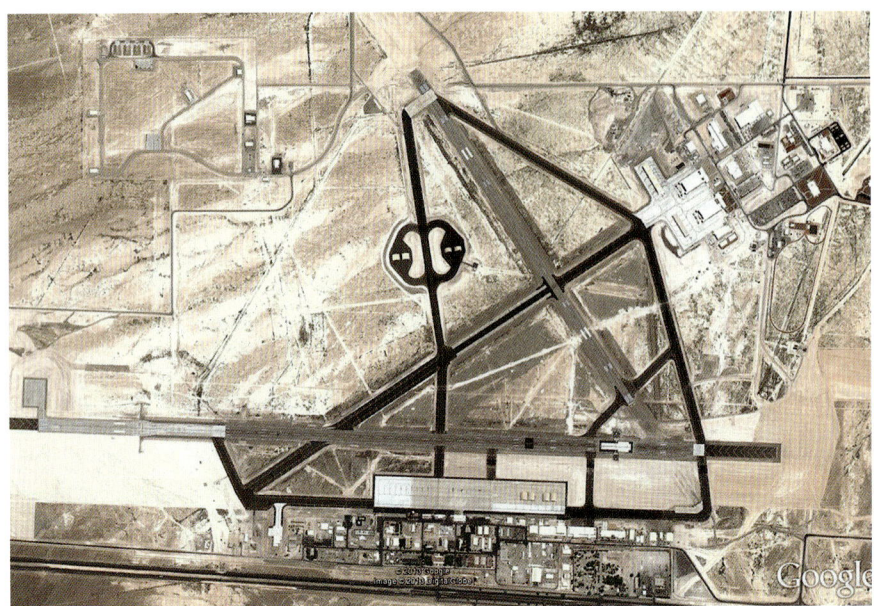

Creech AFB, USA, Wo Drohnenpiloten arbeiten ...   Foto: Google Earth

Creech AFB, USA, Start einer Predator-Drohne (Bildmitte)   Foto: Google Earth

JDAM Smart Bombs im Golfkrieg, USS Truman   Foto: Jay Tuck

JDAM Smart Bombs im Golfkrieg, USS Truman   Foto: Jay Tuck

Drohnen-Ausbildung, Holloman Air Force Base, USA   Foto: Jay Tuck

Südirak, nach einem Drohnen-Angriff   Foto: Jay Tuck

MQ-9 Reaper, Killerdrohne, Holloman Air Force Base, USA   Foto: Jay Tuck

MQ-9 Reaper, Killerdrohne, Holloman Air Force Base, USA   Foto: Jay Tuck

X-47b – Orten, Anfliegen, Töten   Foto: Northrop Grumman Corporation
An Deck der USS Truman

X-47b, Die denkende Drohe   Foto: Northrop Grumman Corporation

X-47b, Die denkende Drohe   Foto: Northrop Grumman Corporation

X-47b, Langenstreckendrohne   Foto: US-Verteidigungsministerium
mit Flugzeugträger USS Truman

Eingang zum Drohnenbereich, Luftwaffengeschwader 51   Foto: Jay Tuck

Oberleutnant Fabrice Bachmann (Name geändert)
Drohnenpilot, Taktisches Luftwaffengeschwader 51

Foto: Jay Tuck

Piloten-Patch, Luftwaffengeschwader 51

Foto: Jay Tuck

Chinesischer Militär mit US-Drohne, UMEX-Messe, Abu Dhabi   Foto: Jay Tuck

UMEX – Messe, Abu Dhabi, Drohnen zum Verkauf   Foto: Jay Tuck

UMEX-Messe, Abu Dhabi   Foto: Jay Tuck

UMEX-Messe, Abu Dhabi   Foto: Jay Tuck

Dazzle-Tarnung im Ersten Weltkrieg   Foto: US Navy

WatchHound: Spürhund für Handygespräche   Foto: Berkeley Varitronics Systems,
                                                                          www.bvsystems.com